亚洲中部干旱区
土地退化及其防治

包安明　郭　浩　古丽·加帕尔　姜亮亮
陈　桃　于　涛　许文强　雷加强　袁　野　编著

科学出版社

北　京

内 容 简 介

本书是作者及其团队在完成多项科研项目基础上，经实地考察、收集和分析了大量的资料后撰写而成。全书共分为8章。第1章总体介绍亚洲中部干旱区的地理环境特征及土地退化给该区域带来的社会环境问题。第2章论述中亚地区的气候及干旱的时空特征。第3章从草地生产力的角度讨论中亚地区草地的退化问题。第4章通过土地退化指标评估中亚土地退化格局，同时分析中亚土地退化的驱动要素和评价中亚土地退化的风险。第5章评估中亚重点区域咸海流域的生态脆弱性。第6章和第7章分析阿姆河流域的生态脆弱性和土地退化情况。第8章主要针对亚洲中部干旱区的土地退化防治提出对策和措施。

本书可供地理学、生态学、环境科学以及地理信息系统与遥感应用等领域的科技工作者参考，也可作为高等院校地理、环境、遥感应用等专业研究生的教学参考书。

审图号：GS京（2024）1158号

图书在版编目（CIP）数据

亚洲中部干旱区土地退化及其防治 / 包安明等编著 . --北京：科学出版社，2024. 6. --ISBN 978-7-03-079010-1

Ⅰ. F330.3

中国国家版本馆CIP数据核字第2024TX4013号

责任编辑：彭胜潮 / 责任校对：樊雅琼
责任印制：徐晓晨 / 封面设计：图阅盛世

科学出版社 出版
北京东黄城根北街16号
邮政编码：100717
http://www.sciencep.com
北京建宏印刷有限公司印刷
科学出版社发行　各地新华书店经销
*
2024年6月第 一 版　　开本：787×1092　1/16
2024年6月第一次印刷　　印张：14 3/4
字数：350 000
定价：168.00元
（如有印装质量问题，我社负责调换）

前　言

土地退化是社会经济可持续发展中所面临的最严峻的环境问题之一。联合国环境规划署估计，全球有三分之一的陆地面积和近20%的人口受到土地退化的影响。土地退化不仅对地区粮食安全产生影响，还将直接导致贫困人口增加。在气候变化影响下，干旱、半干旱和亚湿润干旱地区的土地退化问题将更加突出。如果不采取土地恢复措施，土地退化现象将进一步恶化。这一问题已经受到世界各国的广泛关注，已成为气候变化影响下的全球性挑战。2015年，联合国在可持续发展峰会上发布了17个可持续发展目标(sustainable development goals，SDGs)，拟从2015年到2030年间以综合方式彻底解决社会、经济和环境三个维度发展问题，转向可持续发展道路。其中，可持续发展目标15.3(SDG 15.3)提出了制止和扭转土地退化、减少生物多样性丧失的目标，并呼吁在2030年前实现土地退化零增长。联合国政府间气候变化专门委员会(IPCC)在最新发布的《气候变化2021：自然科学基础》报告中指出，近50年来，全球气温上升速率远高于过去2 000多年来的水平，全球持续升温将进一步加剧干旱和洪涝等极端气象事件的强度。因此，实现2030年土地退化零增长目标面临着巨大挑战。

亚洲中部干旱区被认为是世界上最大的干旱地区之一，其水资源分布不均匀，生态环境脆弱。土地退化问题，尤其是以沙漠化为代表的土地退化，已成为该地区经济社会发展最主要的生态环境障碍。在人类活动和气候变化双重影响下，该地区生态环境风险不断增加。曾经是世界第四大内陆湖泊的咸海，也曾是地球上最富饶的地区之一，其丰富的生物多样性为流域提供了重要的生态系统服务。然而，自20世纪60年代以来，咸海流域进行了大规模的水土资源开发活动，导致阿姆河和锡尔河几乎不再向咸海注水，咸海快速萎缩，直接导致周边地区和两河流域三角洲生态系统功能严重退化。咸海的萎缩引发了植被退化、土壤退化和生物多样性减少等一系列生态环境问题，严重影响了当地居民的生产和生活，被联合国称为"20世纪最严重的环境灾难"。中亚地区土地退化具有代表性和典型性。研究亚洲中部干旱区土地退化的时空格局、演变过程和防治，不仅对于全球干旱区的土地退化综合防治具有重要的参考价值和借鉴意义，还能够为中亚地区实现2030年土地退化零增长目标提供科学支持。

《亚洲中部干旱区土地退化及其防治》是以多项科研成果为基础，经过实地考察、收集和深入分析凝练而成的一部重要著作。全书共分8章。第1章由包安明、郭浩、姜亮亮、雷加强合作完成，总体介绍亚洲中部干旱区的地理环境特征及土地退化给该区域带来的社会环境问题。第2章由包安明、郭浩和姜亮亮完成，论述亚洲中部干旱区的气候及干旱的时空特征。第3章由古丽·加帕尔、陈桃、包安明和郭浩完成，从草地生产力的角度讨论亚洲中部干旱区草地的退化问题。第4章由姜亮亮、包安明、袁野和许文强完成，通过土地退化指标评估亚洲中部干旱区土地退化格局，同时分析亚洲中部干旱区土地退化的驱动要素，并评价亚洲中部干旱区土地退化的风险。第5章由古丽·加帕尔、于涛、包安明、姜亮亮完成，评估咸海流域的生态脆弱性。第6章由陈桃、古丽·加帕尔、郭浩完成，第7章由姜亮亮、包安明、于涛、袁野、雷加强完成，这两章分析阿姆河流域的生态脆弱性和土地退化情况。第8章由包安明、袁野、古丽·加帕尔、雷加强、许文强完成，主要针对亚洲中部干旱区的土地退化防治提出对策和措施。包安明、雷加强、郭浩、许文强对全书进行了统稿。

　　本书在中国科学院A类战略性先导科技专项(XDA20030101)和新疆维吾尔自治区天山英才计划项目(2022 TSYCLJ0011)的共同资助下完成。

　　由于时间仓促和作者经验不足，书中不妥之处在所难免，敬请读者指正。

目　　录

前言

第1章　概论 …………………………………………………………………… 1

　1.1　土地退化背景及概念 ………………………………………………… 1

　　1.1.1　土地退化背景 …………………………………………………… 1

　　1.1.2　土地退化概念 …………………………………………………… 3

　1.2　研究区概况 …………………………………………………………… 3

　　1.2.1　亚洲中部干旱区的气候与干旱概况 …………………………… 4

　　1.2.2　亚洲中部地区的土地覆被 ……………………………………… 5

　1.3　中亚地区土地退化 …………………………………………………… 8

　1.4　土地退化引起的区域社会环境问题 ………………………………… 9

　参考文献 …………………………………………………………………… 10

第2章　亚洲中部干旱区气候与干旱时空特征 …………………………… 14

　2.1　亚洲中部干旱区降水与温度变化 …………………………………… 14

　2.2　亚洲中部干旱区气象干旱事件基本特征 …………………………… 16

　　2.2.1　基于游程理论的干旱事件识别 ………………………………… 16

　　2.2.2　干旱区域化分析 ………………………………………………… 19

　2.3　近50年亚洲中部干旱区的干旱事件特征 …………………………… 21

　　2.3.1　典型干旱事件的特征 …………………………………………… 25

　　2.3.2　干旱空间特征分析 ……………………………………………… 27

　　2.3.3　干旱的周期性分析 ……………………………………………… 31

　　2.3.4　亚洲中部干旱区的气象干旱事件特征 ………………………… 32

　2.4　亚洲中部干旱区的气象干旱事件动态特征 ………………………… 33

　　2.4.1　三维聚类干旱事件识别及特征定量化方法 …………………… 33

　　2.4.2　三维聚类干旱事件提取验证 …………………………………… 37

　　2.4.3　干旱事件动态特征分析 ………………………………………… 38

　2.5　亚洲中部干旱区的农业干旱监测 …………………………………… 48

　　2.5.1　降水与植被指数的时滞分析 …………………………………… 48

　　2.5.2　OSDCI干旱指数 ………………………………………………… 49

2.5.3 OSDCI干旱指数的验证分析 ································ 50

2.5.4 农业干旱严重度分类及验证 ··························· 55

2.5.5 典型干旱年干旱监测 ································· 58

参考文献 ··· 63

第3章 亚洲中部干旱区草地生产力变化与草地退化 ················· 66

3.1 亚洲中部干旱区草地生产力时空变化评价方法 ··············· 67

3.1.1 亚洲中部干旱区草地生产力评价模型 ················· 67

3.1.2 集成经验模式分解(EEMD) ························· 69

3.1.3 亚洲中部干旱区草地生产力时空变化的统计分析 ········· 70

3.1.4 气候变化与人类活动对亚洲中部干旱区草地生产力变化的定量评价方法 ··· 71

3.2 中亚草地生产力不同时间尺度的变化特征 ·················· 72

3.2.1 中亚草地生产力月尺度变化特征分析 ················· 72

3.2.2 中亚草地生产力季节尺度变化特征分析 ··············· 72

3.2.3 中亚草地生产力年际尺度变化特征分析 ··············· 73

3.3 中亚草地生产力空间变化特征 ·························· 75

3.3.1 中亚草地实际生产力空间分布格局 ·················· 75

3.3.2 中亚草地实际生产力空间变化特征分析 ··············· 75

3.3.3 中亚草地潜在生产力空间变化特征分析 ··············· 77

3.4 气候变化与人类活动对中亚草地生产力时空变化特征的影响 ······· 77

3.4.1 定量评价气候变化与人类活动对中亚草地生产力的相对影响 ·· 77

3.4.2 主要气候因子对中亚草地生产力的影响分析 ············ 79

3.4.3 主要人类活动对中亚草地生产力的影响分析 ············ 81

参考文献 ··· 83

第4章 中亚土地退化时空格局与特征 ··························· 86

4.1 亚洲中部土地退化时空格局 ··························· 86

4.1.1 亚洲中部干旱区土地退化监测指标 ·················· 86

4.1.2 中亚土地退化评估方法 ························· 87

4.1.3 中亚地区土地退化过程 ························· 89

4.1.4 土地退化过程年际突变 ························· 92

4.1.5 气候变化和人为干扰的相对作用 ··················· 94

4.1.6 各植被类型土地退化主要驱动因素 ················· 95

4.2 中亚植被退化驱动要素 ···························· 99

4.2.1 中亚地区植被退化空间分布特征 ··················· 99

4.2.2 植被退化持续性特征 ························· 100

　　　4.2.3 季节气候因子变化特征 ···102

　　　4.2.4 NDVI与气候变化的相关性分析 ···································103

　　　4.2.5 植被退化的驱动因素分析 ···106

　4.3 中亚土地退化风险评价 ···112

　　　4.3.1 土地退化风险评估方法 ···112

　　　4.3.2 质量指标空间分布特征 ···116

　　　4.3.3 ESAI空间评估 ··117

　　　4.3.4 ESAI水平的收敛性分析 ···121

　　　4.3.5 气候变化和人类活动对土地退化风险的影响 ··················122

　　　4.3.6 不同时间段的敏感性空间收敛模式 ······························124

　参考文献 ···126

第5章 咸海流域生态风险时空特征分析 ···131

　5.1 水分压力和种植强度指数 ··132

　5.2 水分压力时空变化和突变年份检测 ··132

　5.3 耕地变化及种植强度与农业用水相关性 ·································136

　5.4 不同区域农业用水对农作物产量影响 ····································139

　5.5 水分压力空间差异性及影响分析 ··143

　　　5.5.1 水分压力空间差异性 ···143

　　　5.5.2 水分压力影响分析 ···145

　参考文献 ···147

第6章 阿姆河流域生态脆弱性及其时空特征 ·····································149

　6.1 阿姆河流域生态脆弱性评价指标体系构建 ·····························150

　　　6.1.1 研究区概况 ··150

　　　6.1.2 指标选择原则 ···151

　　　6.1.3 评价指标选择 ···152

　　　6.1.4 评价指标共线性诊断 ···153

　　　6.1.5 评价指标体系构建 ···154

　　　6.1.6 评价指标权重的确定 ···158

　　　6.1.7 生态脆弱性评价方法 ···161

　6.2 阿姆河流域生态脆弱性评价与时空特征 ·································163

　　　6.2.1 1990～2015年阿姆河流域生态脆弱性定量评价 ···············163

　　　6.2.2 1990～2015年阿姆河流域生态脆弱性整体时间变化特征 ·····165

　　　6.2.3 阿姆河流域不同生态脆弱性等级的时间变化特征 ·············166

6.3 阿姆河流域生态脆弱性的空间特征分析 ···169

    6.3.1 阿姆河流域生态脆弱性的空间格局 ···169

    6.3.2 阿姆河流域不同土地覆被类型的生态脆弱性差异 ·····················172

    6.3.3 地形导致的阿姆河流域生态脆弱性的差异 ·······························173

6.4 阿姆河流域生态脆弱性的机制分析与对策建议 ·······························175

    6.4.1 阿姆河流域生态脆弱性的驱动机制分析 ··································175

    6.4.2 应对阿姆河流域生态脆弱性的对策与建议 ·······························177

  参考文献 ··178

第7章　阿姆河三角洲土地退化及景观生态风险评估 ·····························181

7.1 阿姆河三角洲土地退化评估 ···181

    7.1.1 土地退化评估方法 ··182

    7.1.2 1990～2015年土地利用变化 ···185

    7.1.3 土壤盐渍化时空动态分析 ···187

    7.1.4 土地退化的时空评估 ···189

    7.1.5 土地退化过程的驱动因素 ···193

    7.1.6 三角洲土地退化驱动力分析 ··196

7.2 阿姆河三角洲景观生态风险评估 ···198

    7.2.1 景观类型变化特征 ··199

    7.2.2 景观生态风险指数的构建 ···202

    7.2.3 阿姆河三角洲景观指数变化特征 ···204

    7.2.4 阿姆河三角洲景观生态风险时空特征 ·····································206

    7.2.5 景观生态风险空间自相关分析 ··209

    7.2.6 阿姆河三角洲景观生态风险驱动力分析 ··································211

    7.2.7 对策与建议 ··216

  参考文献 ··217

第8章　亚洲中部干旱区土地退化防治对策与措施 ·······························222

  参考文献 ··225

第1章 概 论

1.1 土地退化背景及概念

1.1.1 土地退化背景

土地退化已成为当今世界面临的最严重生态环境和社会经济问题之一。如果不采取恢复措施，将进一步恶化（UNCCD，2017；IPBES，2018）。根据联合国环境规划署的估计，土地退化影响到全球约1/3的陆地面积和近20%的世界人口，在干旱、半干旱及亚湿润干旱地区尤为突出（UNCCD，2017）。干旱区覆盖了全球约45%的陆地面积，干旱区的生态环境问题较为严重且部分区域持续恶化，影响着干旱区90%的发展中国家（Reynolds et al.，2007；Prăvălie，2016；Prăvălie et al.，2019）。大部分干旱区的人民生活水平低下，粮食安全水平较低（Adeel et al.，2005），区域土地退化的加剧，给当地生态环境造成更大的压力（图1.1）。据估计，全世界约10%～20%的干旱地区已经退化，约1%～6%的干旱区人口依然生活在土地退化地区，约有10亿人受到进一步土地退化的威胁（Reynolds et al.，2007；Foley，2009）。未来的发展情景显示，如果干旱区的土地退化问题得不到有效遏制，将对今后人类福祉的改善带来持续性的威胁，并且可能扭转部分地区生态系统服务功能的势头（国家环境保护总局履行《生物多样性公约》办公室，2005）。因此，土地退化已成为区域贫困化的主要原因，以及制约干旱地区社会经济可持续发展的重要因素。

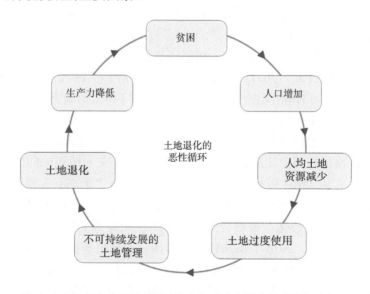

图1.1 土地退化的恶性循环（修改自《联合国防治荒漠化公约》）

《联合国防治荒漠化公约》(以下简称《公约》)提出了土地退化中性倡议(LDN)——土地质量应保持稳定或提高,以实现土地退化零增长目标(图1.2)。土地退化零增长倡议已成为《公约》和联合国可持续发展目标15.3(SDG 15.3)的主要目标。SDG 15.3明确指出2030年完成土地退化零增长目标(Wunder et al.,2018),该目标与加强粮食安全、减少贫困和保护生态系统服务直接相关。

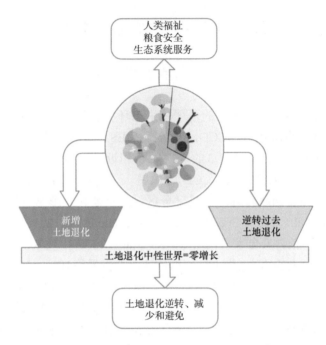

图1.2 土地退化中性概念(根据《联合国防治荒漠化公约》修改)

为实现土地退化零增长目标,LDN倡议应扭转、减少和避免土地退化。稳定区域应保持现状并避免土地退化,而土地退化区可通过可持续土地管理以减少或恢复土地退化。为了有效识别土地退化过程,必须确定评估基准和时间段,LDN定义中的土地退化零增长,表示一段时间内的变化,根据《公约》的目标,10年是土地退化评估的最短时间段(Sommer et al.,2011)。因此,确定评估基准和评价时间段,对于量化土地退化过程至关重要,可有利于评估土地退化("损失")和土地改良("收益")之间的平衡,以监测LDN倡议的实施。

过去几十年来,我国开展了一批重大生态恢复和生态综合治理工程,如"三北"防护林建设、沙漠化与石漠化防治、退耕还林还草等,在土地退化防治方面取得显著成效,土地退化呈现出整体遏制和持续缩减的良好态势;"十三五"期间,仅新疆就完成近40万hm²退化土地的修复。与此同时,中亚地区的土地退化形势仍不容乐观。特别是咸海生态环境严重恶化,被联合国称为"20世纪最大的环境灾难",成为世界共同面对的严峻生态问题。2010年和2017年联合国秘书长潘基文和古特雷斯先后考察咸海,呼吁国际社会和相关国家共同努力解决咸海危机问题。2019年10月13日,在中国科学院新疆生态与地理研究所举办的"中-乌生态、环境与区域可持续发展双边创新合作学术研讨会"上，中乌科学家代表联合发布的《乌鲁木齐宣言》提出，解决咸海流域土地退化问题将成为中亚地区实现联合国 2030 可持续发展目标（土地退化零增长）的最大挑战。但是，目前有关中亚五国土地退化的相关研究相对较少，开展土地退化评估及其驱动机制研究，将有助于联合国可持续发展目标的实现。

1.1.2　土地退化概念

土地退化是一个非常复杂的过程，目前尚无统一定义（Vogt et al.，2011）。联合国粮农组织（FAO）认为，土地退化是土地生产能力的丧失，涵盖了生态系统提供商品服务能力的所有负面变化（FAO，1980）。《公约》使用了"荒漠化"作为干旱区土地退化的代名词，即干旱地区的土地退化也可称为"荒漠化"（UNCCD，1994）。《公约》对"荒漠化"的定义已被缔约国 196 个国家广泛接受并使用，它被定义为"由于各种因素（包括气候变化和人类活动）导致的干旱、半干旱和半湿润干旱地区的土地退化"。也就是说，干旱地区的土地退化可能是由于气候变化以及人类活动造成的，主要表现为经济生产力或生物多样性的下降或丧失。但是，这种留有进一步解释余地的土地退化定义，导致了许多关于土地退化的研究差异很大（Vogt et al.，2011）。

狭义的土地退化，可定义为由于植被退化、土壤暴露以及干旱的综合影响而造成的生态系统退化的过程（Vogt et al.，2011；Yengoh et al.，2015；Liu et al.，2017；Zhang et al.，2017a；Mariano et al.，2018），干旱将加剧干旱地区的土地退化进程（Kassas，1987；Van Loon，2013）。一些学者认为，土地退化是变化的过程；而另一些学者则认为，土地退化是变化后的状态（Glantz et al.，1983；Helldén，1991）。土地退化的状态是指土地的覆盖变化，例如草地退化为稀疏的植被。从狭义的土地退化定义出发，主要关注土地退化过程和状态（土地退化敏感性评估）。基于长时间序列遥感数据产品，重点关注原始土地状态遭受的干扰甚至破坏，进而造成的表征土壤或植被原始稳定性改变的土地退化过程（Ni et al.，2015；Jiang et al.，2017；Zhang et al.，2017a；Jiang et al.，2019）。尽管土地覆被的状态没有改变，但也可能经历了土地退化过程（土地退化或改善）。

1.2　研究区概况

关于"中亚"一词并没有统一的定义，狭义上的中亚是指原苏联的五个共和国，即哈萨克斯坦、吉尔吉斯斯坦、乌兹别克斯坦、塔吉克斯坦和土库曼斯坦。在多数西方出版物中，"中亚"被用来定义这五个国家。从广义上讲，中亚既包括中亚五国，还包括中国西北干旱区和蒙古国南部的部分地区。中亚还可以被定义为中亚四国，即除哈萨克斯坦外的四个原苏联亚洲共和国（吉尔吉斯斯坦、乌兹别克斯坦、塔吉克斯坦和土库曼斯坦）（陈曦，2012；陈曦等，2013）。

本书"中亚五国"是指原苏联的五个亚洲共和国（哈萨克斯坦、吉尔吉斯斯坦、乌兹别克斯坦、塔吉克斯坦和土库曼斯坦），与狭义上的中亚范围一致。而"亚洲中部"或"亚洲中部干旱区"用来指代亚洲中纬度干旱区，包括中亚五国和中国西北干旱区两个部分（图1.3）。其地理位置位于欧亚大陆的中部，西起里海东部沿岸，东到中国贺兰山-乌鞘岭，南至帕米尔-青藏高原，北达乌拉尔山-阿勒泰山（陈曦等，2013）。亚洲中部干旱区介于46°～107°E和34°～56°N之间，东西横跨60多个经度，南北纵跨20多个纬度，占地面积约为6×10^6 km²。其地形复杂，包括高山（如天山和喀喇昆仑山）、盆地（如塔里木盆地）、广阔的沙漠和戈壁（如卡拉库姆、克孜勒姆和塔克拉玛干沙漠）和稀疏草地（例如哈萨克斯坦的北部）（Mughal，2013；Li et al.，2015b）。从低于－130 m的吐鲁番盆地和卡拉吉耶盆地，到超过7 500 m帕米尔地区和喀喇昆仑山山脉，亚洲中部地区的高程落差很大。

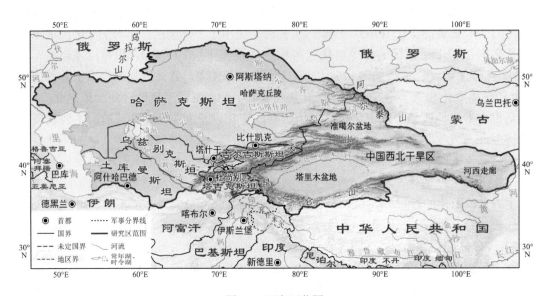

图1.3　研究区范围

1.2.1　亚洲中部干旱区的气候与干旱概况

亚洲中部地区主要受由西风带带来的暖湿气流的影响（Chen，2009；Huang et al.，2015；Chen et al.，2017）。近年来全球变暖和人类活动加剧，导致该地区面临的干旱形势愈发严峻，其对农业生产、畜牧业、水资源、经济和人类健康的影响也在不断增加（Lioubimtseva et al.，2009）。过去几十年间，亚洲中部地区发生了一系列干旱事件。其中，1975～1977年间发生的干旱事件被认为是20世纪最严重的干旱之一（Sheffield et al.，2012）；同时还经历了多次严重的干旱事件，例如1997～1998年干旱（Zou，2005）、2000～2001年干旱（WHO，2001；Rumer，2002；Lioubimtseva and Henebry，2009；Van Vliet et al.，2016）和2010年干旱（De Beurs et al.，2015；Xu et al.，2016）。相关研究发现，亚洲中部地区在近年来经历了越来越明显的变干趋势，特别是在2003年之后，变干趋势更为明显（Sheffield et al.，2009；Deng et al.，2017；Li et al.，2017；Guo et al.，2018）。在气候变化和人类活动加剧的共同影响下，亚洲中部地区的自然植被和农田成为最脆弱的部分（Patrick，2017）。研究分析发现，夏季干旱严重影响该地区植被的生长状况（Xu et al.，2016）。

面对干旱灾害，除了自然因素外，亚洲中部地区存在着明显的结构脆弱性。第一，该地区经济发展高度依赖农业。据统计，除哈萨克斯坦和中国西北部以外，其他国家地区的农业生产总值占国内生产总值（GDP）的比例均超过25%。其中，乌兹别克斯坦和土库曼斯坦几乎所有农田均为灌溉农业，而吉尔吉斯斯坦和塔吉克斯坦灌溉农业产值也占多数。哈萨克斯坦北部地区是亚洲中部地区重要的雨养农业粮食生产地，中亚国家畜牧业主要是自然雨养牧场，特别容易受到干旱的影响。第二，部分国家特别是吉尔吉斯斯坦和塔吉克斯坦的电力高度依赖水力发电，水力发电造成的河川径流水文情势变化一定程度上影响了农田灌溉效率。第三，水资源管理设施老化，跑冒滴漏损耗较大。例如，乌兹别克斯坦拥有大面积灌溉农田，但由于灌溉系统的老化失修，约70%的水在灌渠中被损耗掉，造成严重的水资源浪费（WB，2005）。从2000～2001年亚洲中部地区遭受干旱袭击中可以看出该地区的干旱脆弱性。2000～2001年干旱事件持续两年多，导致降雨量比平均水平降低了40%～60%，河川径流量比正常水平下降了35%～40%（Patrick，2017）。根据世界银行的报告，2000～2001年干旱期间造成农业生产直接经济损失约为8亿美元（WB，2005）。

1.2.2　亚洲中部地区的土地覆被

亚洲中部以干旱和半干旱气候为主，主要土地覆盖类别包括森林、草地、灌木地、稀疏植被、农田（雨养和灌溉）和裸地（表1.1）。

哈萨克斯坦、乌兹别克斯坦、土库曼斯坦和中国西部境内有克孜勒库姆沙漠、卡拉库姆沙漠、塔克拉玛干沙漠等，以裸地为主。由于高山雨水充沛，塔吉克斯坦和吉尔吉斯斯坦山区多数为草地和森林覆盖。哈萨克斯坦北部区域以雨养农业为主，雨浇地主要分布在库斯塔奈州和北哈萨克斯坦州。而南部地区的阿姆河流域和锡尔河流域以灌溉农业而闻名。哈萨克斯坦的东部山区丘陵地带，牧草地广泛分布（图1.4）（De Beurs et al.，2015）。受低温影响，中亚大部分地区的植被生长季节为4～10月（Gessner et al.，2013；Aralova et al.，2016）。近几十年来，中亚温度明显升高和降水变率增大（IPCC，2012）。夏季干旱频发，植被受到夏季干旱的影响严重（Xu et al.，2016）。

表1.1　中亚植被类型描述

植被类型	主要特征
耕地	大部分灌溉农田使用河水灌溉，沿河两岸分布。雨养耕地主要分布在哈萨克斯坦北部
草地	以天然植被、草本植物以及植被覆盖度大于25%的牧草为主。高覆盖度草地主要分布在山区
林地	包括阔叶林、针叶林和常绿乔木（植被覆盖度>15%），林地主要分布于山区和丘陵地带
灌木	常绿灌木丛和落叶灌木丛覆盖的区域（植被覆盖度<50%），大部分灌木主要分布在沙漠-绿洲过渡带
稀疏植被	包括稀疏的草地、地衣和苔藓（植被覆盖度<25%），大多数稀疏植被集中在沙漠中，易受气候变化和人类活动影响

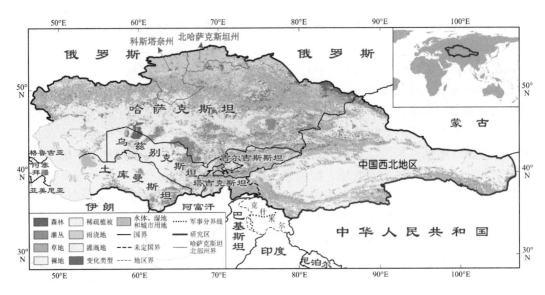

图1.4　亚洲中部干旱区土地覆被

1. 哈萨克斯坦土地覆被

2015年，哈萨克斯坦土地覆被类型以其他类型和草地为主，耕地、水体和林地次之，建设用地面积最小。其他类型土地面积最大，为1 192 300.00 km²，占总面积的43.09%，主要分布在南部的荒漠区。其中，戈壁面积最大667 433.5 km²，占其他类型土地面积的59.61%；裸土和沙漠面积192 097.41 km²和187 174.22 km²，占其他类型土地面积的16.11%和15.70%。草地面积985 155.6 km²，占总面积的35.60%，主要分布在哈萨克丘陵地带。

哈萨克斯坦耕地面积为452 450.6 km²，占总面积的16.35%，主要分布在哈萨克丘陵北部。其中水浇地面积最大，为450 067.79 km²，占耕地面积的99.47%；旱地面积1 880.76 km²，占耕地面积的0.42%。水体面积59 804.07 km²，占总面积的2.16%。其中湖泊面积最大，为47 585.74 km²，占水体面积79.57%，主要分布在巴尔喀什湖、斋桑泊、咸海等流域。水库坑塘面积8 654.32 km²，占水体面积14.47%，主要是水库。林地面积57 923.37 km²，占总面积的2.09%，主要分布在丘陵区以及天山、阿勒泰山等地。其中以灌木林和有林地为主，面积为24 839.48 km²和19 261.46 km²，占林地面积的42.88%和33.25%。建设用地面积19 438.83 km²，占总面积的0.70%。其中农村居民地面积最大，为11 349.04 km²，占建设用地面积的58.38%；城镇用地和其他建设用地面积4 272.2 km²和3 713.67 km²，占建设用地面积的21.98%和19.10%。

2. 吉尔吉斯斯坦土地覆被

2015年，吉尔吉斯斯坦土地覆被类型以草地和其他类型为主，耕地、林地和水域其次，城镇建设用地较小。草地面积最大，为86 193.77 km²，占总面积的44.25%，主要分布在东北部天山、北部的阿拉套山及西南部为帕米尔-阿赖山等山地。其中，低覆盖度草地面积最大，占49.32%；中覆盖度草地面积次之，占37.26%；高覆盖度草地面积最小，占13.41%；林地面积10 581.46 km²，占总面积的5.43%，以有林地为主，主要分布在西部高山区。

其他类型面积69 696.84 km²，占总面积的35.78%，主要分布在东北部天山和西南部帕米尔-阿赖山等山地，裸岩占55.72%，戈壁占20.46%；冰川/永久积雪和裸土分别占14.13%和8.52%；湿地和滩地最小，占1.17%；耕地面积17 913.48 km²，占总面积的9.20%，主要分布在山间盆地和河谷平地，水浇地占91.88%；旱地占8.11%；水域面积7 369.39 km²，占总面积的3.78%，主要为湖泊，占90.40%，河渠和水库/坑塘分别占5.47%和4.13%；城镇建设用地面面积3 041.20 km²，占总面积的1.56%，以农村居民点为主，占70.50%；城镇用地次之，主要分布在比什凯克市和奥什市，占27.51%；其他建设用地和机场用地占1.99%。

3. 塔吉克斯坦土地覆被

2015年塔吉克斯坦土地覆被类型以其他类型土地和草地为主，耕地其次，林地、建设用地和水体面积较小。其他类型土地面积最大，为72 193.08 km²，占总面积的51.83%，主要分布在境内山区高海拔地区。其中裸岩石砾地最大，为46 905.8 km²，占其他类型土地面积的64.97%；裸地、永久性冰川雪地面积10 172.47 km²和8 710.24 km²，占其他类型土地面积的14.09%和12.07%。

草地面积49 155.13 km²，占总面积的35.29%，主要分布在中低山地带。其中低覆盖草地面积最大，为32 368.79 km²，占草地面积的65.85%；中覆盖草地面积12 971.08 km²，占草地面积的26.39%；高覆盖草地面积3 815.26 km²，占草地面积的7.76%。耕地面积9 889.23 km²，占总面积的7.10%，主要分布在平原地带。其中水浇地面积最大，为9 173.96 km²，占耕地面积的92.77%；旱地面积414.26 km²，占耕地面积的4.19%。林地面积3 193.17 km²，占总面积的2.29%，主要分布在天山和吉萨尔山。其中以有林地为主，面积为3 078.5 km²，占林地面积的96.41%。建设用地面积3 114.88 km²，占总面积的2.24%，主要分布在盆地、谷地和平原区的绿洲内。其中农村居民地面积最大，为2 588.31 km²，占建设用地面积的83.10%；城镇用地面积496.55 km²，占建设用地面积的15.94%。水体面积1 742.89 km²，占总面积的1.25%。其中湖泊面积最大，为780.86 km²，占水体面积44.80%。河渠面积656.70 km²，占水体面积37.68%。

4. 吉尔吉斯斯坦土地覆被

2015年乌兹别克斯坦土地覆被类型以其他类型和耕地为主，草地、水域和城镇建设用地次之，林地面积小。其他类型土地面积最大，为303 743.75 km²，占总面积的68.40%，主要分布在西北部的克孜勒库姆沙漠。其中，戈壁面积最大，占40.97%；沙漠和裸土次之，分别占36.63%和11.34%；永久冰川/积雪和湿地最少，占0.85%。耕地面积71 319.66 km²，占总面积的16.06%，主要分布在山间盆地和河谷平地。水浇地占94.52%，旱地占4.47%，水田占1.01%。

乌兹别克斯坦草地面积为38 254.66 km²，占总面积的8.61%，主要分布在吉萨尔一阿赖山区和阿姆河湿地三角洲。其中，低覆盖度草地面积最大，占67.87%；中覆盖度草地面积次之，占25.96%；高覆盖度草地面积最小，占6.17%。林地面积8 023.55 km²，占总面积的1.81%，有林地为主，主要分布在东部高山区。水域面积9 364.17 km²，占总面积的2.11%，主要为湖泊，占87.68%，河渠和水库/坑塘分别占7.24%和5.08%。城镇建设用地面积13 373.31 km²，占总面积的3.01%。以农村居民点为主，占67.76%；城镇用地次之，主要分布在塔什干市和撒马尔罕市，占27.31%；其他建设用地和机场用地占4.92%。

5. 土库曼斯坦土地覆被

2015年土库曼斯坦土地覆被类型以其他类型土地和耕地为主，其次分别为草地、水体、林地和建设用地。其他类型土地面积最大，为372 054.60 km²，占总面积的77.50%，主要分布在土库曼斯坦的中部和东部。其中沙漠面积最大，占其他类型土地面积的50.46%；其次是戈壁和裸土地，分别占23.76%和6.65%。耕地面积37 721.60 km²，占总面积的7.86%，主要分布在东北和西南部的绿洲区域。其中水浇地面积最大，占94.27%；其次为旱地，占4.95%。

草地面积35 995.40 km²，占总面积的87.50%，主要分布在西南部和南部的绿洲地带。其中低覆盖度草地面积最大，占草地面积的86.20%，其次为中覆盖度草地，占10.11%，高度盖度草地面积最小，占3.69%。水体面积23 415.70 km²，占总面积的4.88%。其中湖泊面积最大，占水体面积95.20%，主要分布在土库曼斯坦的北部，水库、坑塘和河渠面积较小，占水体面积的4.80%。林地面积7 262.52 km²，占总面积的1.51%，主要分布在南部的绿洲区。其中以灌木林为主，占林地面积的93.60%。建设用地面积1 712.23 km²，占总面积的0.75%，主要分布在平原及绿洲区。其中农村居民地面积最大，占建设用地面积的71.94%；其次是城镇用地，占建设用地面积的20.28%。

1.3　中亚地区土地退化

中亚地处亚欧大陆腹地，远离海洋，属于典型大陆性干旱气候（陈曦等，2013）。该地区具有全年降水稀少、太阳辐射强烈、日照时间长、蒸散发量大、水资源短缺、植被覆盖度低、极端气候频发等特点，约3/4以上区域的自然景观为半沙漠、沙漠，生态系统十分脆弱。受气候变化及人口数量不断膨胀的影响，该地区生态资源压力不断增大（姚俊强等，2014），导致了植被严重退化，生态环境持续恶化，土地退化过程和发生强度不断加深加快（舒拉等，2015）。

水资源短缺及分布不均是亚洲中部干旱区生态脆弱的重要原因，也成为阻碍当地社会经济发展的主要因素（杨恕等，2002）。中亚五国主要水源位于塔吉克斯坦和吉尔吉斯斯坦国境内，水资源分别占中亚五国总地表水量的34.1%和23.5%，被誉为"中亚水塔"（邓铭江，2013）。亚洲中部70%的社会经济发展问题与水资源短缺有关，主要受河流径流改变的影响（Severskiy，2004）。由于气候干旱，降水稀少，河流径流量不断减少，加上灌溉农业和工业用水不断增加，致使亚洲中部水资源分布不均衡和严重短缺，生态环境持续恶化（舒拉等，2015）。

中亚生态环境恶化主要表现在河流面积萎缩、河流径流量减少、地下水位下降、土地退化扩大、绿洲减少、盐碱化土地面积增加、沙尘暴频发和植被退化等方面。湖泊是内陆干旱区水资源的重要组成部分，受上游气候变化和人类活动的影响，下游河流径流量大幅度减少，湖泊大面积萎缩（李超凡等，2012）。1987~2010年期间，哈萨克斯坦北部的湖泊数量（面积）从1987年的385个萎缩到2002年的223个，到2010年又萎缩为215个。小湖泊的数量逐渐减少，而较大湖泊的面积在缓慢萎缩（李均力等，2013）。

中亚的生态问题在咸海流域尤为突出。阿姆河和锡尔河是咸海地区两条最大支流。1960年以来，阿姆河与锡尔河流域灌溉农业迅速扩展；至1981年，流域耕地灌溉面积扩张至7万km^2（吴敬禄等，2009）。统计显示，中亚地区95%河川径流用于农业灌溉（Micklin，2016），由于粗放的灌溉方式，大量农田用水以蒸发蒸腾的方式，从区域水系统中散失（Destouni et al.，2010）。20世纪60年代后期咸海开始逐渐萎缩，流入咸海的流量从1998年的31.5 km^3减少到2009年的5.2 km^3（Gaybullaev et al.，2012），已成为"全球最令人震惊的生态环境灾害之一"（姚俊强等，2014）。此外，农业用水不断增加，加剧了不同区域的用水矛盾，用水压力不断增加（Zhiltsov et al.，2018）。研究表明，干旱时期下游区域的灌溉农业出现严重缺水现象，尤其是阿姆河三角洲（Kumar et al.，2019）。咸海退缩造成湖泊周边3 500万人居生活环境恶化（杨恕等，2002；Micklin，2010），引起湿地三角洲生态退化和土壤盐渍化不断加重（Tynybekov et al.，2008；Krysanova et al.，2010）等一系列社会与生态问题。

灌溉、风蚀、水蚀、过度放牧、次生盐渍化等导致了中亚大部分土地受到不同程度的土地退化威胁（吉力力·阿不都外力等，2009）。哈萨克斯坦有近$1.8\times10^6 km^2$退化土地，约66%的土地正在逐步退化（Tynybekov et al.，2008）；土库曼斯坦的土地退化面积总体虽呈减少趋势，但退化程度有所加深（张严俊等，2013）。有学者通过分析中亚干旱区生态环境变化，发现亚洲中部其他区域状况也不容乐观（周可法等，2006；鄢雪英等，2014）。当前若没有有效措施来缓解土地退化问题，越来越严峻的土地退化问题，将成为中亚地区实现土地退化零增长目标的最大挑战。

1.4　土地退化引起的区域社会环境问题

中亚是全球最大的干旱地区之一，拥有多个温带沙漠，生态环境脆弱。《推动共建丝绸之路经济带和21世纪海上丝绸之路的愿景与行动》中的中国-中亚-西亚经济走廊贯穿中亚地区，沿线大部分区域气候干旱，荒漠广布，土地退化严重。随着全球气候变化和人类活动的加剧，特别是水土开发、矿产资源开发、交通和能源通道建设、新兴城镇建设等，造成的区域生态环境风险加大，以土地退化为主的生态问题将严重制约丝绸之路经济带建设和可持续发展。曾为世界第四大内陆湖泊的咸海，其生物多样性丰富，提供着重要的生态系统服务功能（Micklin et al.，2016）。同时，咸海流域是世界上主要的棉花生产基地之一（White，2013），但上游农业扩张导致的咸海萎缩已成为了世界上最令人震惊的环境灾难之一。目前，咸海周围的生态系统遭了严重破坏，水文平衡也发生了变化，特别是阿姆河三角洲（Khamzina et al.，2008）。咸海沿岸地区遭受植被退化、土壤盐碱化、盐尘暴和气候变化等困扰（Micklin，2007）。近几十年来，中亚地区土地退化突出（Asarin et al.，2010），但目前对该地区土地退化状况的研究监测及了解知之甚少。

中亚地区典型湖泊受气候变化和人类活动影响同样发生着差异性的变化，与咸海完全相反，从20世纪80年代以来，里海水位不断上升，甚至外溢为患，严重影响周边生产生活（蒲开夫等，2008）。巴尔喀什湖在全球气候变化背景下，入湖水量减少，导致湖泊水位下降以及周边湿地退化，巴尔喀什湖生态问题也较为突出（王姣妍等，2011）。

近几十年里，中亚气候变化具有明显的区域特征。气温上升趋势明显，尤其是20世纪90年代以来，其升温幅度高于历史上任何时期（Hu et al.，2014；Davi et al.，2015；Li et al.，2015a）。降水变化空间差异性明显，整体呈轻微的下降趋势（Sorg et al.，2012；Mannig et al.，2013；Li et al.，2015a）。在多变的气候条件下，中亚脆弱的生态系统极易受土地退化影响（De Beurs et al.，2009；Zhou et al.，2015；Bohovic，2016；Han et al.，2016）。此外，人类活动也是影响区域土地退化的一个关键驱动因素。1991年苏联解体后，中亚五国的政治和经济发展模式均有不同程度的改变，导致大规模的农村城市人口迁移，经济发展模式由计划经济转变为自由市场，农牧业管理模式也由国有的集体农业转为私有的自由市场农业。因此，区域的土地退化进程必然受到人类活动的影响（Hostert et al.，2011）。土地退化不仅可以减少生态系统服务功能，而且会改变人类的基本生存条件，进而引发一系列的生态环境问题（D'Odorico et al.，2013；Wang et al.，2017）。在可持续发展的背景下，深入了解土地退化时空格局和潜在风险至关重要。

参 考 文 献

陈曦. 2012. 亚洲中部干旱区蒸散发研究. 北京：气象出版社，224.

陈曦，等. 2013. 亚洲中部干旱区生态地理格局研究. 干旱区研究，30(3)：385-390.

邓铭江. 2013. 塔吉克斯坦水资源及水电合作开发前景分析. 水力发电，39(9)：1-4.

国家环境保护总局履行《生物多样性公约》办公室. 2005. 生态系统与人类福祉. 北京：中国环境科学出版社.

吉力力·阿不都外力，等. 2009. 中亚五国水土资源开发及其安全性对比分析. 冰川冻土，31(5)：960-968.

李超凡，等. 2012. 近20年中亚净初级生产力与实际蒸散发特征分析. 干旱区地理，35(6)：919-927.

李均力，等. 2013. 亚洲中部干旱区湖泊的地域分异性研究. 干旱区研究，30(6)：941-950.

蒲开夫，王雅静. 2008. 中亚地区的生态环境问题及其出路. 新疆大学学报（哲学·人文社会科学 汉文版），36(1)：106-110.

舒拉，张丽萍. 2015. 中亚干旱区主要生态环境问题及治理. 草食家畜，(2)：49-52.

王姣妍，等. 2011. 巴尔喀什湖分湖水平衡及其影响与优化保护研究. 冰川冻土，33(6)：1353-1362.

吴敬禄，等. 2009. 中亚干旱区咸海的湖面变化及其环境效应. 干旱区地理，32(3)：418-422.

鄢雪英，等. 2014. 中亚土库曼斯坦典型绿洲荒漠化动态遥感监测. 自然灾害学报，23(2)：103-110.

杨恕，田宝. 2002. 中亚地区生态环境问题述评. 俄罗斯东欧中亚研究，(5)：51-55.

姚俊强，等. 2014. 近130年来中亚干旱区典型流域气温变化及其影响因子. 地理学报，69(3)：291-302.

张严俊，等. 2013. 中亚地区土地沙漠化遥感监测——以土库曼斯坦为例. 干旱区地理（汉文版），

36(4): 724-730.

周可法, 等. 2006. 中亚干旱区生态环境变化的特点和趋势. 中国科学, 36(z2): 133-139.

ADEEL Z, et al. 2005. Ecosystems and human well-being desertification synthesis. Washington, DC: World Resources Institute(WRI), 28.

ARALOVA D, et al. 2016. Monitoring of vegetation condition using the NDVI/ENSO anomalies in Central Asia and their relationships with ONI(very strong) phases. SPIE Remote Sensing, SPIE, 7.

ASARIN A E, et al. 2018. Amudarya and Syrdarya Rivers and Their Delta. Springer Berlin Heidelberg, 101-121.

BOHOVIC R. 2016. The spatial and temporal dynamics of remotely-sensed vegetation phenology in Central Asia in the 1982-2011 period. European Journal of Remote Sensing, 279.

CHEN F. 2009. A discussion on the westerly-dominated climate model in mid-latitude Asia during the modern interglacial period. Earth Science Frontiers, 279-280(6): 86-87.

CHEN F-H, HUANG W. 2017. Multi-scale climate variations in the arid Central Asia. Advances in Climate Change Research, 8(1): 1-2.

D'ODORICO P, et al. 2013. Global desertification: Drivers and feedbacks. Advances in Water Resources, 51: 326-344.

DAVI N K, et al. 2015. A long-term context(931–2005 C. E.)for rapid warming over Central Asia. Quaternary Science Reviews, 121: 89-97.

DE BEURS K M, et al. 2009. Dual scale trend analysis for evaluating climatic and anthropogenic effects on the vegetated land surface in Russia and Kazakhstan. Environmental Research Letters, 4(4): 045012.

DE BEURS K M, et al. 2015. Using multiple remote sensing perspectives to identify and attribute land surface dynamics in Central Asia during 2001–2013. Remote Sensing of Environment, 170: 48-61.

DENG H, CHEN Y. 2017. Influences of recent climate change and human activities on water storage variations in Central Asia. Journal of Hydrology, 544: 46-57.

DESTOUNI G, GRAHAM W. 2010. Solute transport through an integrated heterogeneous soil-groundwater system. Water Resources Research, 31(8): 1935-1944.

FAO. 1980. Natural resources and the human environment for food and agriculture. In: 1, E.P.N.(Ed.), Rome.

FOLEY M. 2009. Gender in Agriculture Sourcebook. The World Bank.

GAYBULLAEV B, et al. 2012. Changes in water volume of the Aral Sea after 1960. Applied Water Science, 2(4): 285-291.

GESSNER U, et al. 2013. The relationship between precipitation anomalies and satellite-derived vegetation activity in Central Asia. Global and Planetary Change, 110: 74-87.

GLANTZ M H, ORLOVSKY N. 1983. Desertification: A review of the concept. Desertification Control Bulletin, 9: 15-22.

GUO H, et al. 2018. Spatial and temporal characteristics of droughts in Central Asia during 1966-2015. Science of the Total Environment, 624: 1523-1538.

HAN Q, et al. 2016. Simulated grazing effects on carbon emission in Central Asia. Agricultural and Forest Meteorology, 216: 203-214.

HELLDéN U. 1991. Desertification: time for an assessment? Ambio, 372-383.

HOSTERT P, et al. 2011. Rapid land use change after socio-economic disturbances: the collapse of the Soviet Union versus Chernobyl. Environmental Research Letters, 6(4): 045201.

HU Z, et al. 2014. Temperature changes in central Asia from 1979 to 2011 based on multiple datasets. Journal of Climate, 27(3): 1143-1167.

HUANG W, et al. 2015. Definition of the core zone of the "westerlies-dominated climatic regime", and its controlling factors during the instrumental period. Science China Earth Sciences, 58(5): 676-684.

IPBES. 2018. Intergovernmental Science-Policy Platform on Biodiversity and Ecosystem Services—The assessment report on land degradation and restoration, Summary for policymakers. IPBES Secretariat.

IPCC. 2012. Managing the risks of extreme events and disasters to advance climate change adaptation: special report of the intergovernmental panel on climate change, 1107205060. Cambridge University Press.

JIANG L, et al. 2017. Vegetation dynamics and responses to climate change and human activities in Central Asia. Science of the Total Environment, 599-600: 967-980.

JIANG L, et al. 2019. Monitoring the long-term desertification process and assessing the relative roles of its drivers in Central Asia. Ecological Indicators, 104: 195-208.

KASSAS M. 1987. Drought and desertification. Land Use Policy, 4(4): 389-400.

KHAMZINA A, et al. 2008. Tree establishment under deficit irrigation on degraded agricultural land in the lower Amu Darya River region, Aral Sea Basin. Forest Ecology and Management, 255(1): 168-178.

KOTTEK M, et al. 2006. World map of the Köppen-Geiger climate classification updated. Meteorologische Zeitschrift, 15(3): 259-263.

KRYSANOVA V, et al. 2010. Cross-comparison of climate change adaptation strategies across large river basins in Europe, Africa and Asia. Water Resources Management, 24(14): 4121-4160.

KUMAR N, et al. 2019. Spatio-temporal supply–demand of surface water for agroforestry planning in saline landscape of the lower Amudarya Basin. Journal of Arid Environments, 162: 53-61.

LI Z, et al. 2015a. Potential impacts of climate change on vegetation dynamics in Central Asia. Journal of Geophysical Research Atmospheres, 120(9): 2045-2057.

LI Z, et al. 2015b. Potential impacts of climate change on vegetation dynamics in Central Asia. Journal of Geophysical Research-Atmospheres, 120(24): 12345-12356.

LI Z, et al. 2017. Multivariate assessment and attribution of droughts in Central Asia. Scientific Reports, 7(1): 1316.

LIOUBIMTSEVA E, HENEBRY G M. 2009. Climate and environmental change in arid Central Asia: Impacts, vulnerability, and adaptations. Journal of Arid Environments, 73(11): 963-977.

LIU F, et al. 2017. Albedo indicating land degradation around the Badain Jaran Desert for better land resources utilization. Science of the Total Environment, 578: 67-73.

MANNIG B, et al. 2013. Dynamical downscaling of climate change in Central Asia. Global & Planetary Change, 110(110): 26-39.

MARIANO D A, et al. 2018. Use of remote sensing indicators to assess effects of drought and human-induced land degradation on ecosystem health in Northeastern Brazil. Remote Sensing of Environment, 213: 129-143.

MICKLIN P. 2007. The Aral Sea disaster. Annual Review of Earth and Planetary Sciences, 35: 47-72.

MICKLIN P. 2010. The past, present, and future Aral Sea. Lakes & Reservoirs Research & Management, 15(3): 193-213.

MICKLIN P. 2016. The future Aral Sea: hope and despair. Environmental Earth Sciences, 75(9): 1-15.

MUGHAL M A Z. 2013. Pamir Alpine Desert and Tundra. In: HOWARTH R W, MOHAN J E, HOWARTH R W (Eds.), Biomes and Ecosystems. Ipswich, Massachusetts: Salem Press, 978-980.

NI X, et al. 2015. Mapping forest canopy height over continental China using multi-source remote sensing data. Remote Sensing, 7(7): 8436.

PATRICK E. 2017. Drought characteristics and management in Central Asia and Turkey, FAO Water Reports(FAO). Food and Agriculture Organization of the United Nations, Rome, Italy. 114.

PRĂVĂLIE R. 2016. Drylands extent and environmental issues: A global approach. Earth-Science Reviews, 161: 259-278.

PRĂVĂLIE R, et al. 2019. Recent changes in global drylands: Evidences from two major aridity databases. Catena, 178: 209-231.

REYNOLDS J F, et al. 2007. Global desertification: building a science for dryland development. Science, 316(5826): 847-851.

RUMER B Z. 2002. Central Asia: a gathering storm? Armonk, N. Y. : M. E. Sharpe, 442.

SEVERSKIY I V. 2004. Water-related problems of Central Asia: Some results of the (GIWA) international water assessment program. Ambio: 52-62.

SHEFFIELD J, et al. 2009. Global and continental drought in the second half of the twentieth century: severity–area–duration analysis and temporal variability of large-scale events. Journal of Climate, 22 (8) : 1962-1981.

SHEFFIELD J, WOOD E F. 2012. Drought: Past Problems and Future Scenarios. Hoboken: Taylor and Francis, 249.

SOMMER S, et al. 2011. Application of indicator systems for monitoring and assessment of desertification from national to global scales. Land Degradation & Development, 22 (2) : 184-197.

SORG A, et al. 2012. Climate change impacts on glaciers and runoff in Tien Shan (Central Asia). Nature Climate Change, 2 (10) : 725-731.

TYNYBEKOV A K, et al. 2008. Environmental issues of the Kyrgyz Republic and Central Asia. Nato Security Through Science: 407-432.

UNCCD. 2017. United Nations Convention to Combat Desertification-Global Land Outlook UNCCD secretaria. Bonn, Germany.

UNCCD. 1994. United Nations Convention to Combat Desertification in Those Countries Experiencing Serious Drought and/or Desertification, Particularly in Africa. Paris, France.

VAN LOON A. 2013. On the propagation of drought. How climate and catchment characteristics influence hydrological drought development and recovery. Wageningen University, Wageningen, NL.

VAN VLIET M T, et al. 2016. Impacts of recent drought and warm years on water resources and electricity supply worldwide. Environmental Research Letters, 11 (12) : 124021.

VOGT J V, et al. 2011. Monitoring and assessment of land degradation and desertification: Towards new conceptual and integrated approaches. Land Degradation & Development, 22 (2) : 150-165.

WANG X, et al. 2017. Spatial differences of aeolian desertification responses to climate in arid Asia. Global and Planetary Change, 148: 22-28.

WB. 2005. Drought: management and mitigation assessment for Central Asia and the Caucasus. World Bank (WB), Washington, DC. 112.

WHITE K D. 2013. Nature–society linkages in the Aral Sea region. Journal of Eurasian Studies, 4 (1) : 18-33.

WHO. 2001. Health aspects of the drought in Uzbekistan 2000–2001. Geneva, Switzerland. 23.

WUNDER S, et al. 2018. Implementing land degradation neutrality (SDG 15. 3) at national level: general approach, indicator selection and experiences from Germany. International Yearbook of Soil Law and Policy 2017: 191-219.

XU H J, et al. 2016. Decreased vegetation growth in response to summer drought in Central Asia from 2000 to 2012. International Journal of Applied Earth Observation and Geoinformation, 52: 390-402.

YENGOH G T, et al. 2015. Use of the Normalized Difference Vegetation Index (NDVI) to Assess Land Degradation at Multiple Scales: Current Status, Future Trends, and Practical Considerations. Springer: 1-123.

ZHANG G, et al. 2017a. Exacerbated grassland degradation and desertification in Central Asia during 2000-2014. Ecological Applications, 28 (2) : 442-456.

ZHANG M, et al. 2017b. Changes of precipitation extremes in arid Central Asia. Quaternary International, 436: 16-27.

ZHILTSOV S S, et al. 2018. Water Resources in Central Asia: International Context. Springer: 1-285.

ZHOU Y, et al. 2015. Climate contributions to vegetation variations in Central Asian drylands: pre- and post-USSR collapse. Remote Sensing, 7 (3) : 2449-2470.

ZOU X. 2005. Variations in droughts over China: 1951–2003. Geophysical Research Letters, 32 (4) : 1-4.

第2章 亚洲中部干旱区气候与干旱时空特征

干旱是土地退化的主要驱动要素之一，特别在干旱半干旱地区，其对土地退化的影响尤为明显。干旱事件可能导致水资源匮乏、土壤侵蚀、植被损失等一系列问题，从而引发土地退化。干旱趋势变化、干旱事件的识别与特征化研究是土地退化防治的关键步骤。传统干旱事件识别方法，如阈值水平法，难以有效地反馈干旱事件的时间变化和空间演化特征。游程理论和三维聚类算法为准确识别干旱事件和定量化地描述干旱事件的时空特征提供了新的思路和工具。本章以标准化降水蒸散指数 (SPEI) 为基础，运用游程理论和三维聚类算法，从二维和三维两个角度来识别亚洲中部地区的干旱事件，并进一步定量分析干旱事件的持续时间、严重度、烈度、移动方向以及影响面积等时空特征，使得我们能够准确地识别干旱事件和定量化地分析干旱事件的时空特征，为亚洲中部干旱区的土地退化防治研究提供科学支持。

2.1 亚洲中部干旱区降水与温度变化

中亚气候属于温带大陆性气候，印度洋和太平洋的暖湿气流受东南部的高山阻隔，导致干旱气候时常出现。主要特征为温度和降水在时间和空间上差异性明显，从山脉到平原以及由北向南呈梯度变化 (Xu et al.，2016a) (图2.1、图2.2)。长时间的气候观测表明，除了山区丘陵地带年平均气温低于0 ℃，哈萨克斯坦北部的年平均气温为2 ℃，而乌兹别克斯坦和土库曼斯坦的平均气温高达18 ℃以上，由北向南逐渐从温带向亚热带过渡。昼夜温差较大，高达25 ℃ (Mohammat et al.，2013)。

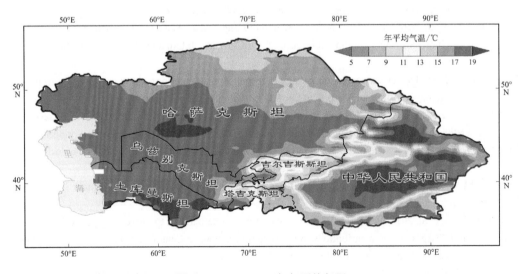

图2.1 1966～2015年年平均气温

山区的年平均降水量在 600～800 mm，而其他区域的年平均降水量变化范围从乌兹别克斯坦南部和土库曼斯坦北部的 100 mm 到哈萨克斯坦北部的 400 mm。因此，中亚逐渐从北部的半干旱区过渡到南部的干旱区，其中最为干燥的区域位于土库曼斯坦北部的卡拉库姆沙漠和乌兹别克斯坦南部的克孜勒库姆沙漠。较为湿润的区域位于哈萨克斯坦北部、塔吉克斯坦和吉尔吉斯斯坦的阿尔泰、天山和帕米尔山区。气候垂直带差异明显，高山区迎风坡的年均降水量可达到 1 000 mm，而谷地的年平均降水量仅有 100～200 mm（Klein et al.，2012）。

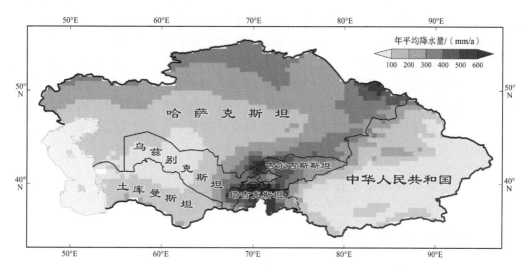

图2.2　1966～2015年年平均降水量

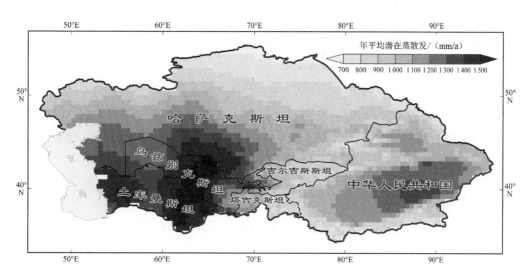

图2.3　1966～2015年年平均潜在蒸散发

中亚蒸发量较大，阿姆河三角洲的年潜在蒸发量高达 1 798 mm。潜在蒸散量总体呈上升趋势。哈萨克斯坦西部和咸海周边区域增加趋势显著，年变化率高达 7.42 mm/a。根据降水量与潜在蒸散量的差值，多数地区出现负的气候水平衡（Guo et al.，2018a；Guo et al.，2018b）。

2.2　亚洲中部干旱区气象干旱事件基本特征

了解干旱特征的时空变化对水资源管理和干旱风险的规避都至关重要。基于长时间序列的降水和蒸散发数据计算多时间尺度的标准化降水蒸散指数（standardized precipitation evapotranspiration index，SPEI），综合分析 1966～2015 年间干旱持续时间、频率、严重程度、强度、峰值和频发季节等一系列干旱特征。基于主成分分析和 Varimax 方差最大化法，将亚洲中部地区划分为 6 个子区域。利用游程理论识别干旱事件并定量描述干旱特征的时空分布。通过 Sen's 斜率和改进型 MK 显著性检验方法分析干旱趋势。基于连续小波变换分析干旱周期以及干旱变化与大尺度气候模式之间的相关性。

2.2.1　基于游程理论的干旱事件识别

1. 标准化降水蒸散干旱指数 SPEI

SPEI 具备多时间尺度、空间可比较性强、计算过程简单，同时考虑降水和温度因素等一系列优势。因此，选取 SPEI 作为干旱指数用于干旱识别和干旱特征描述。SPEI 计算需要的降水和潜在蒸散发数据，均来自于东英吉利大学气候研究中心（Climatic Research Unit，CRU）的格网数据集。

SPEI 干旱指数的计算过程主要包括以下几个步骤。

首先，计算降水与潜在蒸散发差值。

$$D_j = P_j - \mathrm{PET}_j \tag{2.1}$$

式中，j 代表月份；D_j 表示第 j 月份的降水量（P_j）与该月潜在蒸散发（PET_j）的差值。D_j 提供了分析月尺度的水分盈余或赤字的描述。当 D_j 为正值，则表示该月处于湿润状态；而当 D_j 为负值时，则说明该月处于干旱状态。

其次，将 D_j 按照不同时间尺度（k 个月）依次进行累加。例如，将 k 设定为 12 个月尺度时，其累加过程可用式（2.2）表示。

$$\begin{cases} X_{i,j}^k = \sum_{l=13-k+j}^{12} D_{i-1,l} + \sum_{l=1}^{j} D_{i,l} & \text{当 } j < k \\ X_{i,j}^k = \sum_{l=j-k+1}^{j} D_{i-1,l} & \text{当 } j \geq k \end{cases} \tag{2.2}$$

式中，$X_{i,j}^k$ 表示降水（P_j）与潜在蒸散发（PET_j）在 k 个月时间尺度上第 i 年 j 月的累加值。

由于降水属于偏态分布，需要将偏态分布的 D_j 累加值进行标准化处理。依据 Vicente-Serrano 等（2010），采用 Log-logistic 分布函数对 D_j 累加值进行标准化处理。

$$F(X) = \left[1 + \left(\frac{\alpha}{X - \gamma} \right)^{\beta} \right]^{-1} \tag{2.3}$$

式中，α、β 和 γ 分别代表尺度、形状和 Origin 参数。α、β 和 γ 参数均可由 L 距估计（L-moment）计算得到，见式（2.4）～式（2.6）（Vicente-Serrano et al.，2010）。

$$\beta = \frac{2\omega_1 - \omega_0}{6\omega_1 - \omega_0 - 6\omega_2} \tag{2.4}$$

$$\alpha = \frac{(\omega_0 - 2\omega_1)\beta}{\Gamma(1 + 1/\beta)\Gamma(1 - 1/\beta)} \tag{2.5}$$

$$\gamma = \omega_0 - \alpha\Gamma\left(\frac{1+1}{\beta}\right)\Gamma\left(\frac{1-1}{\beta}\right) \tag{2.6}$$

式中，$\Gamma(\beta)$ 是 β 的 Gamma 分布函数。

最后，SPEI 由式（2.7）～式（2.9）计算得到：

$$p = 1 - F(x) \tag{2.7}$$

$$w = \begin{cases} \sqrt{-2\ln p} & \text{当 } p \leqslant 0.5 \\ \sqrt{-2\ln(1-p)} & \text{当 } p > 0.5 \end{cases} \tag{2.8}$$

$$\text{SPEI} = w - \frac{C_0 + C_1 w + C_2 w^2}{1 + d_1 w + d_2 w^2 + d_3 w^3} \tag{2.9}$$

式中，$C_0 = 2.515\ 517$，$C_1 = 0.802\ 853$，$C_2 = 0.010\ 328$，$d_1 = 1.432\ 788$，$d_2 = 0.189\ 269$ 和 $d_3 = 0.001\ 308$，这些参数均来自于 Vicente-Serrano 等（2010）。

SPEI 正值表示湿润状态，SPEI 负值表示干旱状态。通常，不同时间尺度下的 SPEI 值对干/湿条件具有不同的敏感性。时间尺度的灵活性是 SPEI 的最大优势之一，SPEI 能够反映不同类型的干旱，如气象干旱、农业干旱和水文干旱（Mishra et al.，2010；Ashraf et al.，2015）。选择 3 个月、6 个月和 12 个月时间尺度的 SPEI（SPEI 3、SPEI 6 和 SPEI 12）来描述短期、中期和长期干旱特征。根据 SPEI 值的正负和大小，可将干湿状况分为不同的类别，见表 2.1。

表 2.1　基于 SPEI 的干旱分类（McKee et al.，1993）

序号	SPEI 值	类别
W4	＞2	极端湿润
W3	1.5～2	重度湿润
W2	1～1.5	中度湿润
W1	0～1	轻微湿润
D1	−1～0	轻微干旱
D2	−1.5～−1	中度干旱
D3	−2～−1.5	重度干旱
D4	＜−2	极端干旱

2. 基于游程理论的干旱识别与特征描述

游程理论最早由 Yevjevich(1967)提出，被广泛应用于识别干旱和描述干旱特征(Liu et al.，2015)。一个游程是指时间序列中所有数值中低于或者高于一个截断阈值的部分，低于截断阈值的部分为负游程，而高于截断阈值的部分为正游程(Lee et al.，2017；Montaseri et al.，2017)。根据 McKee 等(1993)对"干旱事件"的定义，通过以下三个标准判定一次干旱事件：SPEI 值持续小于 0，期间 SPEI 最小值低于 -1，且总持续时间大于等于 3 个月。与高烈度干旱事件相比，持续的低烈度干旱同样会对农业、植被生长以及当地的生态系统产生巨大影响(Sheffield et al.，2007；Gregor，2012；Venturas et al.，2016)。干旱事件事实上是一次最小值小于 -1 且持续时间大于 3 个月的负游程。图 2.4 描述了一次干旱事件及其基本特征。

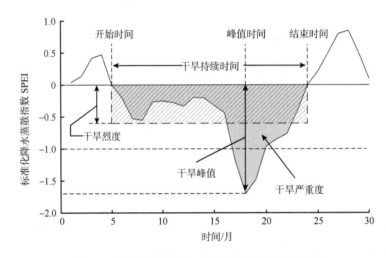

图 2.4　基于游程理论的干旱事件及其特征示意图

对研究区范围内每个栅格单元进行干旱识别并计算其基本特征。根据游程理论和干旱的定义，以定量化的方式对干旱的基本特征进行描述。这些干旱特征主要包括干旱持续时间(drought duration，DD)、干旱严重度(drought severity，DS)、干旱烈度(drought intensity，DI)和干旱峰值(drought peak value，DP)。干旱的持续时间 DD 是指处于干旱状态下的时长，即干旱开始时间和干旱结束时间之间的月份数。干旱严重度 DS 是指干旱事件期间 SPEI 累加值的绝对值，计算方法见式(2.10)。干旱烈度 DI 是指干旱事件期间的 SPEI 值的平均值，是干旱严重度 DS 与干旱持续时间 DD 的比值，见式(2.11)。干旱峰值 DP 是指干旱事件期间 SPEI 最小值的绝对值，其对应时间为干旱峰值时间(drought peak time，DPT)，其计算方法见式(2.12)。

$$DS = \sum_{i=1}^{DD} |SPEI_i| \tag{2.10}$$

$$DI = \frac{\sum_{i=1}^{DD} |SPEI_i|}{DD} \tag{2.11}$$

$$DP = \max_{1 \leqslant i \leqslant DD} |SPEI_i| \tag{2.12}$$

式中，DD 是某一干旱事件的持续时间；$SPEI_i$ 是第 i 个月的 SPEI 值；DS、DI 和 DP 分别表示一次干旱事件的干旱严重度、干旱烈度和干旱峰值。

为了研究干旱的时空特征，还计算了几个干旱特征指标，其分别为年干旱频率（annual drought frequency，ADF）、平均干旱持续时间（mean drought duration，MDD）、平均干旱严重度（mean drought severity，MDS）、平均干旱强度（mean drought intensity，MDI）和平均干旱峰值（mean drought peak value，MDP）。年干旱频次 ADF 是多年平均的年内干旱发生的频次；平均干旱持续时间 MDD、平均干旱严重程度 MDS、平均干旱烈度 MDI 和平均干旱峰值 MDP 分别是指定时间内所有干旱事件的干旱持续时间 DD、干旱严重度 DS、干旱烈度 DI 和干旱峰值 DP 的算术平均值，其计算方法见式（2.13）～式（2.16）。

$$MDD = \frac{\sum_{j=1}^{N} DD_j}{N} \tag{2.13}$$

$$MDS = \frac{\sum_{j=1}^{N} DS_j}{N} \tag{2.14}$$

$$MDI = \frac{\sum_{j=1}^{N} DI_j}{N} \tag{2.15}$$

$$MDP = \frac{\sum_{j=1}^{N} DP_j}{N} \tag{2.16}$$

式中，N 是指定时间段内的干旱频次；j 代表一次干旱事件；MDD、MDS、MDI 和 MDP 分别是指定时间段内的平均干旱持续时间、平均干旱严重度、平均干旱烈度和平均干旱峰值。

干旱易发季节是干旱预警的重要指标之一。因此，统计了干旱事件频发季（drought frequent season，DFS）来分析研究区在不同季节的频发区域。干旱频发季由某个季节干旱发生频次与全年干旱总频次之间的比率决定（Mo，2011；Huang et al.，2015）。在均匀分布的情况下，每个季节干旱频次比均应为 25%。干旱季比率超过两倍正常百分比（50%）时，则认为对应的季节为干旱频发季。

干旱面积（drought area，DA），又称干旱范围（drought spatial extent）或者干旱影响范围（drought influenced area），是指某次干旱事件所涉及的最大范围，即干旱事件期间曾处于干旱状态的最大面积。

2.2.2　干旱区域化分析

基于主成分分析（principle component analysis，PCA）和 Varimax 旋转方法结合 1966～2015 年期间 12 个月尺度的 SPEI（SPEI 12）数据，分析亚洲中部地区具有相似干旱变化特征的区域。基于 SPEI 12 时间序列，采用 Barttest 球形测试和 KMO 测试评估样本的充分性。Barttest 的 p 值很低（小于 0.001）且 KMO 测试结果高于 0.8（0.86），表明 SPEI 时间序列的样本充分，适合 PCA 分析。为了稳健地识别干旱分区，根据经验法则和特征值的 Scree 图，发现第 7 个主成分的特征向量值范围 −0.35 到 0.59，不符合特征向量值大于 0.6 的选择标准。因此，选择累计百分比为 67.2% 的前 6 个主成分进行方差最大化分析。经过

Varimax 旋转方法计算得到贡献率基本一致的6个旋转主成分（rotated principle component，RPC）。结果表明，6个旋转主成分RPC的累积方差百分比与6个主成分的累积方差百分比相同。6个主成分在旋转前后方的差百分比和累积方差百分比差异见表2.2。

表2.2　基于月尺度SPEI 12的旋转前后主成分分量的贡献差异

是否旋转	主成分	PC1	PC2	PC3	PC4	PC5	PC6
未旋转	方差/%	28.9	11.3	9.5	7.3	5.6	4.6
	累积方差/%	28.9	40.2	49.7	57	62.6	67.2
旋转后	方差/%	18.8	13.3	10.7	10	8.3	6.1
	累积方差/%	18.8	32.1	42.8	52.9	61.1	67.2

为了分析子区域尺度的干旱特征，根据主成分和Varimax旋转方法得到的6个旋转主成分的特征向量值的空间分布情况。

将6个旋转主成分RPC的特征值时间序列与对应子区域的SPEI 12的区域平均值进行了对比，并计算相关系数（correlation coefficient，CC），用于验证子区域划分结果准确性，由于Spearman相关法为非参方法，对数据本身分布没有要求，因此选用Spearman相关系数描述SPEI 12和子区域旋转主成分RPC的相关性，结果见图2.5。图中黑色实线表示子区域的分界线，CC是主成分向量值与对应子区域空间平均SPEI 12之间的Spearman相关系数。

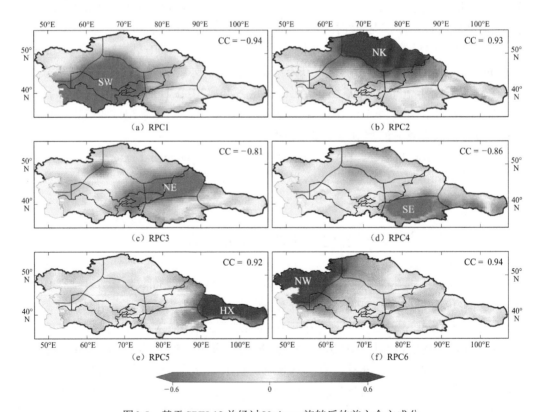

图2.5　基于SPEI 12并经过Varimax旋转后的前六个主成分

所有 RPC 的相关性系数均高于 0.81，表明亚洲中部地区干旱特征的区域划分是合理的。为方便描述，从 RPC1 到 PRC6 对应的六个子区域，根据它们在亚洲中部地区的位置进行命名并辅以简写标注，其子区域依次命名为：西南地区（SW）、哈萨克斯坦北部地区（NK）、东北地区（NE）、东南地区（SE）、河西走廊地区（HX）和西北地区（NW）。

2.3 近 50 年亚洲中部干旱区的干旱事件特征

基于 SPEI 干旱指数和游程理论，结合 PCA 和 Varimax 方差最大化方法，对亚洲中部地区及其子区域干旱的时空变化特征进行分析。

SPEI 在不同时间尺度下，不同子区域的时间变化可以帮助理解各区域干旱的时间变化特征。图 2.6 显示了在 6 个干旱子区域 3 个月、6 个月和 12 个月时间尺度上 SPEI（SPEI 3、SPEI 6 和 SPEI 12）区域平均值的时间变化情况。1966～2015 年间的线性拟合趋势线表示整体的线性变化趋势。同时，为分析 SPEI 的局域趋势，分别以 5 年和 25 年为时间跨度，计算 SPEI 3、SPEI 6 和 SPEI 12 区域平均值的局部回归（LOESS）平滑曲线。此外，查找 LOESS 曲线的局部转折点作为趋势变化的分割点。图 2.6 中，1966～2015 年线性趋势线、5 年 LOESS 曲线和 25 年 LOESS 曲线分别用蓝实线、绿实线和红实线标记；上三角符号和下三角符号分别表示正峰值（峰值）和负峰值（谷值）；洋红色虚线代表 2003 年的时间区分线；灰色矩形代表各子区域内发生的最严重的四次干旱事件。

由图 2.6 可以看出，当时间尺度增大时，SPEI 值波动的幅度和频率下降，且干燥和潮湿的阈值变小，即 SPEI 值距离 x 轴的距平随之减小。尽管 SPEI 波动频率在不同时间尺度上存在较大差异，但经过平滑后的 5 年 LOESS 曲线和 25 年 LOESS 曲线以及 1966～2015 年线性趋势线在不同时间尺度之间的变化趋势表现一致。

根据 25 年时间跨度的 LOESS 平滑线可以看出，在 20 世纪 70 年代和 90 年代，西北地区（NW）、哈萨克斯坦北部地区（NK）、西南地区（SW）和东北地区（NE）SPEI 为负峰值，表明这些地区在此期间处于干旱状态，这与 Xu 等（2017）的研究结果一致。而东北地区（NE）和河西走廊地区（HX）在 20 世纪 80 年代经历了较长时间的干旱。基于线性趋势线发现，在 1966～2015 年间，西南地区（SW）和河西走廊地区（HX）保持稳定或呈现略微的变干趋势，而其他区域（NW、NK、NE 和 SE）在该时段呈现变湿趋势。

1966～2015 年期间，3 个时间尺度（SPEI 3、SPEI 6 和 SPEI 12）上的 SPEI 的线性趋势线（蓝色实线）均呈现上升的趋势，即 SPEI 值逐渐增大，说明亚洲中部地区在 1966～2015 年间呈现出整体变湿的趋势 [图 2.6(a)～(c)]。为了检测局部变化趋势，对不同时间尺度上 SPEI（SPEI 3、SPEI 6 和 SPEI 12）的时间变化曲线进行 5 年跨度和 25 年跨度的局部加权平均，得到 5 年跨度 LOESS 局部趋势线（绿实线）和 25 年跨度的 LOESS 局部趋势线（红实线），并进一步寻找其变化趋势转折点，在图中标记为正向三角和负向三角符号，分别表示由上升趋势转变为下降趋势的转折点和由下降趋势转变为上升趋势的转折点。根据转折点位置发现，亚洲中部地区在不同时间尺度下都存在一个公共转折点，即 2003 年（图中以洋红色虚线标记）。SPEI 曲线以 2003 年为转折点由2003年前的上升趋势转变为2003年以后的平缓下降的趋势［图2.6(a)～(c)］。这说明，亚洲中部地区在2003年以后呈现缓慢变干的趋势。

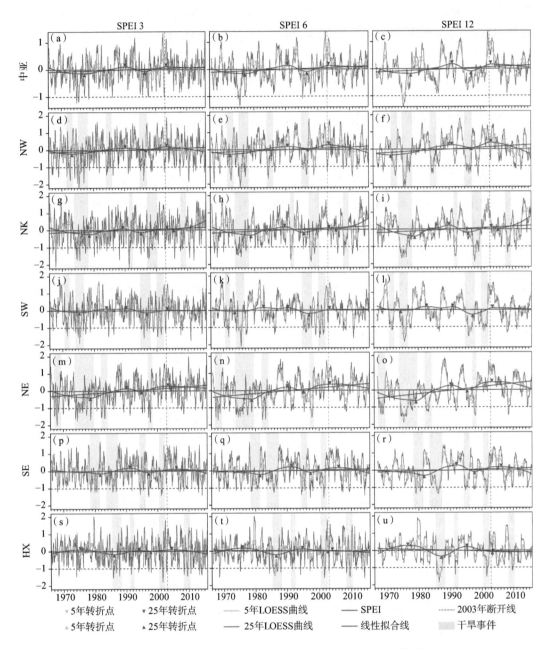

图2.6　亚洲中部地区在子区域不同时间尺度下SPEI的时间变化

在西北地区(NW)、西南地区(SW)、东北地区(NE)、东南地区(SE)和河西走廊地区(HX)5个子区域的5年跨度LOESS曲线（绿实线）和25年跨度的LOESS曲线（红实线）中，也检测到2003年转折点（洋红色虚线），但转折方向不尽相同。其中，西北地区(NW)、西南地区(SW)、东北地区(NE)以及河西走廊地区(HX)呈现幅度不一的变干趋势,而在哈萨克斯坦北部地区(NK)则呈现明显的变湿趋势[图2.6(g)～(i)]。在东南地区(SE)[图2.6(p)～(r)],只在5年跨度的LOESS曲线上发现了由湿变干的2003年转折点。基于GPCC数据集,Xu等(2017)同样发现2003年左右是干湿转变的转折点。同时,Li等(2017b)分析亚洲中部地区干旱变化趋势时发现,该地区在近十年呈现变干的趋势。除哈萨克斯坦北部地区外,亚洲中部地区在2003～2015年(13年)均呈现逐渐变干的趋势。

为了进一步定量化分析1966～2015年和2003～2015年期间的干旱变化趋势,基于区域平均SPEI进行Sen's斜率计算和改进型MK显著性检验(modified Mann-Kendall test,MMK)。斜率计算结果和显著性水平在表2.3中给出。

表2.3　1966～2015年和2003～2015年两个时间段内6个子区域多时间尺度下
区域平均SPEI(SPEI 3、SPEI 6和SPEI 12)的斜率值

时间尺度	时间段	NW	NK	SW	NE	SE	HX
SPEI 3	1966～2015	0.41*	0.56***	0.01	1.01***	0.16	−0.01
	2003～2015	−1.83*	4.44***	−1.56	−1.62	−4.22***	−2.51**
SPEI 6	1966～2015	0.53***	0.75***	−0.02	1.34***	0.27	−0.18
	2003～2015	−2.66***	5.42***	−1.99	−2.13*	−4.88***	−1.59
SPEI 12	1966～2015	0.79***	0.67***	−0.09	1.69***	0.35**	−0.38**
	2003～2015	−4.21***	5.48***	−4.43***	−4.35***	−5.45***	−0.65

*, **, *** 分别代表0.1、0.05和0.01显著性水平。蓝色背景代表显著性湿润趋势,而橘红色代表干旱显著性趋势,斜率单位是10^{-3}。

表2.3和图2.6中,1966～2015年间线性趋势线、5年跨度和25年跨度的LOESS局部趋势线结果一致。在哈萨克斯坦北部地区(NK)1966～2015年间区域平均的SPEI呈现显著变湿趋势,不同尺度的SPEI均呈现极显著的正斜率,其中SPEI 3为$0.56×10^{-3}$; SPEI 6为$0.75×10^{-3}$; SPEI 12为$0.67×10^{-3}$。而在2003～2015年期间,哈萨克斯坦北部地区变湿趋势明显增强,SPEI 3、SPEI 6和SPEI 12的变化趋势分别为$4.44×10^{-3}$、$5.42×10^{-3}$和$5.48×10^{-3}$。这表明哈萨克斯坦北部地区(NK)在过去的半个世纪经历了持续的湿润期,且在近13年中的湿润趋势有所增强。

与哈萨克斯坦北部地区(NK)相反,河西走廊地区(HX)发现SPEI呈现负斜率,但大部分都未通过显著性检验,仅2003～2015年期间的SPEI 3和1966～2015年期间的SPEI 12的变干趋势通过了0.1水平的显著性检验。

而西北地区(NW)、东北地区(NE)和东南地区(SE)在1966～2015年期间不同时间尺度上的区域平均SPEI均呈现显著的变湿趋势,但在2003～2015年期间则呈现出较大幅度的变干趋势。东南地区(SE)在2003～2015年间的SPEI 3、SPEI 6和SPEI 12的变干趋势均通过了0.01水平的极显著检验,SPEI 12通过了0.05水平的显著性检验,但在1966～2015年期间SPEI 3和SPEI 6的变湿趋势并不显著。而西南地区(SW)仅有2003～2015年期间12月尺度的变干趋势通过了显著性检验,这与图2.6(j)～(k)中

2003～2015年间较为平缓的SPEI的LOESS趋势线一致。在12月时间尺度上，西北地区（NW）、西南地区（SW）、东北地区（NE）和东南地区（SE）的变干趋势均通过了0.1水平的显著性检验。这表明这些区域在2003～2015年期间存在显著的变干趋势。

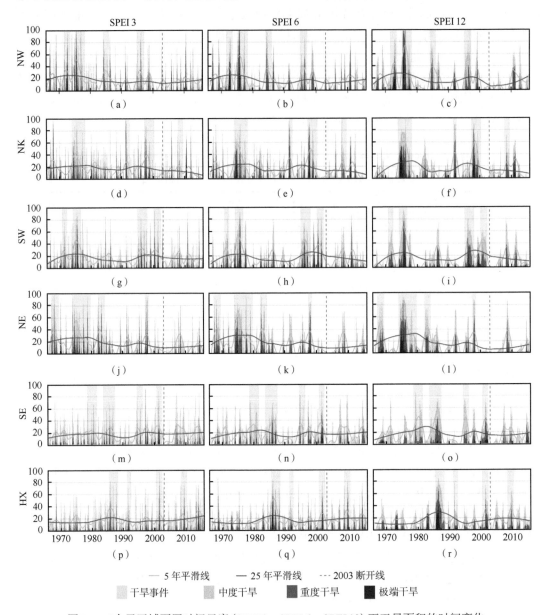

图2.7　6个子区域不同时间尺度（SPEI 3、SPEI 6、SPEI 12）下干旱面积的时间变化

干旱面积是描述干旱的关键指标之一。为分析各子区域内干旱的时间演变特征，依据干旱分类标准（表2.1），计算各子区域在1966～2015年间中度干旱、重度干旱和极端干旱的面积百分比的时间变化，在图2.7中分别以黄、红和暗红区域表示。其中，绿色和蓝色实线分别代表时间跨度为5年和25年的LOESS局部回归线。洋红色虚线为2003年时间分割线。灰色矩形表示对应区域内发生的最严重四次干旱事件的时间范围。

　　中亚地区的西北地区(NW)、哈萨克斯坦北部(NK)、西南地区(SW)和东北地区(NE)，在20世纪70年代和90年代的干旱面积百分比相对较高；而西南地区(SE)和河西走廊地区(HX)，在20世纪80年代的干旱面积比例较高。自20世纪80年代中期以来，东北地区(NE)、东南地区(SE)和河西走廊地区(HX)的干旱面积波动较小。这一结果均与1986年来中国西北地区转湿的事实相一致(Zhang et al.，2012；Wang et al.，2015b)。尽管西北地区(NW)、东北地区(NE)和东南地区(SE)在2003～2015年期间也呈现出干旱面积缓慢增加的趋势，但变化趋势幅度较小[图2.7(a)～(c)和(j)～(o)]。这与图2.6和表2.3的结果高度一致。

2.3.1　典型干旱事件的特征

　　基于12个月尺度的区域平均SPEI，结合游程理论，可以识别各个子区域的典型干旱事件，统计最严重的四个干旱事件(D1～D4)的干旱特征，如干旱开始时间、结束时间、峰值时间、持续时间、峰值、严重度、烈度和影响面积。具体统计结果见表2.4。根据干旱严重程度，将表中各区域干旱事件从高到低排序，且用相同颜色标注发生时间相似的干旱事件。为方便对比，同时在图2.6和图2.7中，将对应区域最严重的四次干旱事件以灰色矩形标记。

　　各区域最严重干旱事件的发生时间相对集中，例如20世纪80年代时期和1993～2003年期间，西北地区(NW)、哈萨克斯坦北部地区(NK)和西南地区(SW)都发生了严重的干旱事件，而东南地区(SE)和河西走廊地区(HX)在20世纪80年代也同时发生了严重的干旱事件。在这些干旱事件中，有些干旱同时发生在几个区域内，说明这一干旱事件覆盖范围较大，跨越了不同的子区域。西北地区(NW)、哈萨克斯坦北部(NK)、西南地区(SW)和东北地区(NE)最严重的干旱事件均发生在1973～1979年间，干旱持续时间均超过31个月，干旱高峰期为1975年，干旱影响面积占总面积的93%以上。其中，西北地区(NW)、哈萨克斯坦北部(NK)、西南地区(SW)和东北地区(NE)的干旱面积百分比分别为100%、98.82%、95.14%和93.64%。前人研究表明(Sheffield et al.，2012；Li et al.，2017a)，1975年的干旱事件是20世纪最严重的干旱之一。此次干旱事件在西南地区(SW)的持续时间超过5年(约70个月)，而在西北地区(NW)最高干旱烈度DI值达1.07。总的来说，1973～1979年间亚洲中部地区大部分地区都受到了严重的干旱影响。

表2.4　1966～2015年期间6个子区域发生的四次最严重干旱事件的干旱特征

子区域	干旱事件	开始时间 (年.月)	峰值时间 (年.月)	结束时间 (年.月)	DD/月	DP	DS	DI	DA/%
NW	D1	1975.04	1975.09	1978.04	37	−2.23	39.67	1.07	100
	D2	1995.01	1996.05	1997.03	27	−1.42	24.83	0.92	89.15
	D3	1971.08	1973.01	1973.07	24	−1.54	19.54	0.81	83.98
	D4	1984.02	1985.01	1985.12	23	−1.42	17.22	0.75	86.05

续表

子区域	干旱事件	开始时间 （年.月）	峰值时间 （年.月）	结束时间 （年.月）	DD/月	DP	DS	DI	DA/%
NK	D1	1973.12	1974.12	1978.03	52	−1.67	49.22	0.95	98.82
	D2	1997.04	1998.01	2000.04	37	−1.85	30.65	0.83	93.5
	D3	1991.07	1991.11	1992.07	13	−1.57	14.88	1.14	90.75
	D4	2007.12	2008.07	2009.07	20	−1.36	13.5	0.67	72.24
SW	D1	1974.03	1975.09	1976.09	31	−1.85	30.03	0.97	95.14
	D2	1995.01	1996.02	1998.01	37	−1.55	29.18	0.79	79.86
	D3	2000.02	2000.11	2002.03	26	−1.24	20.96	0.81	63.98
	D4	1970.1	1971.11	1972.04	19	−1.19	15.49	0.82	63.86
NE	D1	1973.11	1975.05	1979.03	70	−1.89	61.24	0.87	93.64
	D2	1967.04	1968.08	1969.05	26	−1.42	23.37	0.9	91.52
	D3	1982.02	1983.03	1984.02	25	−1.28	18.69	0.75	76.97
	D4	1997.04	1998.01	1998.06	15	−1.51	13.04	0.87	88.79
SE	D1	1983.08	1986.05	1987.05	46	−1.36	34.05	0.74	76.55
	D2	1978.07	1979.03	1981.06	36	−1.36	23.62	0.66	87.11
	D3	1994.06	1994.11	1996.03	22	−1.16	15.93	0.72	76.03
	D4	2000.08	2001.01	2002.04	21	−1.4	15.11	0.72	81.19
HX	D1	1985.06	1986.05	1988.04	35	−1.85	15.11	0.72	85.93
	D2	2000.07	2001.06	2002.05	23	−1.85	34.79	0.99	81.44
	D3	2008.07	2009.08	2010.05	23	−1.53	15.07	0.66	64.97
	D4	1991.04	1991.07	1992.06	15	−1.19	11.18	0.49	82.34

在1983年至1988年间，东南地区（SE）和河西走廊地区（HX）同样受到严重的干旱事件的影响，东南地区受到这一干旱事件影响的时间长达46个月，累积干旱严重度达34.05，这两个地区受到此次干旱事件影响的面积均高于总面积的76%（76.55%和81.19%）。Yu等（2017）同样发现在1984～1987年间河西走廊地区发生了严重的干旱事件，与本次研究结果基本一致。

1997～2003年期间发生了一次由北向南的干旱事件，监测到1997年4月至1998年4月哈萨克斯坦北部地区（NK）呈现干旱状态。1997年4月至1998年1月东北地区（NE）同样处于干旱状态。同期，在亚洲中部南部的西南地区、东南地区和河西走廊地区均发现了干旱现象，由此，可以大致推断该干旱事件呈现由北向南的发展路径。从图2.7（a）～（c）中可以看出，此次干旱的强度高达0.72。有研究报告称，1999～2003年亚洲中部地区发生严重的干旱，并对当地农业和经济造成了巨大损失（WHO，2001；Hoerling et al.，2003；Oliver，2008；Lioubimtseva et al.，2009；Adnan et al.，2016）。

2.3.2 干旱空间特征分析

1. 干旱空间特征

干旱空间特征分析对于干旱监测至关重要 (Andreadis et al.，2005)。基于不同时间尺度的SPEI(SPEI 3、SPEI 6和SPEI 12)，结合游程理论提取干旱事件并描述其基本特征，如干旱频率 (DF)、平均干旱持续时间 (MDD)、平均干旱严重度 (MDS)、平均干旱强度 (MDI)、平均干旱峰值 (MDP) 和干旱频发季节 (MFS) 等。图2.8给出了干旱特征的空间分布情况；其中图2.8(a)～(c) 为干旱频率 (DF)，图2.8(d)～(f) 为平均干旱持续时间 (MDD)，图2.8(g)～(i) 为平均干旱严重度 (MDS)，图2.8(j)～(l) 为平均干旱烈度 (MDI)，图2.8(m)～(o) 为平均干旱峰值 (MDP)，图2.8(p)～(r) 为干旱频发季节 (DFS)。

随着时间尺度的增加，干旱频率DF从SPEI 3的23～43次减少到SPEI 12的5～19次，而平均干旱持续时间MDD和平均干旱严重度MDS分别从5～9个月增加到15～30个月和从4～8个月增加到12～30个月。

不同区域间，除了时间尺度之间的差异，还存在诸多共同特征。河西走廊地区 (HX) 和东部地区 (SE) 的特征都存在相对较高的干旱频率DF、相对较低的干旱平均持续时间MDD和干旱平均严重度MDS，这表明，在1966～2015年间该区域经历了较多的干旱事件，但其持续时间相对较短且干旱严重程度较低。该结果与图2.6(p)～(u) 中东北地区 (SE) 和河西走廊地区 (HX) SPEI的高频波动以及图2.7(m)～(r) 中相对密集的干旱面积柱一致。相反，东北地区 (NE) 的干旱频率则相对较低，但其平均干旱持续时间MDD较长且平均干旱严重度MDS相对较大。

在12个月时间尺度上，西南地区 (SW) 和西北地区 (NW)(里海附近地区)的平均干旱严重度MDS相对较高，且平均干旱持续时间MDD较长，但干旱频率DF较低。然而，在3个月和6个月时间尺度上，这种现象并不明显。

在时间尺度变化的情况下，平均干旱烈度MDI的变化没有发现明显的规律[图2.7(j)～(l)]。东南地区 (SE) 不同时间尺度的干旱峰值DP低于其他地区，这大概与该地区包含塔克拉玛干沙漠且持续十分干燥的气候有关[图2.7(m)～(o)]。

如图2.7(p)～(r) 所示，干旱事件在3个月和6个月时间尺度上的基本为随机发生。仅在6个月时间尺度上西南地区 (SW) 存在较少散布的区域呈现出秋季发生频次最高。在12个月时间尺度上河西走廊地区 (HX) 和东南地区 (SE) 大部以及哈萨克斯坦北部地区 (NK) 的部分区域，发生夏季干旱的概率超过50%。东北地区 (NE) 和西南地区 (SW) 也发现了稀疏的绿色斑块，表明这些地区在春季发生干旱的比例非常高。由于春季和夏季是亚洲中部地区的植被生长季，因此，在这两个季节干旱频发对于植被及作物生长都是一种威胁。

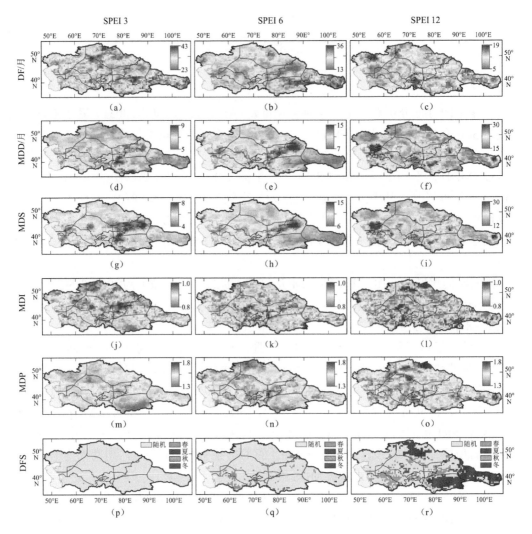

图2.8　1966～2015年间不同时间尺度下干旱特征的空间分布

2. 不同时期干旱空间特征比较

干旱时间变化分析结果（图2.6）表明，亚洲中部地区干湿变化在2003年出现转折点，但各区域在2003年前后的变化趋势不尽相同。为对比分析两个时间段的干旱特征，将1966～2015年以2003年为断点划分为两个时间段（1966～2002年和2003～2015年），计算在两个时间段间多年平均干旱特征的差值，以分析在两个时间段干旱特征的差异，以相对年干旱频次（RADF）、相对平均干旱持续时间（RMDD）、相对平均干旱严重度（RMDS）和相对平均干旱烈度（RMDI）表示。图2.9给出了两个不同时期（1966～2002年和2003～2015年）之间干旱特征的相对差异（RADF、RMDD、RMDS和RMDI），其中，图2.9（a）～（c）为年均干旱频次的相对差异RADF；图2.9（d）～（f）为平均干旱持续时间的相对差异RMDD；图2.9（g）～（i）为平均干旱严重度的相对差异RMDS；图2.9（i）～（l）为平均干旱强度的相对差异RMDI。

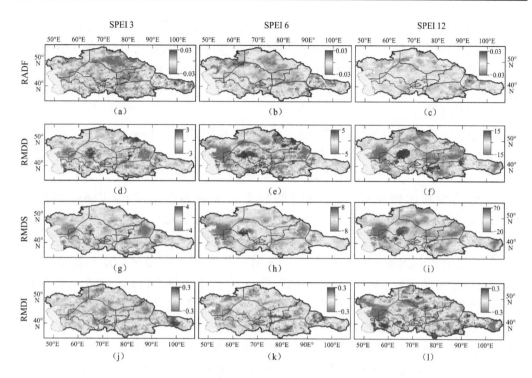

图 2.9 2003~2015 年与 1966~2002 年期间不同时间尺度下干旱特征相对差异的空间分布

随着时间尺度的增加，3 个月到 12 个月两个时间尺度之间相对平均干旱持续时间 RMDD 和相对平均干旱严重度 RMDS 的差异变大。与 1966~2002 年相比，在 2003~2015 年大多数干旱事件的干旱特征总体较弱，干旱频次 DF、干旱严重度 DS、干旱持续时间 DD 和干旱烈度 DI 的幅度均较低。

其他部分地区 2003~2015 年的干旱特征比其在 1966~2002 年的干旱特征增强。例如，在 3 个月时间尺度上的西南地区（SW）、河西走廊地区（HX）和东南地区（SE）东部，相对于 1966~2002 年，2003~2015 年平均干旱频率更高（约 0.03 次/a）、平均干旱持续时间更长、平均干旱严重程度和平均干旱强度更高。注意到这种差异在 6 个月时间尺度并不明显。

在西南地区（SW）咸海区域存在明显的正相对平均干旱持续时间 RMDD 和相对平均干旱严重度 RMDS［图 2.9（d）~（i）］，表明在该地区的平均干旱持续时间和平均干旱严重度在 2003~2015 年的水平明显高于 1966~2002 年的平均水平，这意味着咸海地区在 2003~2015 年所经历的干旱的持续时间和严重度相对更高。SPEI 12 个月时间尺度反映的是水文干旱（Svoboda et al.，2012），这种现象在 12 个月的时间尺度下表现更为明显；这表明，在 2003 年后咸海地区遭受持续时间长、严重度高的水文干旱。以上可能与近十几年来咸海的干涸相关（Gaybullaev et al.，2012；Micklin，2016）。

3. 干旱空间趋势分析

亚洲中部地区变化趋势的空间分布特征，采用 Sen's 斜率的干旱趋势和改进型 MK 显著性检验（MMK）进行分析，其显著性检验为0.05显著性水平。考虑到在2003～2015年存在明显不同的趋势变化，因此将2003～2015年单独分析。1966～2015年和2003～2015年干旱趋势的空间分布特征（图2.10），其中由红到蓝渐变色图例表示以10^{-3}为比例的斜率大小。红色表示变干趋势而蓝色表示变湿趋势，达到0.05显著性水平的区域以红色或蓝色圆点标记。

不同时间尺度下的变化趋势的空间特征是相似的。在1966～2015年间，亚洲中部地区呈现总体变湿的趋势，在不同时间尺度下，具有变干趋势的分布面积比例在3个月时间尺度为29%、6个月时间尺度为30%和12个月时间尺度为34%。具有变湿趋势的面积比例在3～12个月时间尺度上分别为71%、70%和66%。西北地区（NW）、哈萨克斯坦北部（NK）和东北地区（NE）均发现较明显的变湿趋势，其变湿的面积比例分别约为87%、87%和100%。从图2.10（a）（c）（e）东北地区呈现的深蓝色可以看出其对应的斜率值较大，表明东北地区（NE）整体呈现出显著变湿的趋势。西南地区（SW）、东南地区（SE）和河西走廊地区（HX）在1966～2015年的变化趋势正负交错，湿润和干旱趋势相互混合。西南地区（SW）中部，东南地区（SE）南部和河西走廊地区（HX）西部呈现变干趋势，在不同时间尺度上其变干趋势的面积比例范围分别为46%～54%、35%～41%和43%～66%。此外，随着时间尺度的增加，河西走廊地区（HX）的变干趋势的面积变大，其面积比例从43%增加到66%。

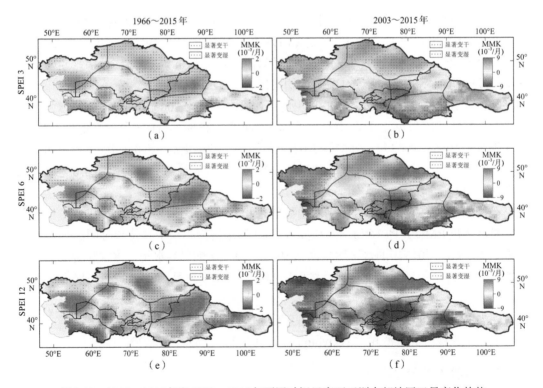

图2.10　1966～2015年和2003～2015年不同时间尺度下亚洲中部地区干旱变化趋势

在 2003~2015 年，不同时间尺度下变化趋势的空间分布特征相似，干湿变化趋势空间分布相对集中，且界限分明，其湿润面积百分比在 30%(SPEI 12) 到 34%(SPEI 6) 之间，呈现湿润趋势的区域主要集中在哈萨克斯坦北部地区 (NK)，不同时间尺度下哈萨克斯坦北部地区 (NK) 的湿润面积在 88%(SPEI 12) 和 99.41%(SPEI 3) 之间。变干趋势的分布广泛，集中在除哈萨克斯坦北部 (NK) 以外的大部分地区，即西北地区 (NW)、西南地区 (SW)、东北地区 (NE)、东南地区 (SE) 和河西走廊地区 (HX)。呈现变干趋势的区域面积百分比在 66%(SPEI 3) 到 70%(SPEI 12) 之间。2003~2015 年期间，干湿变化趋势混合，变干趋势面积范围较大，呈现出亚洲中部地区呈现整体变干且变干幅度较小的特征。在 0.05 显著性水平上，西南地区 (SW)、东北地区 (NE)、东南地区 (SE) 和河西走廊地区 (HX) 部分范围的变干趋势不显著。

1966~2015 年亚洲中部地区整体呈现出变湿的趋势，但趋势不明显。2003 年以来，则呈现出整体向变干趋势的转折。哈萨克斯坦北部地区 1966~2015 年呈现持续变湿的趋势，其他地区在 2003~2015 年呈现明显的变干趋势。西南地区和河西走廊地区在两个时间段均呈现出不显著的持续变干趋势。

2.3.3　干旱的周期性分析

干旱周期研究有助于解释与干旱事件变化相关的物理和动力机制 (Zeleke et al., 2017)。在区域尺度上，利用连续 Morlet 小波变换法绘制分析 SPEI 12 区域平均值的小波功率谱 (图 2.11)。图中图例从蓝色到红色代表增长的小波功率，黑色实线代表 0.05 显著性水平边界线，白色透明区域表示受到边缘效应影响下的影响锥。

在西北地区 (NW) [图 2.11(a)]，在 20 世纪 70 年代存在 16~55 个月时间尺度的幅度递减周期。20 世纪 80 年代和 2000 年左右在 16~32 个月时间尺度上出现一个连续分布高振荡周期，同时，20 世纪 90 年代则存在 32~64 个月时间尺度的高振荡周期。在 2003 年左右存在时间尺度降低频率增加的频谱，从 32~64 个月时间尺度的高振荡周期转为 16~32 个月时间尺度的低振荡周期。

与其他区域不同，哈萨克斯坦北部地区 (NK) 功率谱呈现离散分布，1987~1993 年和 2004~2013 年干旱变化周期集中在 16~40 个月的时间尺度范围内。在 1972~1982 年和 1992~1999 年同样分布有 85~110 个月尺度的周期性，但没有通过 0.05 水平的显著性检验。在整个时间范围内 (1966~2015 年)，东北地区 (NE) 呈现出相对稳定的干旱变化周期，时间尺度约为 15~45 个月。在 1988~2005 年，西南地区 (SW) 存在约 64 个月时间尺度的显著周期分布。类似地，东北地区 (NE)1987~1997 年、东南地区 (SE) 1979~1990 年、河西走廊地区 (HX) 在 1998~2007 年均存在 64 个月时间尺度的显著性周期分布。西北地区 (NW) 和西南地区 (SW) 在 1980~2000 年呈现出年代际高频震荡周期 (约 128 个月)，但未通过 0.05 水平的显著性检验。

总的来说，6 个子区域的干旱整体上存在 15~64 个月时间尺度的周期分布，但不同区域的功率谱存在显著差异。在所有区域中当低于 16 个月时间尺度时极少存在高振荡的变化周期。

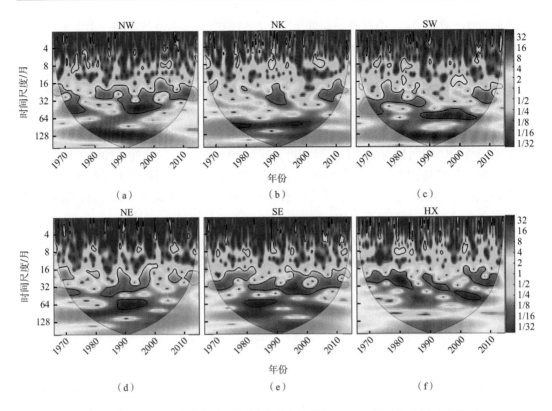

图2.11　1966～2015年期间六子区域基于空间平均SPEI 12的连续小波功率谱图

2.3.4　亚洲中部干旱区的气象干旱事件特征

根据干旱特征的相似性，将亚洲中部地区划分为西北地区（NW）、哈萨克斯坦北部地区（NK）、西南地区（SW）、东北地区（NE）、东南地区（SE）和河西走廊地区（HX）6个区域。各分区气象干旱表现出以下特征。

在过去的半个世纪中，该地区出现三次严重的干旱事件。最严重的干旱事件发生在1973～1979年，影响范围涉及西北地区（NW）、哈萨克斯坦北部地区（NK）、西南地区（SW）和东南地区（SE）；1983～1988年干旱影响范围为东南地区（SE）和河西走廊地区（HX）；1997～2003年干旱影响范围则涉及东北地区（NE）、哈萨克斯坦北部（NK）、西南地区（SW）、东南地区（SE）和河西走廊地区（HX）。

（1）亚洲中部地区各分区的干旱特征差异较大。河西走廊地区（HX）和东南地区（SE）干旱持续时间较长、干旱强度和严重程度相对较低。东北部地区（NE）在1966～2015年经历的干旱次数较少，但其平均持续时间较长，且平均干旱严重程度较高。河西走廊地区（HX）、东南地区（SE）和哈萨克斯坦北部（NK）的部分区域干旱事件常发生在夏季。

（2）与1966～2002年相比，2003～2015年亚洲中部地区的大部地区（即NW、SW、NK、NE和SE北部）经历了一个总体变干的时期。在3个月的时间尺度上，西北

地区（NW）、河西走廊地区（HX）和东南地区（SE）东部干旱频率较高。咸海地区（SW
的中部）在2003～2015年经历的干旱事件具有持续时间长、严重程度高的特点。

（3）1966～2015年，亚洲中部地区整体呈现出湿润趋势。从空间上看，各地区干
湿趋势不一，西南地区（SW）中部、东南地区（SE）和河西走廊地区（HX）西部都呈现
干旱趋势，而其他区域则以湿润趋势为主。2003～2015年，除哈萨克斯坦北部地区
（NK）外，其他子区域均表现出明显的干旱趋势。哈萨克斯坦北部呈现持续显著润湿的
趋势，在河西走廊地区（HX）则呈现持续轻微变干的趋势。

（4）亚洲中部地区干旱变化存在明显的16～64个月的周期性振荡。自2003年以来，
除哈萨克斯坦北部以外其他区域的变干趋势，咸海地区干旱持续时间和严重程度的增
加，都应引起相关部门的注意，变干的趋势可能导致干旱危险性的增加。

2.4　亚洲中部干旱区的气象干旱事件动态特征

干旱是一种频发的气候事件。空间区域的地理特征和气候变化的差异造成干旱的
发生条件、发展过程、表现方式及其影响的不同。因此，干旱同时具有时间属性和空
间属性（刘星含，2015）。干旱事件的时空结构是了解干旱发展、评估干旱影响及危害、
提高干旱监测准确性的关键因素。基于3个月时间尺度的SPEI（SPEI 3）和三维聚类算
法研究干旱的动态特征，首先基于三维聚类算法识别严重干旱事件并定量化描述干旱
事件的动态特征，如干旱持续时间、严重程度、烈度、质心、影响面积和发展路径等。
通过全球陆地数据同化系统（GLDAS）的土壤湿度数据交叉验证干旱事件提取的准确
性。其次，针对典型干旱事件，在月尺度上分析干旱的严重性、烈度和面积的时间演
变。最后，分析干旱事件对植被健康的影响。研究中提出的新的干旱事件识别和干旱
特征定量化描述方法，从时空联动的角度分析干旱的发生发展过程，结果有助于更好
地理解干旱发展行为以及干旱对植被健康的潜在影响。

2.4.1　三维聚类干旱事件识别及特征定量化方法

干旱本身是一个时空联动的自然灾害现象。三维聚类算法已经逐渐受到关注，并
开始应用于干旱特征相关的研究中（Andreadis et al.，2005；Lloyd-Hughes，2012；Xu
et al.，2015a）。采用三维聚类算法研究可以独立地识别干旱事件并描述其动态变化特
征，基于三维聚类算法识别干旱事件的基本步骤介绍如下。

1. 定义干旱状态

根据 Vicente-Serrano 等（2010），定义当SPEI小于–1时，认为该地区处于干旱状态。

2. 三维数据空间构建

以3个月尺度的SPEI干旱指数（SPEI 3）为基本数据，以经度、纬度和时间为三个
坐标轴，建立SPEI 3的三维数据空间，即将SPEI图层沿时间进行叠加。此时，该三维

空间的大小是$N_{lat} \times N_{lon} \times N_t$，其中$N_{lat}$、$N_{lon}$和$N_t$分别代表SPEI三维数据空间的纬度、经度和时间的范围大小。时间范围N_t即为SPEI干旱指数计算的时间范围，N_t是1966年1月至2015年12月。

3. 干旱图斑识别

对时间范围内每个时间尺度（月）的SPEI格网图层T_i进行干旱图斑识别。

步骤1 干旱事件起始点识别。从SPEI格网图层(T_1)左上角的第一个格点开始寻找SPEI＜−1的第一个格点，该点即为当前图层的起始点SPEI(i_0, j_0)，将以SPEI(i_0, j_0)为起始点的干旱标记为干旱事件D_1。

步骤2 建立一个3×3大小的邻域掩膜器，从起始点SPEI(i_0, j_0)开始建立3×3的邻域（8个格点），识别邻域中SPEI＜−1的格点，并将所有邻域中符合干旱标准（SPEI＜−1）的格点标记为L_1。继续以当前干旱图斑的最外围格点为起始点，依次应用邻域掩膜器并逐步扩大D_1干旱事件在当前图层的范围，直到在当前图层中没有干旱格点与干旱事件D_1相毗邻，则干旱事件D_1在T_1图层的识别结束。至此，干旱事件D_1在图层T_1中的所有格点均被标记为L_1。

步骤3 在T_1图层没有标记的格点中，重复步骤1和步骤2，得到新的干旱事件图斑，并对其进行标注(L_i)，直到图层T_1中所有处于干旱状态的格点都被标记为止。

步骤4 在所有图层$T_i(i=1, 2, 3, \cdots, N_t)$中重复步骤1～3，得到所有图层不同的干旱事件图斑，并进行对应的标记。

4. 干旱图斑筛选

干旱事件本身是相互独立的，小区域的干旱图斑会严重增加干旱事件识别的计算量和复杂度。为避免干旱事件识别时出现一次严重的干旱事件是由多个小干旱图斑组合而成的情况，需要设定一个最小干旱图斑面积阈值（Sheffield et al.，2009）。Wang等（2011）和Xu等（2015a）发现，在干旱图斑面积大于整个研究区面积的1.6%时，能够有效避免多个干旱碎斑组合成为一个干旱事件的问题。因此，选取98 000 km²（约为亚洲中部地区总面积的1.6%）作为干旱图斑的最小阈值$(A_{1min}=98\ 000\ km^2)$。计算所有图层$T_i(i=1, 2, 3, \cdots, N_t)$中被标记的干旱图斑的面积，并将面积小于$A_{1min}$阈值的干旱图斑的标记清除。

5. 干旱事件识别

步骤1 将相邻的两个图层$(T_x$和$T_{x+1})$中带有标记的所有干旱图斑进行叠加，并计算其叠加区域的面积。当该面积大于指定最小重叠面积(A_{2min})时，将两个干旱图斑标记为相同干旱事件，即将T_{x+1}图层对应干旱图斑的标记修改为T_x图层的标记。当两个图层的干旱图斑不重叠或者重叠面积小于A_{2min}时，则将其视为两个干旱事件。为了去除小面积干旱事件的影响，借鉴前人研究（Vidal et al.，2010；Herrera‐Estrada et al.，2017），将重叠面积阈值A_{2min}设为6 400 km²。

步骤2 基于步骤1的结果，T_{x+1}重复步骤1，依次类推直到最后一个图层，则研究时间范围内的所有干旱事件识别结束。

当所有干旱事件识别完毕，则可以逐一计算干旱事件的特征。将干旱特征划分为基本特征，主要包括干旱持续时间（drought duration，DD）、干旱严重度（drought severity，DS）、干旱烈度（drought intensity，DI）、干旱面积（drought area，DA）、干旱质心（drought centroid，DC）、干旱路径长度（drought track length，DTL）和干旱方向（drought track direction，DTD）。基本特征主要通过一个或一组静态的值描述干旱；动态特征主要通过一系列特征值描述干旱特征在时间上的发展变化。动态特征的时间序列长度即为干旱事件的持续时间。动态特征主要包括：月严重度（monthly severity，MS）、月烈度（monthly intensity，MI）、月干旱面积（monthly area，MA）和月质心（monthly centroids，MC）。

基本特征及其计算方式列举如下。

干旱持续时间（DD）：干旱持续时间是指干旱事件所历时的月数，是干旱开始时间（drought time of starting，DTS）与干旱结束时间（drought time of ending，DTE）的时间差。

干旱严重度（DS）：其物理含义是干旱导致的总缺失水量，以第n次干旱为例，其干旱严重度可以表示为

$$DS_n = \sum_i^{N_{\text{lat}}} \sum_j^{N_{\text{lon}}} \sum_k^{N_t} s(i,j,k) \tag{2.17}$$

$$s(i,j,k) = \begin{cases} |\text{SPEI}(i,j,k)| \times \text{area}(i,j,k) \times 1\text{month} & \text{grid}(i,j,k) \text{ labelled by } n \\ 0 & \text{grid}(i,j,k) \text{ not labelled by } n \end{cases} \tag{2.18}$$

式中，n表示干旱标记；area表示对应格点的面积大小；1月为时间尺度，时间尺度为1个月。

经度范围（$\lambda_1 \sim \lambda_2$）和纬度范围（$\phi_1 \sim \phi_2$）间的格点面积，可以通过以下公式计算：

$$\text{area} = [2\pi / 360] \times R_e^2 (\lambda_2 - \lambda_1)(\sin\phi_2 - \sin\phi_1) \tag{2.19}$$

式中，R_e为地球直径（6 371 km）。

干旱面积（DA）：是指受到干旱影响的最大范围，即在三维空间内，整个干旱事件不规则立体沿时间坐标轴（Z轴）在经纬度面（X-Y）的投影。格点面积计算方法参照式（2.19）。

干旱烈度（DI）：是干旱严重度与干旱持续时间和干旱面积乘积的比率。

干旱质心（drought centroid，DC）：定义为以SPEI绝对值为权重的当前干旱事件不规则立方体的三维加权质心。

动态描述特征及其基本计算方式描述如下。

月严重度（MS）：

$$MS = \begin{cases} |\text{SPEI}(i,j)| \times \text{area}(i,j) \times 1\text{ month} & \text{grid}(i,j) \text{ labelled by } n \\ 0 & \text{grid}(i,j) \text{ not labelled by } n \end{cases} \tag{2.20}$$

月烈度（MI）：当前月干旱图斑所有格点的SPEI平均值。

月面积（MA）：当前月干旱图斑所有格点面积的累加值，单个格点面积的计算方式参照式（2.19）。

月质心（MC）：是指在当前月干旱图斑形状的二维加权质心，其权重大小由对应格点的SPEI绝对值决定。

干旱峰值（drought peak，DP）：是指干旱开始时间（DTS）和干旱结束时间（DTE）期间，月严重度或月面积的峰值（drought peak of monthly severity，DPS/drought peak of monthly area，DPA），其对应的时间为干旱峰值时间（drought time for peak）。对应的干旱峰值时间，包括干旱严重度峰值时间（DTP of severity，DTPS）和干旱面积峰值时间（DTP of area，DTPA）。

基于干旱开始时间DTS、干旱结束时间DTE和干旱峰值时间DTP，可以确定干旱的发展期（drought period of development，DPD）和干旱的衰退期（drought period of retried，DPR）。由于干旱的峰值包含了月面积峰值和月严重度峰值，因此，干旱发展期（衰退期）同样包含了干旱严重度发展期（衰退期）和干旱面积发展期（衰退期）。

干旱路径长度（drought track length，DTL）：干旱路径是由月质心的连线组成，干旱路径长度即为月质心之间的距离累加值，其计算方式参考式（2.21）～式（2.24）。

$$a = \sin^2\left[\left(\varphi_1 - \varphi_2\right)/2\right] + \cos\varphi_1 \times \cos\varphi_2 \times \sin^2\left[\left(\lambda_1 - \lambda_2\right)/2\right] \tag{2.21}$$

$$c = 2*a\tan2\left(\sqrt{a},\ \sqrt{(1-a)}\right) \tag{2.22}$$

$$d = R_e \times c \tag{2.23}$$

$$DL = \sum_{t=1}^{DD-1} d_t \tag{2.24}$$

式中，d_t表示第t个月质心和第$t+1$个月质心的距离。

干旱方向（drought track direction，DTD）：是对干旱路径方向的基本描述。干旱方向计算由干旱月质心的拟合方向确定，尾点P_e的经纬度为干旱持续时间前半段对应的月质心的经纬度的算数平均值；头点P_s的经纬度为干旱持续时间后半段对应的月质心的经纬度的算数平均值。基于尾点P_e和头点P_s确定干旱方向，其角度计算公式如下：

$$\theta = \arctan\left[\frac{\left|\text{lon}\left(P_e\right) - \text{lon}\left(P_s\right)\right|}{\left|\text{lat}\left(P_e\right) - \text{lat}\left(P_s\right)\right|}\right] \tag{2.25}$$

式中，θ为干旱方向角度；lon表示经度；lat表示纬度；P_e和P_s分别指干旱方向线的线尾点和线头点，其经纬度计算参考式（2.26）和式（2.27）。

$$\begin{cases} P_s^{\text{lat}} = \dfrac{1}{2DD} \sum_{t=1}^{\frac{1}{2}DD} \text{lat}\left(P_t\right) \\ P_s^{\text{lon}} = \dfrac{1}{2DD} \sum_{t=1}^{\frac{1}{2}DD} \text{lon}\left(P_t\right) \end{cases}, \quad t \in \left(DTS,\ DTS + \frac{1}{2}DD\right) \tag{2.26}$$

$$\begin{cases} P_e^{\text{lat}} = \dfrac{1}{2DD} \sum_{t=1}^{\frac{1}{2}DD} \text{lat}\left(P_t\right) \\ P_e^{\text{lon}} = \dfrac{1}{2DD} \sum_{t=1}^{\frac{1}{2}DD} \text{lon}\left(P_t\right) \end{cases}, \quad t \in \left(DTE - \frac{1}{2}DD,\ DTE\right) \tag{2.27}$$

式中，DTS 和 DTE 分别为干旱事件的起始时间和结束时间；DD 为干旱持续时间；P_i 是当前干旱事件的月尺度时间点；P_t 为对应时间 t 的干旱月质心点。

2.4.2　三维聚类干旱事件提取验证

亚洲中部地区有关干旱的记录非常有限，无法直接验证干旱事件的识别精度。研究结果表明，土壤水分数据对干旱具有较高的敏感性，可以被用来间接验证干旱提取结果（Xu et al.，2015a；Guo et al.，2017）。使用 GLDAS 三层土壤数据（0～10 cm、10～40 cm 和 40～100 cm）间接验证三维聚类算法提取干旱事件的精度。GLDAS 土壤水分数据被多次用作亚洲中部地区干旱监测验证数据（Li et al.，2017b）。选择 3 个月时间尺度的 SPEI，是因为其具备反映土壤水分干旱的能力（Wang et al.，2015a）。基于 1966～2015 年间 3 个月时间尺度的 SPEI（SPEI 3）数据，利用三维聚类算法提取得到不同的干旱事件，对干旱事件进行逐一标记，并计算其三维干旱严重度。根据三层土壤水分数据计算土壤水分异常值，然后基于每个干旱事件相同的时空范围，在相应时空范围，提取三层土壤水分异常值（soil moisture anamaly，SMA）聚类，并按照干旱严重度相同的计算方式，计算对应的土壤水分缺失严重度，具体计算公式见式（3.17）和式（3.18）。统计结果以不同颜色散点图的方式在图 2.12 中给出。

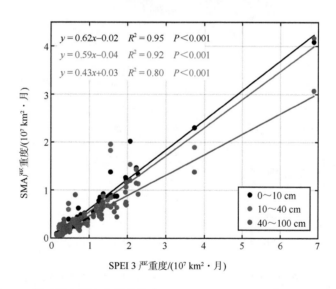

图 2.12　SPEI 3 和三层土壤水分异常值（0～10 cm、10～40 cm 和 40～100 cm）散点图

结果表明，三个土壤层的 SMA 缺失严重度与已识别干旱事件的严重程度呈显著密切相关，决定系数均大于 0.8，且 p 值均小于 0.001。表层 SMA（0～10 cm）和 SPEI 3 的严重程度相关性最高，其决定系数 R^2 高达 0.95，表明基于 SPEI 3 和三维聚类算法识别的干旱事件精度较好，能够满足干旱特征研究的要求。从表层（0～10 cm）到底层（40～100 cm）土壤水分的决定系数逐渐降低，说明顶层土壤水分对基于 SPEI 3 检测到的干旱事件更敏感。

2.4.3 干旱事件动态特征分析

将2013年12月至2014年9月发生的长期干旱事件时空结构显示在三维空间（纬度、经度和时间）中（图2.13）。底层显示的是干旱事件期间累积SPEI 3的空间分布，其中水平色带表示累积SPEI 3值大小；标有时间戳的图层从下向上表示干旱期间随时间变化的月尺度SPEI 3空间分布情况，垂直色带表示对应各月SPEI 3的强度。该干旱事件及其特征在图2.12中用灰色背景标记。从这个三维视图中可以清楚地看出，该干旱事件的结构复杂且空间变化大。此次干旱事件起源于亚洲中部地区东部（河西走廊地区），并在东部地区持续4个月。从2014年4月起，干旱开始从东部向西移动且覆盖范围逐渐变大，在两个月内（2014年8月至2014年9月）在西北部地区迅速消退。

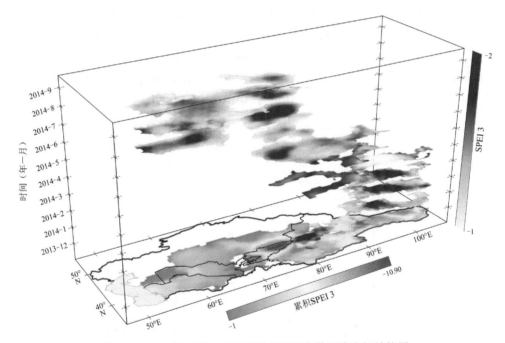

图2.13 2013年12月～2014年9月干旱事件三维空间结构图

1966～2015年，在亚洲中部地区共发现了60次持续时间不低于3个月的大规模干旱事件。表2.5列出了前30个严重干旱事件及其特征（如干旱持续时间DD、干旱烈度DI、干旱严重度DS、干旱面积DA、干旱质心DC和干旱路径DL等）。

在60个干旱事件中，持续时间分别为3个月、4个月、5个月、6个月、9个月和9个月以上，干旱频次分别为18次、14次、14次、4次、7次和6次，其中大多数（约87%）干旱事件的持续时间为3至5个月。其中，仅有3次干旱事件的持续时间超过1年。三个最长的干旱事件同样具有最高的干旱严重度，这表明，干旱持续时间是导致干旱严重性的一个重要因素。

即使干旱严重程度相似，干旱事件的持续时间DD、干旱烈度DI、干旱面积DA也可能存在很大差异。以表2.5中第6个和第7个干旱事件为例，两个干旱事件的严重程度相同，均为$1.97 \times 10^7 \text{km}^2 \cdot$月。第6次干旱事件（1998年6月至1999年5月）的影响范围相对较小，影响面积为$3.21 \times 10^6 \text{km}^2$，但持续时间长达12个月，强度也较高（0.51）。相比之下，第7次干旱事件（1966年11月至1967年7月）影响范围更广，面积达$4.47 \times 10^6 \text{km}^2$，但烈度相对较低（0.49），且持续时间较短（9个月）。以上这些差异表明，干旱的复杂性主要源于干旱的基本特征，如烈度、面积、持续时间及其影响因素等的变化。

表2.5　30个最严重干旱事件的基本特征

序号	开始～结束（年.月）	DD/月	DI	DS/($10^7 \text{km}^2 \cdot$月)	DA/10^6km^2	DC lat(°N), lon(°E), 时间（年.月）	DL/km
1	1974.05～1976.01	21	0.57	6.89	5.77	45.59, 70.24, 1975.04	6 895
2	1996.12～1997.12	13	0.56	3.74	5.18	44.09, 76.74, 1997.06	4 720
3	1967.11～1968.11	13	0.39	2.28	4.53	45.09, 81.24, 1968.04	4 087
4	1977.01～1977.09	9	0.47	2.23	5.26	45.59, 69.74, 1977.05	3 614
5	2010.06～2011.02	9	0.54	2.07	4.25	46.59, 65.24, 2010.10	2 188
6	1998.06～1999.05	12	0.51	1.97	3.21	46.09, 62.74, 1998.11	3 060
7	1966.11～1967.07	9	0.49	1.97	4.47	46.59, 69.74, 1967.03	3 304
8	1995.11～1996.07	9	0.51	1.96	4.3	45.09, 65.74, 1996.02	2 724
9	1991.03～1991.08	6	0.7	1.73	4.11	48.09, 73.24, 1991.05	1 982
10	1973.11～1974.03	5	0.65	1.66	5.14	44.59, 72.24, 1974.02	2 652
11	1981.12～1982.08	9	0.51	1.57	3.43	44.09, 80.74, 1982.04	2 914
12	2013.12～2014.09	10	0.37	1.56	4.21	41.59, 78.74, 2014.05	3 600
13	2000.02～2000.07	6	0.71	1.49	3.52	41.59, 69.74, 2000.04	998
14	2008.04～2008.08	5	0.66	1.37	4.18	43.09, 80.24, 2008.06	2 381
15	1986.01～1986.09	9	0.36	1.37	4.18	44.09, 63.24, 1986.04	3 194
16	1995.03～1995.06	4	0.88	1.33	3.76	46.86, 71.24, 1995.04	831
17	1978.07～1978.11	5	0.53	1.32	4.98	43.08, 76.24, 1978.09	2 350
18	1984.06～1984.10	5	0.68	1.29	3.79	43.59, 70.24, 1984.08	1 231
19	1972.03～1972.12	10	0.47	1.28	2.72	46.59, 58.24, 1972.08	1 838
20	2007.09～2008.01	5	0.54	1.26	4.68	46.09, 70.74, 2007.11	1 760
21	2001.02～2001.06	5	0.75	1.25	3.35	41.59, 72.74, 2001.05	1 069
22	2002.09～2003.01	5	0.62	1.19	3.83	44.09, 71.74, 2002.11	2 991
23	1969.11～1970.07	9	0.4	1.11	3.09	46.09, 78.74, 1970.03	2 670
24	2005.10～2006.01	4	0.85	0.97	2.84	48.59, 68.74, 2005.12	1 327
25	1983.01～1983.04	4	0.85	0.89	2.61	44.09, 79.24, 1983.03	1 303
26	1971.05～1971.09	5	0.59	0.88	2.99	43.59, 62.24, 1971.08	1 660
27	1991.09～1991.12	4	0.53	0.79	3.71	45.09, 74.24, 1991.11	1 430
28	1985.07～1985.11	5	0.79	0.75	1.91	41.59, 89.24, 1985.09	1 017
29	1968.12～1969.03	4	0.94	0.72	1.92	49.09, 62.24, 1969.02	665
30	2009.03～2009.08	6	0.63	0.72	1.9	39.59, 88.24, 2009.06	1 440

· 40 ·　　　　　　　　　　　　亚洲中部干旱区土地退化及其防治

　　图2.14显示了60个干旱事件的质心空间分布，颜色代表干旱持续时间，大小表示以"10^6 km²·月"为单位的干旱严重度。干旱事件的质心主要位于研究区的中部和南部（哈萨克斯坦南部和吉尔吉斯斯坦）。干旱事件在研究区的外围分布很少，均集中在中央区域。这种"中心效应"主要是由研究区边界的限制导致的（Colwell et al.，2000）。可以看出，相对其他地区的干旱严重度，研究区东南部地区干旱事件的严重度较低，且持续时间较短。

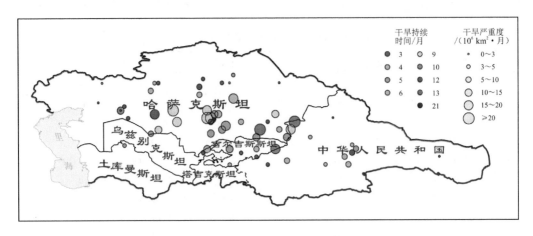

图2.14　1966～2015年间持续时间至少3个月的典型干旱事件中心点的空间分布

　　干旱发展方向的分析有助于分析干旱演变和发展机制。图2.15为干旱方向的空间分布情况，发展方向以不同颜色的箭头表示，不同颜色代表不同的干旱持续时间。干旱发展方向由月干旱严重度的加权质心计算得到。在干旱持续时间内，从第一个月到最后一个月逐月计算当前月份的干旱质心；干旱持续时间平分为前部和后部。基于前部中的所有质心计算质心的平均纬度和平均经度，得到箭头尾部的经纬度坐标，即箭头的尾部表示在事件的前半部分中严重度加权质心的平均位置。类似地，箭头头部是基于干旱事件后部中严重度加权质心的平均位置。玫瑰图和堆积直方图用于说明干旱发展方向的分布（图2.15）。

　　从干旱发展方向空间分布图、玫瑰图和累积直方图可以看出，亚洲中部地区干旱事件的发展方向以东西走向为主，这大概与该地区主要受西风带的影响有关。虽然方向上以东西走向为主，但其空间分布中干旱发展的路径长短不一，较短的箭头表示较短的干旱发展路径，较长的箭头表示较长的干旱发展路径。根据累积直方图可以看出，干旱事件发展方向与干旱持续时间的长短关系不大。在东、西、南、北、东北、西北、东南和西南8个方向中，东向和西向的干旱事件共41次，占干旱总次数的67.2%。其中东向干旱事件有17次，占干旱总次数的27.9%；西向干旱事件有24次，占干旱总次数的39.3%。南、北、东北、西北、东南和西南的干旱次数分别为2次、3次、4次、2次、4次和4次（总共19次），占干旱总次数的32.8%。

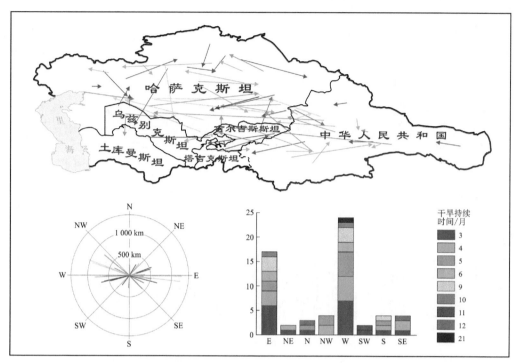

图2.15　典型干旱事件发展方向空间分布、方向玫瑰图和累计直方图

图2.16(a) 中给出60个干旱事件的干旱严重度(DS)和干旱事件持续时间内的月严重度(MS)变化；图2.16(b) 给出干旱面积(DA)和月干旱面积(MA)；图2.16(c) 中给出干旱烈度(DI)和月干旱烈度变化(MI)。干旱严重度(DS)、干旱面积(DA)和干旱烈度(DI)由黑色矩形框标记，月干旱严重度(MS)、月干旱面积(MA)和月干旱烈度(MI)由连续分布的彩色区域标记。为与图2.14和图2.15统一，由不同颜色标记60个干旱事件不同的干旱持续时间。

从时间分布[图2.16(a)～(c)]上看，除几次短期干旱事件外，干旱事件在时间上较少出现相互重叠的现象，这可能与大型干旱分布范围较广相关；同时表明，亚洲中部地区大尺度干旱在时间分布上的分散性。从时间分布密度来看，1978～1981年、1987～1993年和2003～2005年发生的干旱事件相对较少。干旱事件大多集中在1966～1978年、1981～1987年、1993～2003年和2005～2015年。其中，在1966～1978年发生的大尺度干旱事件居多，其具有干旱严重度较高和干旱影响面积较广的特征。

干旱事件的月干旱严重度(MS)和月干旱面积(MA)可以看出，所有持续不到9个月的干旱事件，都只存在一个月干旱严重度峰值(MPS)和月干旱面积峰值(MPA)；而当干旱持续时间大于等于9个月时，月干旱严重度(MS)和月干旱面积(MA)都存在两个或多个峰值，说明亚洲中部地区持续时间较长的干旱事件其月干旱严重度和影响面积倾向于存在多峰特点。大尺度干旱事件的多峰特征容易造成将干旱严重度或干旱影响面积的降低或减小误判为干旱即将结束的问题，导致干旱结束时间的可预测性降低，干旱预测难度增大。

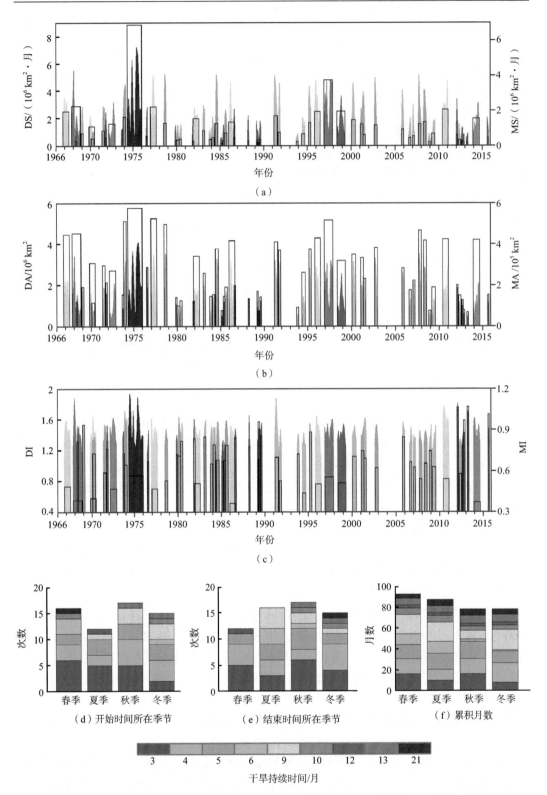

图2.16 （a）～（c）1966～2015年持续时间超过3个月的60次干旱事件月尺度严重性（MS）
和面积（MA）的时间分布；（d）～（e）干旱起止时间季节直方图；（f）干旱累积月数季节直方图

根据干旱发生时间所在季节和干旱结束时间所在季节，分别统计不同季节干旱发生和结束的次数[图2.16(d)(e)]；不同季节分布的累积时间以累积直方图表示[图2.16(f)]。从干旱发生时间的季节分布[图2.16(d)]可以看出，在夏季开始的干旱相对较少，干旱发生次数为12次；在秋季开始的干旱最多，干旱发生次数为17次；春季和冬季开始的时间相对居中，干旱次数分别为16次和15次。干旱结束时间在春季的次数相对较少(12次)；在夏季、秋季和冬季相对较多，分别为16次、17次和15次。

春季和夏季的干旱累积月份相对较高[图2.16(f)]，其累积时间分别为91个月和86个月，这表明该地区在春季和夏季经历了更多的干旱月份。亚洲中部地区拥有相对集中的绿洲农田以及草地分布，春季和夏季是亚洲中部地区比较重要的自然植被和农作物的返青和生长季。春季和夏季经历更多的干旱，显然不利于自然植被和农作物的生长。

表2.6中统计了持续时间至少为9个月的长期干旱事件(13次干旱事件)的生长期(DGP)和消退期(DRP)及其百分比。在一次干旱事件持续时间内，生长期(DGP)定义为最大月干旱严重度(MS)或最大月干旱面积(MA)之前的干旱月数，而消退期(DRP)定义为最大干旱月严重度(MS)或最大月干旱面积(MA)之后的月数。13次持续时间大于9个月的长期干旱的平均干旱持续时间为10.9个月。这些长期干旱事件的生长期长于干旱事件的消退期，基于月严重度(MS)的干旱生长期DGP平均为6.23个月，而基于月干旱面积MA的平均生长期为6.62个月占整个持续时间的56%和59%；而对应的基于月干旱严重度(MS)和月干旱面积MA的干旱消退期平均分别为4.69个月和4.31个月，占总持续时间的44%和41%。

表2.6　干旱持续时间超过9个月的13个典型干旱事件基本特征

指标	DD/月	DP	DGP/月	DRP/月	DGP/%	DRP/%
MS	10.9	2.31	6.23	4.69	56	44
MA	10.9	2.38	6.62	4.31	59	41

将1966～2015年时期划分为5个10年区间：1966～1975年、1976～1985年、1986～1995年、1996～2005年和2006～2015年。在每个时间区间内选择最严重的干旱事件作为典型干旱事件，分析其空间分布特征和时间演变特征。将5个干旱事件标记为DE1～DE5，选定的5个干旱事件为：DE1为1967年11月至1968年11月，其干旱持续时间DD为13个月；DE2为1977年1月至1977年9月，其干旱持续时间DD为9个月；DE3为1986年1月至1986年9月，其干旱持续时间DD为9个月；DE4为1996年12月至1997年12月，其干旱持续时间DD为13个月；DE5为2010年6月至2011年2月，干旱持续时间DD为9个月。关于五个干旱事件的干旱严重度、干旱面积、干旱质心以及干旱路径长短可以参考表2.5。

每个干旱事件的累积SPEI 3值的空间分布和对应的月干旱特征(月干旱严重度MS、月干旱面积MA和月干旱烈度MI)的时间演变展示在图2.17中。干旱累积SPEI 3空间分布图中的黑点表示每个月的月干旱质心(MC)，连接质心的红线表示干旱路径，而箭头表示干旱移动方向，累积SPEI 3的值大小表示干旱的严重度。由于SPEI 3在干旱期间小于0，因此，SPEI 3累积值越小，颜色越倾向于棕色，表示干旱越严重；相反，当SPEI 3累计值越接近于0(越大)，颜色越倾向于蓝色，则表示干旱严重度越低，而空白区域表示没有受到干旱的影响。

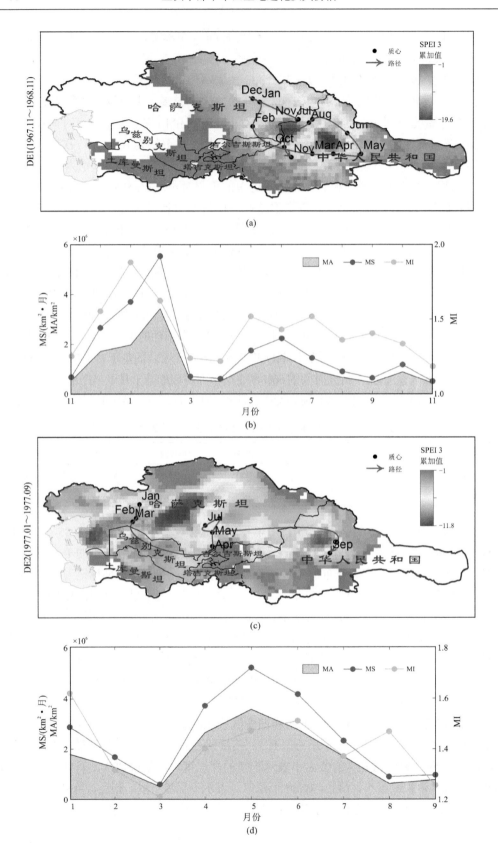

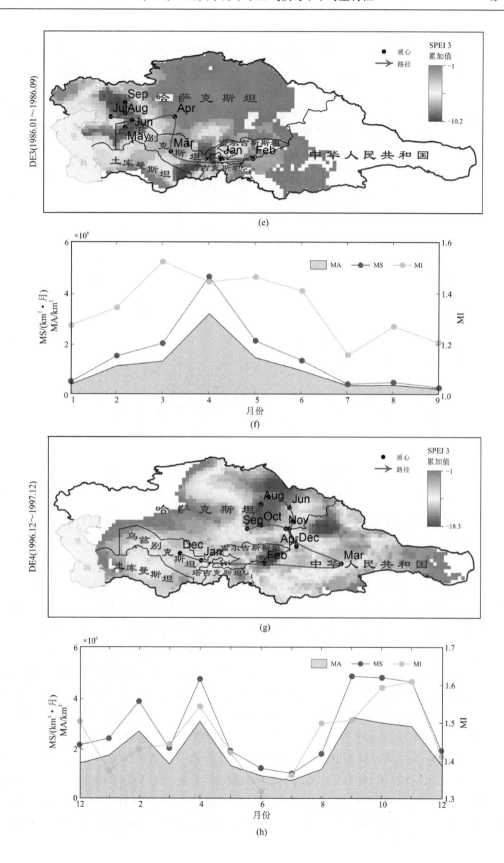

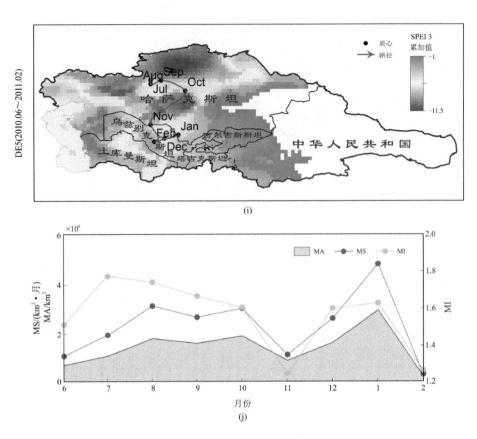

图2.17　五个典型干旱事件的累积严重程度图和月尺度面积（MA）、
严重度（MS）和强度（MI）的时间演变图

干旱事件1（DE1）始于1967年11月，于1968年11月结束。从图2.17（a）可以看出，
SPEI累积值的低值区域集中在亚洲中部的东北部地区。根据干旱发展路径可知，干旱
事件DE1开始于东北地区，并在该地区呈逆时针方向盘旋达13个月之久，直到1968年
11月干旱结束。虽然基于月严重程度的干旱质心MC（图中表示为黑色圆点）相对稳定，
但干旱的影响区域仍然很大，其最大月影响面积（MA）约为$3.45 \times 10^6 \, \text{km}^2$（约占研究区
总面积的56%）；总影响面积为$5.18 \times 10^6 \, \text{km}^2$，约占研究区总面积的86%（表2.5）。

从月尺度干旱变化特征［月干旱严重度（MS）、月干旱面积（MA）和月干旱烈度
（MI）］来看［图2.17（b）］，月干旱面积MA和月干旱严重度MS的时间变化形状基本相
似，但变化过程较为复杂。月干旱面积MA和月干旱严重度MS均存在三个峰值，基于
其变化形状，可以将整个干旱期分为3个时间段：1967年11月至1968年4月（6个月）为
第一个波峰期；1968年4月至1968年9月（6个月）为第二个峰值期，其峰值略低于第一
个峰值期峰值；1968年9月至1968年11月（2个月）为第三个低峰值期，其峰值最低。在
第一个峰值期，DE1从1967年11月份开始呈现快速上升的趋势，在1968年2月同时达
到干旱面积和干旱严重度的峰值（MA约为$3.45 \times 10^6 \, \text{km}^2$，MS约为$5.57 \times 10^6 \, \text{km}^2 \cdot 月$），
随后快速消退，在1968年4月达到第一个谷底（MA约为$5.16 \times 10^6 \, \text{km}^2$，MS约为$0.63 \times$

10^6 km²·月）；然后在第二峰值阶段，历经两个月时间在 1968 年 6 月达到第二个峰值（MA 约为 1.57×10^6 km²，MS 约为 2.26×10^6 km²·月），随后历经 3 个月时间缓慢消退至第二个谷底（MA 约为 0.47×10^6 km²，MS 约为 0.66×10^6 km²·月）；第三个阶段时间最短，总共历时 2 个月，在 1968 年 10 月达到第三个小峰值（MA 约为 0.90×10^6 km²，MS 约为 1.20×10^6 km²·月），最终于 1968 年 11 月整个干旱事件结束。与月干旱严重度 MS 和月干旱面积 MA 不同的是，月干旱烈度 MI 基本会提前一个月达到烈度峰值。

干旱事件 DE2 是一个较为典型的由西向东的干旱发展过程［图 2.17(c)］，其干旱发展路径总长达 3 614 km（表 2.5），DE2 在 60 个干旱事件的干旱严重度排名中居第 4 位。DE2 空间分布分为两个部分：西部地区（1977 年 1 月至 7 月）和东部地区（1977 年 8 月和 9 月）。在 1977 年 1 月开始于西北部，发展到中部，最后于 1977 年 9 月在东部地区衰退。干旱历经 9 个月，干旱影响范围从西到东覆盖整个亚洲中部。

月干旱严重度 MS 和月干旱面积 MA 的时间分布形状呈现对称分布［图 2.17(d)］。干旱严重度和干旱面积的变化在开始阶段呈现上升趋势，在干旱结束时呈现下降趋势，而 DE2 的月干旱严重度 MS 和月干旱面积 MA 均在开始时就呈现下降趋势，而在干旱尾声时呈现小幅度的上升趋势。1977 年 1 月干旱以一个相对较高的干旱严重度（2.86×10^6 km²·月）和相对较大的干旱面积（1.77×10^6 km²）出现，在紧接的两个月时间内，MA 和 MS 均呈现下降趋势，于 1977 年 3 月达到第一个谷底（月干旱面积 MA 约为 0.49×10^6 km²，月干旱严重度为 0.59×10^6 km²·月）；期间有两个月的干旱迅速攀升阶段，1977 年 5 月达到 MS 和 MA 的峰值（MS 约为 3.54×10^6 km²，MA 约为 5.19×10^6 km²·月）；历经 3 个月时间后，再次快速下降在当年 8 月达到谷底（MA 为 0.61×10^6 km²，MS 为 0.97×10^6 km²·月）；干旱月严重度和干旱月面积再次上升并在当年 9 月结束。DE2 干旱事件起始于相对较高的月干旱严重度和月干旱面积，同样结束于相对较高的月干旱严重度和月干旱面积，可能与最低干旱面积阈值相关。干旱事件 DE3 发生在 1986 年 1 月至 1986 年 9 月，历时 9 个月，其空间分布主要集中在西部地区，其影响范围总面积为 4.18×10^6 km²，占亚洲中部总面积的 70%［图 2.17(e)］。从 MS 和 MA 的干旱面积分布形状看，干旱事件 DE3 属于较为简单的单峰干旱模式，月干旱面积 MA 和月干旱严重度 MS 从 1986 年 1 月（MS 为 5.48×10^5 km²·月，MA 约为 0.43×10^6 km²）开始逐渐呈上升趋势，历经 4 个月，于 1986 年 4 月达到 MS 和 MA 的峰值（MS 为 4.67×10^6 km²·月，MA 为 3.21×10^6 km²）；峰值过后的衰退期共经历了 5 个月时间，最终于 1986 年 9 月衰退。虽然月干旱面积 MA 和月干旱严重度 MS 呈现较为简单的单峰模式，但其月干旱烈度 MI 的形状则比较复杂，出现多峰现象，说明干旱严重度和干旱面积相关性较大。在 1986 年 8 月干旱面积 MA 和月干旱严重度 MS 值均较低，但月干旱烈度 MI 却较高，其值为 1.27。

干旱事件 DE4 发生在 1996 年 12 月至 1997 年 12 月，历时 13 个月，其累积 SPEI 3 低值主要集中在亚洲中部的东北地区，但其起始于研究区的西南地区［图 2.17(g)］。DE4 的干旱影响面积达 51.8×10^6 km²（表 2.5），约占研究区总面积的 86.3%。同时，DE4 的干旱发展路径比较复杂，1996 年 12 月至 1997 年 3 月以较低的月干旱面积 MA 和月干旱严重度 MS 从西南地区快速移动至东南地区，后历经一个月，由南向北移动至东北地区，最后在东北地区盘旋长达8个月之久，这也是东北部地区SPEI累积值相对较低但干旱却依然严重的原因。从时间分布来看[图2.17(h)]，月干旱严重度MS和月干旱面积MA的变化形状比较复杂，呈现3个高峰值，分别为1996年2月（MS为3.87×10^6 km²·月，MA为2.70×10^6 km²）、1996年4月（MS为4.74×10^6 km²·月，MA为3.07×10^6 km²）和1996年9月（MS为4.84×10^6 km²·月，MA为3.23×10^6 km²），同时月干旱烈度也呈现出多峰状态，分别为1996年4月的MI为1.54和1996年11月的MI为1.61。

干旱事件DE5属于南北走向的干旱事件，其干旱影响面积主要集中在西部地区，影响范围相对较小约为4.25×10^6 km²（表2.5），占研究区总面积的70.8%。DE 5的干旱移动方向属于南北走向从西北移动至西南地区。月干旱面积MA和月干旱严重度MS的时间分布相对平缓，干旱生长期较长（7个月）占干旱持续时间的87.5%；在2011年1月达到峰值（MS为4.79×10^6 km²·月，MA为2.94×10^6 km²）；干旱消退期很短，仅仅一个月时间，DE5就从峰值快速消失。

综合上述分析，各个干旱事件的时空差异较大，干旱发展方向多变且不统一；干旱移动路径长短不一；生长期与消退期变化不一。仍然存在一些共同特征比如干旱倾向于存在多个峰值；干旱事件的月干旱严重度MS与月干旱面积MA的时间分布具有相似的形状，但月干旱烈度MI的形状与MA和MS的相关性不大，在MS和MI值比较高的时候MI可能比较低；但在MS和MA比较低时，月干旱烈度MI的值可能会很高。

2.5　亚洲中部干旱区的农业干旱监测

农业干旱监测，基于三个遥感数据集[中分辨率成像光谱仪（moderate resolution imaging spectroradiometer，MODIS）的地表温度数据集（land surface temperature，LST）和归一化植被指数（normalized difference vegetation index，NDVI）数据集和全球卫星降水制图（global satellite mapping of precipitation，GSMaP）的降水数据集]建立最佳比例干旱状况指数（optimized scaled drought condition index，OSDCI）的方法。标准化降水蒸散指数（SPEI）、比例状态干旱指数（scaled condition drought index，SDCI）、美国气候预测中心（climate prediction center，CPC）和全球土地资料同化系统（global land data assimilation system，GLDAS）的土壤水分异常数据，以及年尺度作物产量来评估OSDCI的性能。OSDCI与SPEI具有良好的一致性，在反映0～76 cm的土壤湿度方面具有明显优势，OSDCI精度优于SPEI和SDCI。OSDCI与年作物产量具有较高的相关性。经过对干旱严重程度分类标准的优化得到修正后OSDCI（OSDCI_rev），发现其与SPEI、土壤水分异常在干旱频次和干旱面积监测方面均具有更高的精度。OSDCI的提出能够为地面站点数据有限的区域提供可靠的农业干旱监测。

2.5.1　降水与植被指数的时滞分析

不同土地覆盖类型对降水匮乏的滞后时间不同。基于相关性分析研究不同土地覆盖类型对应的滞后时间和累积时间。计算不同土地覆盖类型的滞后时间和累积时间（表2.7）。从表2.7中发现，森林、灌木、草地、稀疏植被和雨养农田的滞后时间基本相同，具有1个月的滞后。而灌溉农田则未发现时间滞后。不同植被类型的累积时间长短差别较大。从表2.7可以看出，森林、草地和雨养农田的降水累积期相对较短，为2个月，最大相关系数分别为0.84、0.91和0.77。灌溉农田的累积期略长（3个月）。灌木和稀疏植被的累积期最长，分别为6个月和5个月。灌木较长的滞后时间可能是因为灌木对水分匮乏具有较强的耐受性。稀疏植被的较长累积周期可能是由混合像元导致的。分析结果与Gessner等（2013）在中亚五国地区时间滞后性分析结果一致。

表2.7　不同土地覆盖类型时滞分析结果

项目	森林	灌丛	草地	稀疏植被	雨养农田	灌溉农田
最大相关系数	0.84	0.89	0.91	0.94	0.77	0.93
滞后时间/月	1	1	1	1	1	0
累积时间/月	2	6	2	5	2	3

2.5.2　OSDCI干旱指数

OSDCI计算主要分为三步：首先，根据植被与降水的时滞分析结果（表2.7），分别计算每种植被类型的降水状态指数（precipitation condition index，PCI）值。然后，以2001～2008年期间生长季的SPEI 3值为基准数据，基于权重最优化分析方法递归计算降水状态指数（PCI）、温度状态指数（temperature condition index，TCI）和植被状态指数（vegetation condition index，VCI）三个变量的最佳权重。由于不同植被类型对干旱的敏感性不同，且其事件滞后性也不一致，因此分别计算不同植被覆盖类型的最佳权重。三个变量的最佳权重计算结果见表2.8。从表2.8中可以看出，不同植被类型对PCI、TCI和VCI三个变量具有不同的权重分配，但存在一个共同点，即所有植被覆盖类型PCI的权重均大于其他两个变量（TCI和VCI）的权重。这一现象也与降水是半干旱和干旱地区环境生态系统最主要因子的事实相吻合（Xu et al.，2015b）。最后，结合各变量权重及三个变量计算，得到研究区不同植被覆盖类型的最佳权重干旱状态指数（OSDCI）。计算方法参考式（2.28）和式（2.29）。

表2.8　OSDCI因子权重分配表

权重	森林	灌丛	草地	稀疏植被	雨养农田	灌溉农田
α	0.53	0.4	0.42	0.43	0.54	0.57
β	0.32	0.4	0.26	0.31	0.24	0.19
γ	0.15	0.2	0.32	0.26	0.22	0.24

$$OSDCI = \partial \times PCI + \beta \times TCI + \gamma \times VCI \qquad (2.28)$$

$$\begin{cases} 0 < \alpha < 1 \\ 0 < \beta < 1 \\ 0 < \gamma < 1 \\ \alpha + \beta + \gamma = 1 \end{cases} \qquad (2.29)$$

2.5.3　OSDCI 干旱指数的验证分析

OSDCI遥感农业干旱指数验证评估从以下五个方面进行。首先，计算2009～2016年生长季期间OSDCI与SPEI的相关性。为更好地对比OSDCI的优势，同时该时期计算基于不同经验权重的三种比例状态干旱指数（SDCI1、SDCI2和SDCI3）与SPEI的相关性。其次，基于GLDAS的根区（0～100 cm）土壤水分异常值和CPC根区（0～76 cm）土壤水分异常值数据，验证分析OSDCI在反映根区土壤水分状况方面的能力。第三，基于农业产量数据分析验证OSDCI干旱指数反馈农业产量损失的能力。同时，为对比不同干旱指数间的差异，将SPEI 3和SDCIs（SDCI1、SDCI2和SDCI3）也纳入验证行列。第四，由于SDCI原始的干旱烈度分类标准存在一定的武断性和主观性，基于SPEI干旱分类标准并结合干旱严重度分类最优化方法，对OSDCI干旱严重度分类标准进行最优化分析，得到OSDCI干旱严重度最优分类。结合2009～2016年间SPEI指数对最优化结果进行验证。最后，选取2008年作为典型干旱年，结合OSDCI遥感农业干旱指数进行农业干旱监测。为进一步验证对比优化后OSDCI（OSDCI_rev）的表现，同时将SPEI干旱指数、GLDAS根区土壤水分异常值（SMA-GLDAS）和CPC根区土壤水分异常值（SMA-CPC）以及优化前OSDCI（OSDCI_org）纳入对比行列。

1. 基于SPEI的比较分析

2001～2008年SPEI用于确定OSDCI的最优权重，同时用于校正OSDCI的严重度分类标准。为避免数据依赖的影响，本节以2009～2016年的生长季（4～10月）作为验证时间段。在自然植被区（森林、灌丛、草地、稀疏植被和雨养农田）计算OSDCI和3个SDCI（SDCI1、SDCI2和SDCI3）、SPEI的区域平均值，分别生成OSDCI-SPEI、SDCI1-SPEI、SDCI2-SPEI、SDCI3-SPEI散点图，并计算其对应的相关系数。散点图及相关系数如图2.18所示。

从图2.18可以看出，OSDCI的相关系数为0.89，明显高于所有SDCI（SDCI1、SDCI2和SDCI3）的相关系数（0.73、0.69和0.69）。与3个SDCI的散点图相比，OSDCI散点图中的数据点相对紧凑且接近1∶1线［图2.18（a）］，这说明OSDCI与SPEI具有更好的一致性。

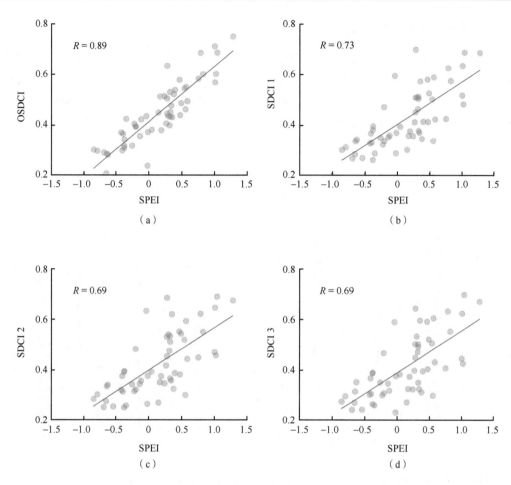

图 2.18 自然植被覆盖区 SPEI 与 OSDCI 和 SDCI 的散点图

分别在不同植被覆盖区计算了 OSDCI 和 3 个 SDCI 与 SPEI 之间的相关性（表 2.9）。表中所有相关系数，均通过了 0.01 水平的显著性检验。针对不同土地覆盖类型，OSDCI 与 SPEI 之间的相关系数均高于 0.8。而 SDCI（SDCI 1、SDCI 2 和 SDCI 3）与 SPEI 的相关系数分布在 0.6 到 0.77。总的来说，以 2009～2016 年生长季 SPEI 为标准，OSDCI 的表现均好于基于经验权重的 SDCI 干旱指数（SDCI 1、SDCI 2 和 SDCI 3）。这与自然植被覆盖区的相关系数比较结果一致。

表 2.9 不同植被类型的 OSDCI 和 SDCI 与 SPEI 的相关关系

干旱指数	森林	灌木	草地	稀疏植被	雨养农田	灌溉农田
OSDCI	0.80	0.84	0.88	0.85	0.86	0.87
SDCI 1	0.64	0.68	0.74	0.77	0.71	0.73
SDCI 2	0.60	0.66	0.68	0.74	0.67	0.69
SDCI 3	0.60	0.65	0.70	0.74	0.67	0.69

2. 基于土壤水分的比较分析

采用 GLDAS（SMA-GLDAS）和 CPC（SMA-CPC）的根区土壤水分异常对 OSDCI 进行交叉验证。分别在 6 个土地覆盖类型和综合自然植被区（森林、灌丛、草地、稀疏植被和雨养农田）计算 OSDCI、SPEI 和 SDCI 与 SMA-GLDAS 和 SMA-CPC 的 SMA 之间的相关系数，计算结果如图 2.19 和图 2.20 所示。图 2.19 和图 2.20 中所有相关系数均通过了 0.01 水平的显著性检验。

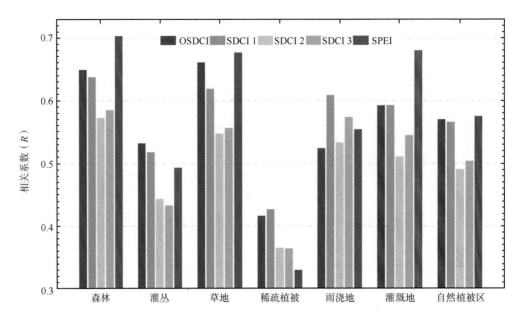

图 2.19　OSDCI、SPEI 不同权重 SDCI 与 GLDAS 根区土壤水分异常值（SMA）之间的相关关系对比

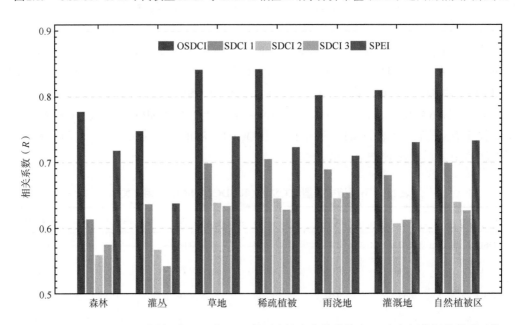

图 2.20　OSDCI、SPEI 不同权重 SDCI 与 CPC 根区土壤水分异常值（SMA）之间的相关关系对比

在图2.19中，SDCI 1在不同植被类型下的相关系数均好于SDCI 2和SDCI 3。与SPEI和SDCI 1相比，OSDCI的表现差强人意，在自然植被覆盖区的相关系数为0.57，而SPEI和SDCI 1的相关系数分别为0.58和0.56。具体分析，不同干旱指数在不同植被类型区与GLDAS土壤水分异常值的相关性差异较大。这间接表明，在不同植被覆盖区分别计算OSDCI 3个分量最佳权重的必要性。对于灌木，OSDCI具有最高的相关系数（0.53），而SPEI和3个SDCI指数的相关系数分别为0.49、0.52、0.44和0.43。对于森林和草地而言，OSDCI的相关系数（0.65和0.66）略高于3个典型SDCI，其森林的相关系数为0.64、0.57和0.58；草地的相关系数分别为0.62、0.55和0.56。然而，OSDCI的相关系数低于SPEI在森林和草地的相关系数（0.70和0.68）。在稀疏植被区域，SDCI 1和OSDCI与SMA-GLDAS一致较好，其相关系数分别为0.43和0.42。然而，在系数植被区SPEI具有最低的相关系数，其值仅为0.33，这可能表明SPEI在稀疏植被区域反映0～100 cm土壤水分的能力有限。在雨养农田地区，SDCI 1与SMA-GLDAS具有最佳相关性（0.61）。

SPEI在森林、灌木、草地和灌溉农田区域与SMA-GLDAS之间的相关系数最高，但在稀疏植被区域的相关系数最低。在森林、灌木、草地和灌溉农田地区，OSDCI具有较高的相关系数。然而，OSDCI在雨养农田地区与SMA-GLDAS的相关性较低。

基于CPC提供的土壤水分数据，计算得到土壤水分异常值（SMA-CPC），分别计算各干旱指数与SMA-CPC之间的相关性。从图2.20中可以看出，在不同植被类型覆盖地区，OSDCI与SMA-CPC之间均存在较高的相关性，其相关系数高于0.75。OSDCI的相关系数远高于其他干旱指数（SPEI、SDCI 1、SDCI 2和SDCI 3）。在自然植被覆盖区，OSDCI、SPEI和3个SDCI指数与SMA-CPC的相关系数分别为0.84、0.73、0.70、0.64和0.63。具体分析来看，OSDCI表现最佳，其在森林地区的相关系数为0.78；在灌木地区的相关系数为0.75；在稀疏植被和草地区域的相关系数相同，均为0.84；在雨养农田区的相关系数为0.80；在灌溉农田区的相关系数为0.81。SPEI和SMA-CPC之间的相关系数相对较低，其值在灌木区为0.64；在草地地区为0.74。SDCI具有最低的相关系数，其值分布在0.54与0.65之间。其中，在所有植被类型覆盖区，SDCI1的表现均优于SDCI2和SDCI3。

总的来说，OSDCI均具有较好的反馈0～76 cm土壤水分数据的能力，而SPEI次之，SDCI与SMA-CPC的相关性较低。

3. 基于农业产量的比较分析

将北哈萨克斯坦州和库斯塔奈州的标准化作物产量数据与OSDCI、SPEI和3个典型SDCI干旱指数进行相关性分析，以验证不同干旱指数反映作物产量损失的能力。月平均干旱指数和年作物产量的时间演变如图2.21所示。结果表明，小麦和大麦的标准化作物产量的时间变化趋势基本一致。标准化作物产量的年际波动形态与月尺度干旱指数的整体波动形态基本一致，表明北哈萨克斯坦州和库斯塔奈州的雨养农业高度依赖气候因素，且干湿变化状况对其产量变化影响较大。值得注意的是，标准化作物产量和干旱指数在2004年、2010年和2012年都有明显的负值。OSDCI干旱指数有能力捕获作物产量的时间变化。

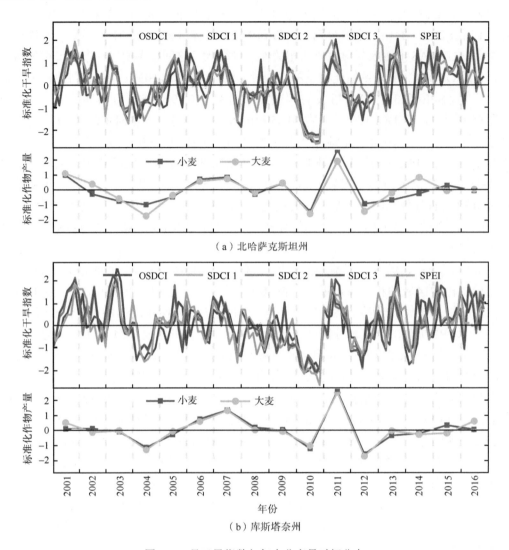

（a）北哈萨克斯坦州

（b）库斯塔奈州

图 2.21　月干旱指数与年农业产量时间分布

　　将所有月尺度的干旱指数平均到年尺度，对年尺度的作物产量和干旱指数进行相关性分析得到对应相关系数，其结果列于表 2.10 中。与 SPEI 和 SDCI（SDCI 1、SDCI 2 和 SDCI 3）干旱指数相比，OSDCI 与库斯塔奈州的大麦和小麦年作物产量的相关系数最高，其分别为 0.64 和 0.69。在北哈萨克斯坦州，OSDCI 与小麦产量的相关系数也高于其他干旱指数，极显著相关系数为 0.65。对于北哈萨克斯坦州的大麦产量，OSDCI 的相关系数（0.68）低于 3 个 SDCI 干旱指数的相关系数，分别为 0.72、0.72 和 0.73。OSDCI 的相关系数高于 SPEI 的相关系数（0.64），表明与两个典型雨养农田区的主要作物产量相比，OSDCI 是所有干旱指数中最能反映作物产量变化的干旱指数。

表2.10　干旱指数与农业产量在年尺度的相关系数

地州	作物种类	OSDCI	SDCI1	SDCI2	SDCI3	SPEI
北哈萨克斯坦州	小麦	0.65	0.58*	0.62*	0.60	0.61*
	大麦	0.68	0.72	0.72	0.73	0.64*
库斯塔奈州	小麦	0.64	0.58*	0.61*	0.60*	0.64
	大麦	0.69	0.61*	0.65*	0.63*	0.66

* 代表对应相关系数通过0.05水平的显著性检验，但未通过0.01水平的显著性检验。

2.5.4　农业干旱严重度分类及验证

SDCI原始的干旱严重分类标准存在一定的武断性和主观性，这会导致干旱监测结果及其分类制图的高估或低估 (Rhee et al.，2010)。针对四种干旱类别，最小化SPEI和OSDCI之间干旱频率误差和干旱面积误差之和来得到最优化的OSDCI干旱严重度分类体系 (OSDCI_rev)。基于2001～2008年 (8年) 生长季SPEI值和OSDCI值进行干旱严重度分类标准最优化分析；而2009～2016年 (8年) 生长季的SPEI值和OSDCI值则用于进行验证分析。

表2.11给出了SPEI、未优化前的OSDCI分类标准 (OSDCI_org) 和优化后的OSDCI分类标准 (OSDCI_rev)。SPEI的分类标准来源于 (Vicente-Serrano et al.，2010)；OSDCI_org分类标准来源于 (Rhee et al.，2010；Zhang et al.，2017)。

表2.11　不同干旱指数干旱严重度分类标准

干旱类别	类别描述	SPEI	OSDCI_org	OSDCI_rev
D0	湿润	>0	>0.5	>0.4
D1	轻微干旱	−1～0	0.4～0.5	0.2～0.4
D2	中度干旱	−1.5～−1	0.3～0.4	0.1～0.2
D3	重度干旱	−2～−1.5	0.2～0.3	0.02～0.1
D4	极端干旱	<−2	0～0.2	0～0.02

计算2009～2016年生长季SPEI和OSDCI的干旱频次并分别累加后进行干旱频次对比，验证分类结果精度。不同的像元值干旱分类标准见表2.11。其不同类别干旱频次箱型对比图见图2.22。同时，在2009～2016年生长季逐月计算其干旱面积，并累加为和进行对比，对比结果见图2.23。

从图2.22和图2.23可以看出，OSDCI_rev的干旱频率和面积与SPEI的干旱频率和面积的一致性，OSDCI_rev的表现明显好于OSDCI_org。与SPEI相比，OSDCI_org的分类标准低估了轻微干旱的频率和面积，同时高估了中度、重度和极端干旱的频率和面积。对极端干旱类别的频率和面积高估十分明显。例如，SPEI干旱严重度的四个类别 (轻微干旱、中度干旱、重度干旱和极端干旱) 的频次分别为17、4、2和0，而

OSDCI_org的频次分别为8、9、8和9。此外，SPEI的四个干旱类别的面积中位数分别为29.77%、5.12%、1.40%和0%，而OSDCI_org的则分别为15.62%、16.01%、14.45%和14.43%。结果表明，OSDCI原始分类标准将导致轻微干旱的低估以及中度、重度和极端干旱的严重高估。

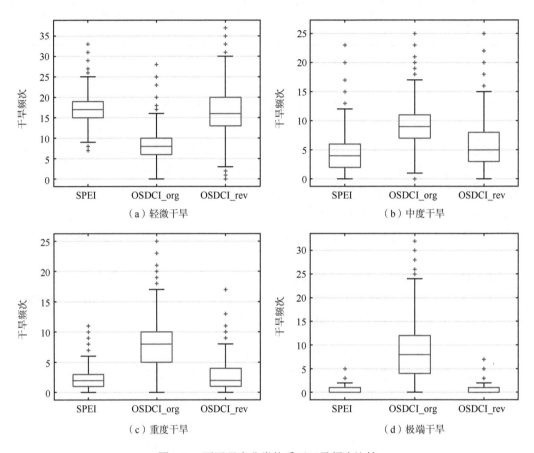

图2.22 不同强度分类体系下干旱频次比较

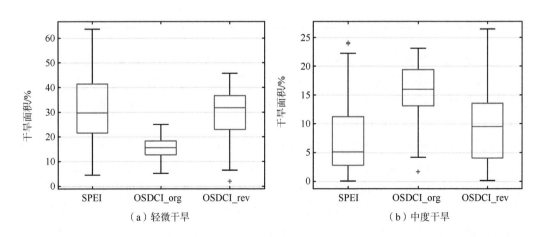

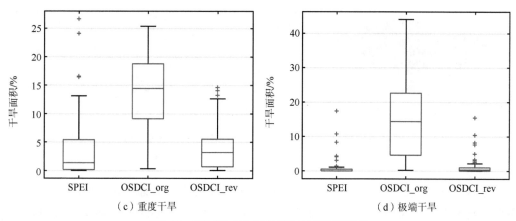

（c）重度干旱　　　　　　　　　　　　　（d）极端干旱

图2.23　不同强度分类体系下干旱面积比较

　　空间分布是衡量干旱监测的重要因素。图2.24为四种干旱严重度类别的SPEI和OSDCI干旱指数（OSDCI_org和OSDCI_rev）之间的空间频率差。结果表明，OSDCI_org与SPEI之间的干旱频率差异很大，OSDCI_org严重低估研究区的轻微干旱频次，且明显高估中度干旱、重度干旱和极端干旱的频次，特别是对极端干旱频次的高估最为显著。OSDCI_rev与SPEI在干旱频次的差异整体一致，但存在一定程度的低估或者高估。例如，OSDCI_rev高估了咸海周围地区的轻微干旱的频次，还低估了亚洲中部东南地区中度干旱的频次［图2.24（d）］。为验证OSDCI基于原始/优化后干旱严重度分类标准在反馈干旱面积方面的差异，图2.25给出了2009～2016年生长季OSDCI_org和OSDCI_rev干旱面积百分比与SPEI干旱面积百分比对比散点图。

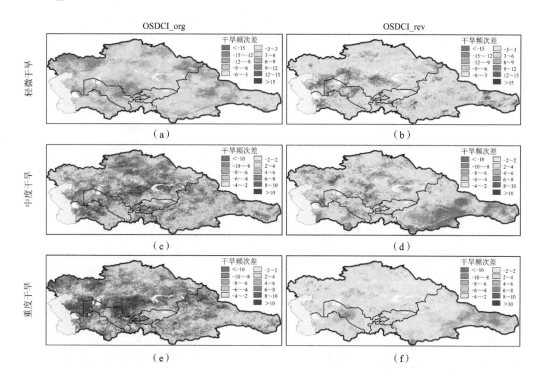

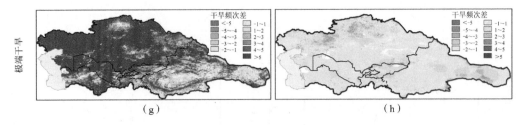

图2.24　2009～2016年生长季 OSDCI_org 和 OSDCI_rev
在不同分类体系下干旱频次差异的空间分布

从图2.26中可以发现，4个干旱类别中 OSDCI_org 的干旱面积值主要分布在10%至30%，与SPEI干旱面积的相关性较差。对于4种干旱严重度类别，OSDCI_org 和 SPEI 之间面积百分比的相关系数分别为0.09、0.17、0.27和0.49。经过干旱分类优化后，OSDCI_rev 的干旱面积与SPEI的干旱面积较为一致，散点图集中在1∶1的斜线周边范围。轻度、中度、重度和极端干旱类别的面积存在递减趋势，这与现实的干旱发生概率相符。相对于SPEI，OSDCI_rev 的干旱面积与SPEI干旱面积的相关系数明显高于 OSDCI_org 与SPEI干旱面积的相关系数，其轻微、中度、重度和极端干旱面积相关系数分别为0.71、0.78、0.77和0.91。

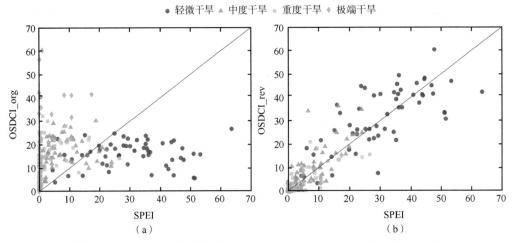

图2.25　2009～2016年生长季 SPEI 与 OSDCIs（OSDCI_org 和 OSDCI_rev）
干旱面积百分比散点图

2.5.5　典型干旱年干旱监测

相关研究表明，2008年发生了较为严重的干旱，并对植被生长产生严重影响，而且对当地农业造成了巨大破坏（Xu et al.，2016b；Patrick，2017）。如吉尔吉斯斯坦小麦作物产量远低于正常水平，导致次年农业总出口量下降（Patrick，2017）。塔吉克斯坦所有的水库水位大幅下降，政府发布了水资源限制政策，并宣布杜尚别进入紧急状态（Patrick，2017）。塔吉克斯坦西南部哈特隆州的小麦收成比正常水平低

20%～35%(Patrick，2017)。Xu 等 (2016b) 研究发现，2008 年干旱导致中亚森林 NDVI 值出现明显的异常负值。因此，2008 年可被作为典型干旱年，用于 OSDCI_rev 典型干旱事件监测精度的评估基准。

各干旱指数 (SPEI、OSDCI_org 和 OSDCI_rev) 和土壤水分异常 (SMA-GLDAS 和 SMA-CPC) 在 2008 年生长季四类干旱的干旱面积的时间演变，如图 2.26 所示。图中不同颜色和不同线型代表不同干旱指数或者土壤水分异常。由于 SMA 和 SPEI 的标准化方法相类似，SMA 土壤水分分类标准参考 SPEI 的干旱种类分类阈值 (表 2.11)。

尽管极端干旱的面积百分比存在部分误差 [图 2.26(d)]，基于 OSDCI_rev 的干旱面积的演变与基于 SPEI 和 SMA 的 4 种不同干旱类别干旱面积的时间序列保持基本一致。OSDCI_org 与其他干旱指数 (SPEI 和 SMA) 之间存在较为显著的差异。例如，SPEI 和 OSDCI_rev 显示在生长季重度干旱的最大干旱面积约为 22%，而 OSDCI_org 计算得到的最小干旱面积都超过 18%[图 2.26(c)]。2008 年 9 月，SPEI 和 OSDCI_rev 监测得到的重度干旱面积约为 15% 时，OSDCI_org 监测得到的重度干旱面积约为 28%，远高于 SPEI 和 SMA 的检测值。以 SPEI 和 SMA 为参考，OSDCI_org 严重低估轻微干旱的面积 (图 2.26)，并显著高估极端干旱的面积 [图 2.26(d)]。

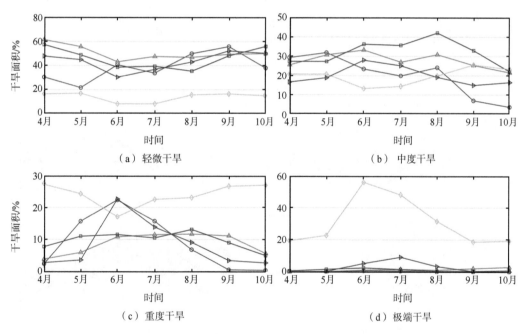

图 2.26　2008 年 SPEI3 和 OSDCIs (OSDCI_org 和 OSDCI_rev) 干旱面积百分比
在 4 个干旱类别的时间分布

对 SPEI、SMA-GLDAS、SMA-CPC、OSDCI_org 和 OSDCI_rev 在 2008 年生长季各干旱严重类别的空间分布进行了比较 (图 2.27)。图中显示，SPEI 和两个 SMA 具有相似的空间分布。根据 SPEI 的空间格局，可以发现 2008 年的干旱于当年 4 月始于亚洲中部的西南地区，干旱中心从 5 月开始向东北部移动，在 5～8 月期间徘徊于亚洲中部的东北部地区（新疆地区北部），在10月其干旱面积逐渐减少消退。

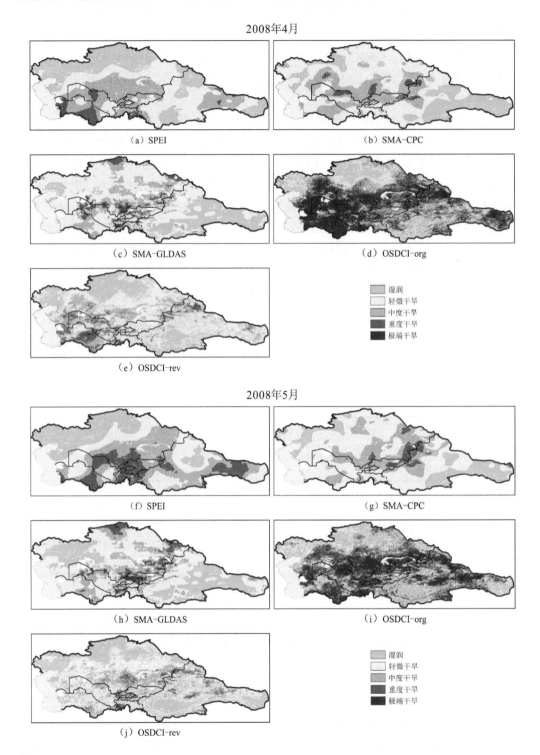

2008年4月

（a）SPEI

（b）SMA-CPC

（c）SMA-GLDAS

（d）OSDCI-org

湿润
轻微干旱
中度干旱
重度干旱
极端干旱

（e）OSDCI-rev

2008年5月

（f）SPEI

（g）SMA-CPC

（h）SMA-GLDAS

（i）OSDCI-org

湿润
轻微干旱
中度干旱
重度干旱
极端干旱

（j）OSDCI-rev

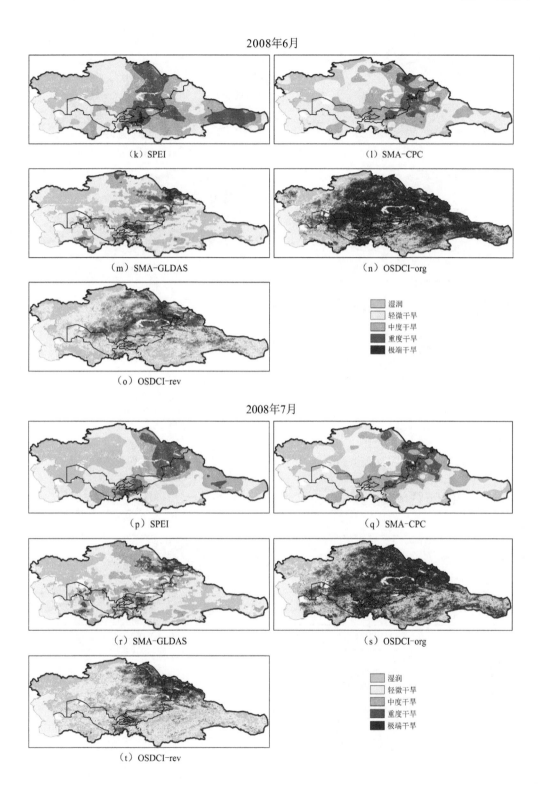

2008年6月

（k）SPEI

（l）SMA-CPC

（m）SMA-GLDAS

（n）OSDCI-org

（o）OSDCI-rev

湿润
轻微干旱
中度干旱
重度干旱
极端干旱

2008年7月

（p）SPEI

（q）SMA-CPC

（r）SMA-GLDAS

（s）OSDCI-org

（t）OSDCI-rev

湿润
轻微干旱
中度干旱
重度干旱
极端干旱

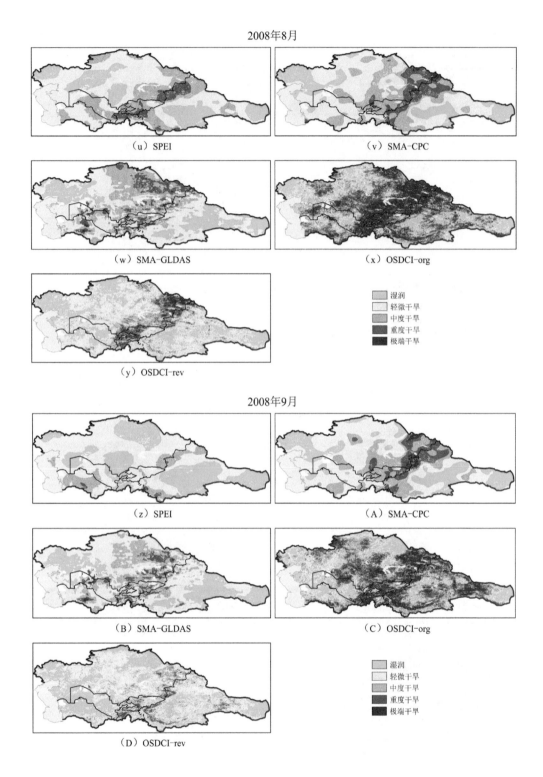

2008年8月

（u）SPEI

（v）SMA-CPC

（w）SMA-GLDAS

（x）OSDCI-org

湿润
轻微干旱
中度干旱
重度干旱
极端干旱

（y）OSDCI-rev

2008年9月

（z）SPEI

（A）SMA-CPC

（B）SMA-GLDAS

（C）OSDCI-org

湿润
轻微干旱
中度干旱
重度干旱
极端干旱

（D）OSDCI-rev

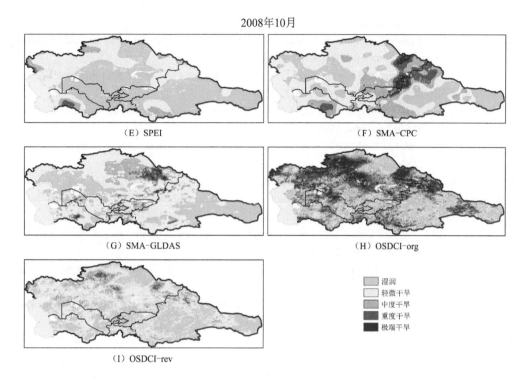

图 2.27　2008 年生长季 SPEI、SMAs (SMA-CPC 和 SMA-GLDAS) 和 OSDCIs
(OSDCI_org 和 OSDCI_rev) 的空间分布图

　　对比发现，OSDCI_rev 显示的生长季干旱移动路径与 SPEI 和 SMA 的干旱路径基本一致，基于原严重度分类标准的 OSDCI_org 的空间分布差异较大，容易被高估。基于 SPEI 的干旱空间格局相对平滑，而 OSDCI 看起来较为破碎。造成差异的原因主要有两个：一是 SPEI 是一种基于气象因子（降水和潜在蒸散发）的气象干旱指数，不考虑地形因子或植被信息，而 OSDCI 是一种农业干旱指数，同时包含了气候因素（降水和温度）和植被信息；二是 SPEI 是基于插值数据集计算得到的。总的来说，OSDCI_rev 的干旱分类更为合理，可以更好地描述干旱的空间分布和干旱面积的时间演变刻画。

参 考 文 献

ADNAN S, et al. 2016. Investigations into precipitation and drought climatologies in South Central Asia with special focus on Pakistan over the period 1951–2010. Journal of Climate, 29(16): 6019-6035.

ANDREADIS K M, et al. 2005. Twentieth-century drought in the conterminous United States. Journal of Hydrometeorology, 6(6): 985-1001.

ASHRAF M, ROUTRAY J K. 2015. Spatio-temporal characteristics of precipitation and drought in Balochistan Province, Pakistan. Natural Hazards, 77(1): 229-254.

COLWELL R K, LEES D C. 2000. The mid-domain effect: geometric constraints on the geography of species richness. Trends in Ecology & Evolution, 15(2): 70-76.

GAYBULLAEV B, et al. 2012. Large-scale desiccation of the Aral Sea due to over-exploitation after 1960. Journal of Mountain Science, 9(4): 538-546.

GESSNER U, et al. 2013. The relationship between precipitation anomalies and satellite-derived vegetation activity in Central Asia. Global and Planetary Change, 110: 74-87.

GUO H, et al. 2017. Meteorological drought analysis in the lower Mekong Basin using satellite-based long-term CHIRPS product. Sustainability, 9(6): 901.

GUO H, et al. 2018a. Spatial and temporal characteristics of droughts in Central Asia during 1966–2015. Science of The Total Environment, 624: 1523-1538.

GUO H, et al. 2018b. Space-time characterization of drought events and their impacts on vegetation in Central Asia. Journal of Hydrology, 564: 1165-1178.

HERRERA - ESTRADA J E, et al. 2017. Spatiotemporal dynamics of global drought. Geophysical Research Letters, 44(5): 2254-2263.

HOERLING M, KUMAR A. 2003. The perfect ocean for drought. Science, 299(5607): 691-694.

HUANG S Z, et al. 2015. Drought structure based on a nonparametric multivariate standardized drought index across the Yellow River Basin, China. Journal of Hydrology, 530: 127-136.

KLEIN I, et al. 2012. Regional land cover mapping and change detection in Central Asia using MODIS time-series. Applied Geography, 35(1-2): 219-234.

LEE S-H, et al. 2017. Assessment of the impact of climate change on drought characteristics in the Hwanghae Plain, North Korea using time series SPI and SPEI: 1981–2100. Water, 9(8): 579.

LI Y, et al. 2017a. Drought severity and change in Xinjiang, China, over 1961–2013. Hydrology Research, 48(5): 1343-1362.

LI Z, et al. 2017b. Multivariate assessment and attribution of droughts in Central Asia. Scientific Reports, 7(1): 1316.

LIOUBIMTSEVA E, HENEBRY G M. 2009. Climate and environmental change in arid Central Asia: Impacts, vulnerability, and adaptations. Journal of Arid Environments, 73(11): 963-977.

LIU X, et al. 2015. Regionalization and spatiotemporal variation of drought in China based on standardized precipitation evapotranspiration index(1961–2013). Advances in Meteorology, 1-18.

LLOYD-HUGHES B. 2012. A spatio-temporal structure-based approach to drought characterisation. International Journal of Climatology, 32(3): 406-418.

MCKEE T B, et al. 1993. The relationship of drought frequency and duration to time scales. Eighth Conference on Applied Climatology, 17-22.

MICKLIN P. 2016. The future Aral Sea: hope and despair. Environmental Earth Sciences, 75(9): 1-15.

MISHRA A K, SINGH V P. 2010. A review of drought concepts. Journal of Hydrology, 391(1-2): 204-216.

MO K C. 2011. Drought onset and recovery over the United States. Journal of Geophysical Research-Atmospheres, 116(D20): 1-14.

MOHAMMAT A, et al. 2013. Drought and spring cooling induced recent decrease in vegetation growth in Inner Asia. Agricultural and Forest Meteorology, 178-179: 21-30.

MONTASERI M, AMIRATAEE B. 2017. Comprehensive stochastic assessment of meteorological drought indices. International Journal of Climatology, 37(2): 998-1013.

OLIVER J E. 2008. Encyclopedia of World Climatology. Dordrecht, Netherlands: Springer: 854.

PATRICK E. 2017. Drought characteristics and management in Central Asia and Turkey, FAO Water Reports(FAO). Food and Agriculture Organization of the United Nations, 114.

RHEE J, et al. 2010. Monitoring agricultural drought for arid and humid regions using multi-sensor remote sensing data. Remote Sensing of Environment, 114(12): 2875-2887.

SHEFFIELD J, et al. 2009. Global and continental drought in the second half of the twentieth century: severity–area–duration analysis and temporal variability of large-scale events. Journal of Climate, 22(8): 1962-1981.

SHEFFIELD J, WOOD E F. 2007. Characteristics of global and regional drought, 1950–2000: Analysis of soil moisture data from off - line simulation of the terrestrial hydrologic cycle. Journal of Geophysical

Research-Atmospheres, 112 (D17): D17115.

SHEFFIELD J, WOOD E F. 2012. Drought: Past Problems and Future Scenarios. Hoboken: Taylor and Francis. 249.

SVOBODA M, et al. 2012. Standardized Precipitation Index User Guide. In: M. Svoboda, M. H. a. D. W. (Ed.), Technical Report WMO-No. 1090, Geneva. 24.

VENTURAS M D, et al. 2016. Chaparral Shrub Hydraulic Traits, Size, and Life History Types Relate to Species Mortality during California's Historic Drought of 2014. PLoS One, 11 (7): e0159145.

VICENTE-SERRANO S M, et al. 2010. A Multiscalar Drought Index Sensitive to Global Warming: The Standardized Precipitation Evapotranspiration Index. Journal of Climate, 23 (7): 1696-1718.

VIDAL J P, et al. 2010. Multilevel and multiscale drought reanalysis over France with the Safran-Isba-Modcou hydrometeorological suite. Hydrology and Earth System Sciences, 14 (3): 459-478.

WANG A, et al. 2011. Soil moisture drought in China, 1950–2006. Journal of Climate, 24 (13): 3257-3271.

WANG H J, et al. 2015b. Spatial and temporal variability of drought in the arid region of China and its relationships to teleconnection indices. Journal of Hydrology, 523: 283-296.

WANG H, et al. 2015a. Commonly used drought indices as indicators of soil moisture in China. Journal of Hydrometeorology, 16 (3): 1397-1408.

WHO. 2001. Health aspects of the drought in Uzbekistan 2000–2001, Technical Field Report Series. Retrieved from http: //reliefweb. int/report/uzbekistan/health-aspects-drought-uzbekistan-2000-2001. Accessed on July, Geneva, Switzerland. 23.

XU B, et al. 2017. Decadal characteristics of global land annual precipitation variation on multiple spatial scales. Chinese Journal of Atmospheric Sciences, 41 (3): 593-602.

XU H J, et al. 2016. Decreased vegetation growth in response to summer drought in Central Asia from 2000 to 2012. International Journal of Applied Earth Observation and Geoinformation, 52: 390-402.

XU K, et al. 2015a. Spatio-temporal variation of drought in China during 1961–2012: A climatic perspective. Journal of Hydrology, 526: 253-264.

XU L, et al. 2015b. Precipitation trends and variability from 1950 to 2000 in arid lands of Central Asia. Journal of Arid Land, 7 (4): 514-526.

YEVJEVICH V M. 1967. An Objective Approach to Definition and Investigations of Continental Hydrologic Droughts. Hydrology papers (Colorado State University); no. 23. Fort Collins, Colorado: Colorado State University. 18.

YU X, et al. 2017. Analysis of precipitation and drought data in Hexi Corridor, Northwest China. Hydrology, 4 (2): 29.

ZELEKE T, et al. 2017. Trend and periodicity of drought over Ethiopia. International Journal of Climatology, 37 (13): 4733-4748.

ZHANG L, et al. 2017. Studying drought phenomena in the Continental United States in 2011 and 2012 using various drought indices. Remote Sensing of Environment, 190: 96-106.

ZHANG Q, et al. 2012. SPI-based evaluation of drought events in Xinjiang, China. Natural Hazards, 64 (1): 481-492.

第3章 亚洲中部干旱区
草地生产力变化与草地退化

陆地生态系统在过去几十年中发生了剧烈变化，特别是在气候、土地利用等方面表现得更为明显。全球和区域生态系统的严重变化，是气候和人为活动单独或相互作用的结果 (Haberl et al.，1997；Esser，2010)。草地生态系统作为地球上分布最广泛的陆地生态系统之一，约占地球陆地面积的30% (Wang et al.，2009)，为全球提供了约20%的碳储存。草地生态系统在全球碳循环和维持气候稳定中发挥着至关重要的作用，也为人类生存提供了重要的生态服务价值，例如提供肉类和牛奶 (Zhou et al.，2014)。气候变化和人类活动是影响草地动态变化的两个主要因素，半干旱和干旱地区植被稀疏、土壤贫瘠，草地生态系统对气候变化和人类活动响应更为敏感，草地生态系统很容易发生退化和荒漠化，反过来又会造成巨大的经济损失 (Wessels et al.，2008；Ahlstrom et al.，2015；Chen et al.，2019)。因此，量化气候变化和人类活动对草地生态系统的影响，对半干旱和干旱地区草地生态系统功能的保护和维持具有重要意义。

中亚是欧亚大陆最大的半干旱和干旱区之一，该地区生态系统极为敏感和脆弱。草地作为中亚地区分布最为广泛的土地利用类型，在全球碳循环、区域生态安全和社会稳定中发挥着关键作用。在过去几十年里，不断加剧的气候变化和人类活动严重影响到该地区的草地生态系统。研究表明，中亚地区的温度在以每10年0.4℃ 的速度上升，其增速高于整个北半球0.3 ℃/10a 的年增温，未来气候变化甚至可能会持续加剧中亚草地退化和荒漠化 (Miao et al.，2015；Xi et al.，2016；Zhang et al.，2018)。除气候变化之外，自20世纪80年代以来，中亚的社会经济制度也发生了深刻变化，影响最为显著的变化是1991年苏联解体 (Zhou et al.，2019)。同时，草地生态系统也受到不同程度的人为影响；例如，畜牧业的集约化管理导致草地严重退化，大量荒地转为草地等。因此，中亚成为了解气候变化和人类活动对草地生态系统相对影响的热点和重点区域 (Lioubimtseva et al.，2005；Han et al.，2016a；Jiang et al.，2017；Chen et al.，2019)。

此外，中亚位于丝绸之路经济带的核心区域，是连接东西方文化和商贸等重要通道。然而，在气候变化和日益增加的人类压力的双重挑战下，该地区面临着严重的环境威胁和脆弱的生态问题 (Jiang et al.，2017；Guo，2018)，已经成为阻碍该地区可持续发展的重要因素。

3.1　亚洲中部干旱区草地生产力时空变化评价方法

3.1.1　亚洲中部干旱区草地生产力评价模型

1. 实际草地生产力（actual net primary productivity，ANPP）**模拟**

ANPP 代表了在气候变化和人类活动共同影响下的实际草地初级生产力，本研究使用 Carnegie-Ames-Stanford Approach（CASA）模拟实际草地初级生产力。CASA 模型属于光能利用效率模型，其输入参数包括气象因子（太阳总辐射、温度、降水）、植被（NDVI）以及土地覆被（LUCC）等。CASA 模型已被广泛用于 ANPP 的模拟。使用 CASA 模型对每月的 ANPP 进行模拟，进一步进行累加获得每年的 ANPP。在 CASA 模型中有两个主要变量被用于计算 ANPP：一个是吸收的光合有效辐射（APAR）（单位：MJ/m^2）；另一个是实际光能利用效率（ε）（单位：g C/MJ）（有关 CASA 模型的详细原理，请参考 Potter 等（1993）[式（3.1）]：

$$\mathrm{ANPP} = \mathrm{APAR}(x,t) \times \varepsilon(x,t) \tag{3.1}$$

$$\mathrm{APAR}(x,t) = \mathrm{SOL}(x,t) \times \mathrm{FPAR}(x,t) \times 0.5 \tag{3.2}$$

$$\varepsilon(x,t) = T_1(x,t) \times T_2(x,t) \times W_1(x,t) \times \varepsilon_{\max} \tag{3.3}$$

式中，$\mathrm{SOL}(x,t)$（$\mathrm{MJ \cdot m^{-2}}$）是第 t 个月像素 x 处的总太阳辐射；$\mathrm{FPAR}(x,t)$ 是第 t 个月像素 x 处植被冠层的光合有效辐射率；0.5 为常数，表示有效太阳辐射与植被利用的总太阳辐射之比；$T_1(x, t)$ 和 $T_2(x, t)$ 分别为第 t 个月像素 x 处的低温和高温对植被利用光能的胁迫；$W_1(x, t)$ 是水对光利用效率的胁迫；$\varepsilon_{\max}$ 是植被的最大光能利用效率，在中亚地区草地设置为 0.604 $\mathrm{gC\ MJ^{-1}}$（Chen et al.，2019）。

使用 Han 等（2016b）发表的中亚地面 ANPP 实测值和美国橡树岭国家实验室（ORNL DAAC）（https://daac.ornl.gov/get_data/）提供的实测 ANPP 来直接验证 CASA 模型的模拟精度。考虑到实测 ANPP 只有 30 个，不足以描述 ANPP 的空间格局。因此，通过获取基于遥感的 NPP（MOD17A3H）进一步检验 CASA 模型的精度，该数据时间跨度为 2000～2014 年，其时间分辨率为年，空间分辨率为 500 m。已有研究表明，该数据具有很强的准确性和可靠性，目前已被广泛用于全球和区域研究（Zhao et al.，2010；Liu et al.，2019）。如图 3.1 所示，CASA 模型模拟的 ANPP 与实测的 NPP（$R=0.81$，$p < 0.001$）以及 MODIS NPP（$R=0.89$，$p < 0.001$）具有显著的相关性，表明 CASA 模型模拟的 ANPP 在中亚地区是可靠的。

2. 潜在草地生产力（PNPP）**模拟**

潜在植被净初级生产力（potential net primary production，PNPP）是仅在气候因子影响下的草地初级生产力，采用 Thornthwaite Memorial 模型对 PNPP 进行模拟（Lieth et al.，1972；Lieth，1975）。PNPP[g C/（$m^2 \cdot$ a）]的计算式为式（3.4）。作为气候驱动模型，

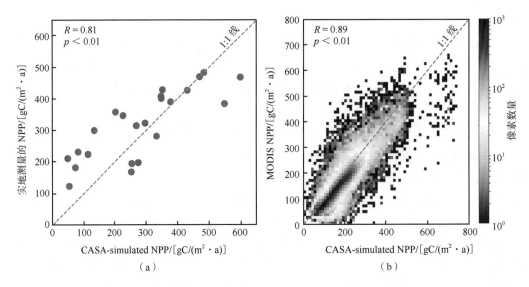

图3.1 基于实地测量的NPP(a)和MODIS NPP(b)的CASA模型精度验证

在模拟PNPP方面表现出良好的性能(Ugbaje et al.，2017；Liu et al.，2019)。然而，Thornthwaite Memorial 模型是在迈阿密模型基础上，结合 Thornthwaite 潜在蒸发方法而建立的，Thornthwaite潜在蒸发计算公式在PNPP估计中会引入较大误差，尤其是在干旱和半干旱地区(Malek，1987)。为了减少Thornthwaite 潜在蒸发方法的不确定性，使用 Hargreaves 方法代替 Thornthwaite Memorial 模型中的潜在蒸发量计算方程。Hargreaves方法(Hargreaves et al.，1985)是基于干旱和半干旱草地发展而来，并广泛用于全球潜在蒸散量估算(Malek，1987；Gafurov et al.，2018)，其计算见式(3.5)。

$$PNPP = 3\,000 \times \left[1 - e^{-0.000\,969\,5\,(E-20)}\right] \tag{3.4}$$

$$ET_O = 0.002\,3 \times (T_{mean} + 17.8) \times (T_{max} - T_{min})^{0.5} \times R_a \tag{3.5}$$

式中，E 和 ET_O 分别表示年实际蒸散量(mm)和年潜在蒸散量(mm)；T_{mean}、T_{max} 和 T_{min} 分别表示年平均气温(℃)、最高气温(℃)和最低气温(℃)；R_a 是地外太阳辐射(mm)。应用Zhang等(2001)开发的方法计算区域实际蒸散量，如下所示：

$$E = \left[\frac{1 + \omega\dfrac{ET_O}{P}}{1 + \omega\dfrac{ET_O}{P} + \dfrac{P}{ET_O}}\right] \times P \tag{3.6}$$

式中，P 为年降水量(mm)；ω 为植物可利用水系数，将草地设为0.5(Zhang et al.，2001)。

基于实际草地初级生产力和潜在草地初级生产力，计算人类活动影响下的草地生产力(human-induced net primary productivity，HNPP)，其计算公式如下(Haberl et al.，1997)：

$$HNPP = ANPP - PNPP \tag{3.7}$$

当 ANPP 大于 PNPP 时，HNPP 为正(例如，草地施肥和灌溉会导致ANPP大于PNPP)；当ANPP小于PNPP时，HNPP 为负(例如，过度放牧)。

3.1.2　集成经验模式分解（EEMD）

经验模式分解（empirical mode decomposition，EMD）是 Huang 等（1998a）创建的一种信号分解方法，旨在将原始时间序列数据 $[D(t)$（$t = 1, 2, 3, \cdots, N-1, N$；$N$ 是时间序列数据的长度）] 分解为不同的组分，包括 n 个内在模式函数（IMF1，IMF2，$\cdots$，IMFn）和一个残差 $[R_n(t)]$。每个 IMF 被视为不同时间尺度上不同驱动因素导致的结果。EMD 方法的主要流程和参数如下所示（Huang et al.，1998b；Liu et al.，2018）。

首先检测原始时间序列 $D(t)$ 的局部极值，通过三次卷积插值的方法连接局部最大值和最小值，生成上 $[e_1(t)]$ 和下 $[e_2(t)]$ 包络线，上下包络的值将按如下方式取平均值：

$$m_1(t) = [e_1(t) + e_2(t)] / 2 \tag{3.8}$$

通过从 $D(t)$ 中减去 $m_1(t)$ 获得第一分量 $g_1(t)$。

$$g_1(t) = D(t) - m_1(t) \tag{3.9}$$

由于 $g_1(t)$ 的结果为平稳时间序列，不满足标准，则继续重复上述过程如下：

$$g_{11}(t) = g_1(t) - m_{11}(t) \tag{3.10}$$

式中，$m_{11}(t)$ 表示 $g_{11}(t)$ 的平均包络，第二个下标索引是筛选过程的附加重复次数。

当以下标准偏差（SD）达到规定的值时（这个值一般建议设置在 0.2～0.3 之间），将停止筛选过程。SD 设置为 0.2。

$$SD = \sum_{t=1}^{N} \left[\frac{\left| g_{1k}(t) - g_{1(k-1)}(t) \right|^2}{g_{1(k-1)}^2(t)} \right] \tag{3.11}$$

$$g_{1k}(t) = g_{1(k-1)}(t) - m_{1k}(t) \tag{3.12}$$

式中，k 表示重复次数。

从原始序列 $D(t)$ 中提取第一个 IMF 分量 $[c_1 = g_{1k}(t)]$。余数 $r_1 = D(t) - c_1$ 被视为一个新的时间序列，并重复执行上述相同的筛选过程，直到第 i 个余数没有任何振荡分量。

$$r_i = r_{i-1} - c_i \quad i = 1, 2, 3, \cdots, n \tag{3.13}$$

将时间序列 $D(t)$ 分解为 n 个具有不同频率的 IMF 和具有单调或只有一个极值函数的残差趋势分量 $[R_n(t)]$。

$$D(t) = \sum_{i=1}^{n} \text{IMF}_i(t) + R_n(t) \tag{3.14}$$

尽管 EMD 算法有其优点，但它在信号分解方面也存在一些局限性，例如模式混合问题，这可能会高估信号中的噪声，并导致单个 IMF 失去物理意义（Wu et al.，2009）。为了克服这些问题，在 EMD 算法基础上，通过将白色噪声添加到原始数据序列中，开发了集成经验模态分解算法（ensemble empirical mode decomposition，EEMD）（Huang et al.，2008）。EEMD 不需要任何先验确定的基函数，而是关注非线性和非平稳时间序列数据的适应性和时间局部性（Wu and Huang，2009）。EEMD 算法的基本步骤如下。

将给定幅度的高斯白色噪声序列 $\varphi_j(t)$ 添加到原始时间序列 $D(t)$。

$$D_j(t)=D(t)+\varphi_j(t) \qquad j=1, 2, \cdots, np \qquad (3.15)$$

式中，$D_j(t)$ 是将第 i 个白噪声添加到原始信号数据 $D(t)$ 中得到的新信号，np 设置为 1 000。

将 EMD 方法应用于有噪声的伪信号 $D_j(t)$。EEMD 方法的第 i 个 IMF($\text{IMF}_i(t)$) 和残差(R_n)，是基于相应的 EMD IMF 分量和噪声伪信号的残差计算平均值得到，公式如下：

$$\text{IMF}_i(t) = \frac{1}{np}\sum_{j=1}^{np}\text{IMF}_{ij}(t) \quad 和 \quad R_n = \frac{1}{np}\sum_{j=1}^{np}R_{nj}(t) \qquad (3.16)$$

为了判断每个 IMF 是否为真实信号，并具有物理意义，每个 IMF 的统计显著性基于能量(E_i)与 IMF 相对于纯白噪声的平均周期(T_i)的函数得到（Wu and Huang，2009）。

$$\ln E_i + \ln T_i = 0 \qquad (3.17)$$

$$E_i = (1/N)\times\sum_{t=1}^{N}[\text{IMF}_i(t)]^2 \quad 和 \quad T_i = N/P_i \qquad (3.18)$$

式中，N 是 IMF 分量的长度；P_i 是第 i 个 IMF 分量的峰值数。统计显著性设置为 95% 的水平。如果 IMF 分量相对于平均周期分布的能量高于置信曲线，则 IMF 通过显著性检验并具有物理意义，反之亦然。

为了得到每个 IMF 分量的平均周期，时间序列的长度(N)除以相应 IMF 分量的峰值（局部最大值）数（Huang and Wu，2008）。此外，每个 IMF 组分和残差的相对重要性通过方差贡献率（%）估算，其计算如下：

$$\text{Var}\_V_i = \frac{\text{Var}(\text{IMF}_i)}{\sum_{i=1}^{n}\text{Var}(\text{IMF}_i) + \text{Var}(R_n)} \qquad (3.19)$$

$$\text{Var}\_V_r = \frac{\text{Var}(R_n)}{\sum_{i=1}^{n}\text{Var}(\text{IMF}_i) + \text{Var}(R_n)} \qquad (3.20)$$

式中，$\text{Var}(\text{IMF}_i)$ 是第 i 个 IMF 分量的方差；$\text{Var}(R_n)$ 是残差的方差；Var_V_i 和 Var_V_r 分别表示第 i 个 IMF 和残差的方差贡献率。

3.1.3 亚洲中部干旱区草地生产力时空变化的统计分析

本节将 Theil-Sen 斜率方法用于检测时间序列数据的线性趋势。Theil-Sen 趋势分析（Sen，1968）是一种不受线性回归假设约束的非参数中值方法（Mariano et al.，2018），用于量化时间序列（例如 ANPP、PNPP 和 HNPP）在时间内的变化量，公式如下：

$$\text{Sen}_{\text{slope}} = \text{Median}\left(\frac{\text{NPP}_j - \text{NPP}_i}{j-i}\right), \forall i < j \qquad (3.21)$$

式中，n 是时间序列的长度，$0 < i < j < n$。Theil-Sen 斜率分析的显著性检验，设置为 0.05 显著性水平（$P < 0.05$）。

采用 Pearson 相关分析分析草地 ANPP 与气候因子（降水和温度）的相关关系。相关系数的显著性，采用学生 t 检验在 0.05 显著性水平（$P < 0.05$）计算得到。

3.1.4　气候变化与人类活动对亚洲中部干旱区草地生产力变化的定量评价方法

为定量评价气候变化和人类活动对草地生产力年际变化的相对影响，参考前人的研究，基于 ANPP、PNPP 和 HNPP 的变化趋势，结合 6 种情景，从而建立定量评估方法（Xu et al.，2010；Xu et al.，2014；Yang et al.，2016；Yan et al.，2019）。ANPP 的斜率（S_{ANPP}）大于零，表示实际草地 NPP 增加，反之亦然；PNPP 的斜率（S_{PNPP}）大于零，表示气候变化促使草地 ANPP 增加，反之亦然；HNPP 的斜率（S_{HNPP}）大于零，表明人类活动有利于草地 ANPP 的增加；相反，$S_{HNPP} < 0$ 表示人类活动导致草地 ANPP 减少。

在 $S_{ANPP} > 0$（ANPP 增加）的条件下，如果 $S_{PNPP} < 0$ 与 $S_{HNPP} > 0$（情景 1），则草地 ANPP 的增加完全归因于 HA。因为负的 S_{PNPP} 表明 CC 不利于草生长，会降低草地生产力；而正的 S_{HNPP} 表明 HA 促进草生长，从而可以提高草地生产力。因此，草地 ANPP 在情景 1 下的增加归因于 HA（HAI）。如果 S_{PNPP} 和 S_{HNPP} 都为正（情景 2），草地 ANPP 的增加是由气候变化和人类活动共同导致的，因为正的 S_{PNPP} 和 S_{HNPP} 表明 CC 和 HA 都有利于草的生长。因此，情景 2 表示在 CC 和 HA（BCHI）的综合影响下草地 ANPP 增加。如果 S_{PNPP} 为正、S_{HNPP} 为负（场景 3），草地 ANPP 的增加完全归因于 CC。因为正的 S_{PNPP} 表明 CC 促进草地生产力的增加，而负的 S_{HNPP} 表明 HA 导致草地生产力下降。因此，在这种情况下，草地 ANPP 的增加是由 CC 引起的（CCI）。

在 $S_{ANPP} < 0$（ANPP 减少）的条件下，如果 S_{PNPP} 为正、S_{HNPP} 为负（情景 4），草地 ANPP 的减少完全归因于 HA。正的 S_{PNPP} 表明 CC 促进草生长，从而促进草地生产力增加，而负的 S_{HNPP} 表示 HA 对草生长有害，并导致草地生产力下降。因此，草地 ANPP 的减少是在该情景下的 HA 引起的（HAD）。如果 S_{PNPP} 和 S_{HNPP} 都为负（情景 5），草地 ANPP 的减少是由气候变化和人类活动共同引起的。因为负的 S_{PNPP} 和 S_{HNPP} 分别表明气候变化和人类活动都对草生长不利，并导致草地生产力下降，所以情景 5 表示由于气候变化和人类活动（BCHD）的共同影响下导致草地 ANPP 的减少。如果 S_{PNPP} 为负且 S_{HNPP} 为正（场景 6），草地 ANPP 的下降则完全归因于 CC。因为负的 S_{PNPP} 表明 CC 导致草地生产力降低，而正 S_{HNPP} 表明 HA 促进草地生产力的增加，所以在第 6 种情景中，草地 ANPP 的减少归因于 CC（CCD）。表 3.1 总结了气候变化和人类活动对草地 ANPP 变化的单独或组合影响的不同情景设计。

表 3.1　定量评估气候变化与人类活动对草地 ANPP 影响的情景方法

S_{ANPP}	S_{PNPP}	S_{HNPP}	不同情景	气候变化与人类活动对草地生产力的相对影响
	−	+	情景 1	人类活动导致 ANPP 增加（HAI）
$S_{ANPP} > 0$	+	+	情景 2	气候变化与人类活动驱动 ANPP 增加（BCHI）
	+	−	情景 3	气候变化导致 ANPP 增加（CCI）

续表

S_{ANPP}	S_{PNPP}	S_{HNPP}	不同情景	气候变化与人类活动对草地生产力的相对影响
	+	−	情景 4	人类活动导致 ANPP 减少 (HAD)
$S_{ANPP} < 0$	−	−	情景 5	气候变化与人类活动驱动 ANPP 减少 (BCHD)
	−	+	情景 6	气候变化导致 ANPP 减少 (CCD)

注：S_{ANPP}、S_{PNPP} 和 S_{HNPP} 分别表示 ANPP、PNPP 和 HNPP 的斜率。

3.2　中亚草地生产力不同时间尺度的变化特征

3.2.1　中亚草地生产力月尺度变化特征分析

利用 CASA 模型模拟过去 34 年中亚草地月尺度实际的地上 NPP，进一步对研究时段内求区域平均，计算得到每一年中月 NPP 的变化曲线，从而来研究中亚草地实际 NPP 的年内变化规律（图3.2）。从图3.2可以发现，中亚草地 NPP 呈单峰变化规律，并在每年的6月达到最大值（24.18±2.72 gC/(m²·a)），中亚草地 NPP 主要集中在3～10月的生长季，而在非生长季草地 NPP 较低。总体而言，年内草地 NPP 的平均值为8.73±1.06 gC/(m²·a)。

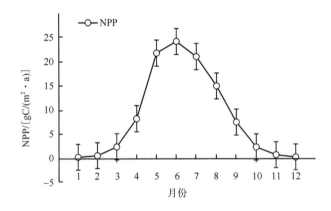

图3.2　1982～2015年中亚草地 NPP 月变化特征（误差棒代表标准差）

3.2.2　中亚草地生产力季节尺度变化特征分析

在季节尺度上，中亚草地在过去 34 年中表现出不同的时间变化特征，且不同季节时间变化的差异性较为明显（图3.3）。趋势上，中亚草地在秋冬季节呈微弱（$p > 0.05$）下降趋势，年际变化率分别为 –0.001 6 gC/(m²·a) 和 –0.001 2 gC/(m²·a)［图3.3（a）和（d）］；中亚草地在春夏季呈上升的变化趋势，特别是在春季，草地生产力上升趋势显著（$p < 0.001$），春夏年际变化率分别为 0.086 9 gC/(m²·a) 和 0.036 1 gC/(m²·a)［图3.3（c）和（b）］。不同季节的平均值分别为：冬季：0.433 gC/(m²·a)，春季：10.839 gC/(m²·a)，

夏季：20.077 gC/(m² · a)，秋季：3.582 gC/(m² · a)。从不同季节的平均值不难看出，中亚草地生产力主要集中在春、夏两个季节，特别是夏季草地生产力远高于其他季节，秋、冬季节草地生产力处于相对较低的水平。主要原因在于，中亚地区主要的草地类型分为荒漠草地、草原草地以及高寒草地等，对于秋冬季高纬度和高海拔地区的草原草地和高寒草地处于休眠状态，生产力极低，在这两个季节中亚草地生产力的贡献主要来源于低海拔荒漠地区的荒漠草地。春夏季节，冰雪融化，温度上升，植被活性得到恢复，光合作用增强，从而促进草地增长，草地生产力增加，因此在春夏季草地生产力处于较高的水平。

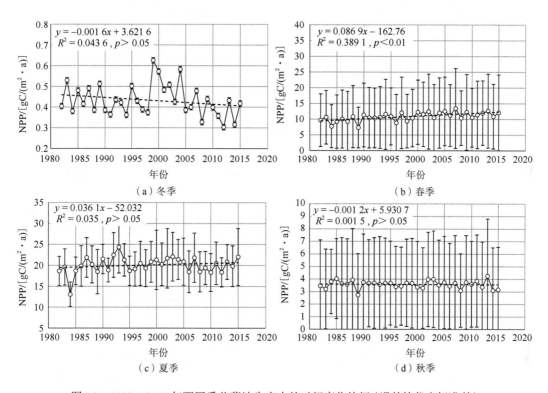

图 3.3　1982～2015 年不同季节草地生产力的时间变化特征（误差棒代表标准差）

3.2.3　中亚草地生产力年际尺度变化特征分析

由于气候和人为影响，植被通常会表现出以长期和短期波动为特征的非线性和非平稳变化。因此，草地生产力的变化除了基本的年际变化外，还可能包括年际周期性变化的规律。为了揭示年际草地 NPP 变化的潜在成分，基于 EEMD 方法在像素尺度上进行了多时间尺度年际变化分析。草地 ANPP 和 PNPP 在不同时间尺度的年际变化如图 3.4 所示。每个 IMF 的准周期和残差对应的方差贡献率是通过对所有网格单元值取平均值计算得到（图 3.4）。

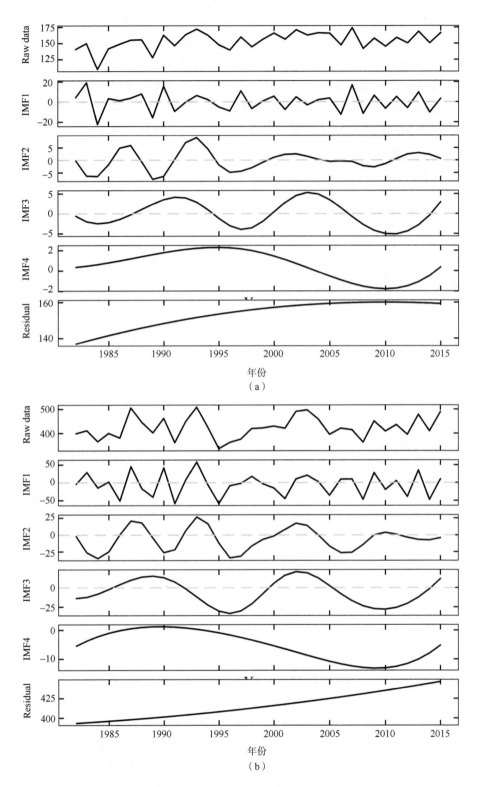

图3.4 年际尺度上ANPP（a）和PNPP（b）的周期和趋势变化特征

从图 3.4 和表 3.2 中可以看到，ANPP 和 PNPP 的变化可以分解为四个 IMF 分量和一个残差，表明中亚草地 NPP 由五个潜在变化分量组成。ANPP 有 3.0 年、5.7 年、11.3 年和 32.0 年的准周期性变化特征，PNPP 的周期为 3.0 年、6.8 年、11.3 年和 28.0 年。其中，残差分量揭示了原始草地 ANPP 和 PNPP 年际变化的总体趋势，即长期和非线性增加趋势 [图 3.4(a)～(b)]。此外，从统计结果可以发现，只有 IMF1 具有统计显著性（表 3.2），表明 3 年周期的 IMF1 具有重要的内在物理意义，揭示了中亚草地年际变化重要的特征。此外，IMF1 和残差在 ANPP（52.75% vs. 31.17%）和 PNPP（53.53% vs. 15.29%）中的方差贡献大于其他分量（表 3.2），表明中亚草地变化的主要特征不仅具有长期变化规律，而且具有 3 年的振荡周期。

表 3.2　中亚草地 ANPP 与 PNPP 的 IMF 分量与残差的平均准周期和方差贡献

NPP 类型	参数	IMF1	IMF2	IMF3	IMF4	残差
	准周期	3.0*	5.7	11.3	32.0	—
ANPP	方差贡献 /%	52.75	9.03	5.94	1.12	31.17
	排序	1	3	4	5	2
	准周期	3.0*	6.8	11.3	28.0	—
PNPP	方差贡献 /%	53.53	14.97	14.77	1.43	15.29
	排序	1	3	4	5	2

* 表示具有显著性（$P < 0.05$）。

3.3　中亚草地生产力空间变化特征

3.3.1　中亚草地实际生产力空间分布格局

中亚草地实际生产力的平均空间分布如图 3.5 所示。在气候变化和人类活动影响下，草地实际生产力在整个区域具有明显的空间异质性。此外，低值 NPP [$0 \sim 100$ gC/($m^2 \cdot a$)] 占总面积的 27.4%，主要分布在里海东部海岸线，经哈萨克斯坦南部，到巴尔喀什湖，以及塔克拉玛干沙漠和古尔班通古特沙漠的边缘。近 67.1% 的草地实际生产力呈现出从哈萨克斯坦南部向哈萨克斯坦北部、从低地向高海拔地区增加。在这些地区，大部分实际草地生产力的范围为 $100 \sim 300$ gC/($m^2 \cdot a$)。NPP 高值区 [超过 300 gC/($m^2 \cdot a$)，5.5%] 主要出现在阿尔泰山、天山和帕米尔高原西部。总体而言，1982～2015 年中亚地区的平均草地实际生产力约为 153.7 gC/($m^2 \cdot a$)。

3.3.2　中亚草地实际生产力空间变化特征分析

草地实际生产力的变化趋势具有明显的空间异质性（图 3.6），这是由于不同时空尺度上不同驱动力造成的。从 1982 年到 2015 年，草地实际生产力的长时间变化以 0.24 gC/($m^2 \cdot a$) 的速率呈略微增加的趋势（图 3.6）。空间上，平均增量为 1.01 gC/($m^2 \cdot a$) 的地

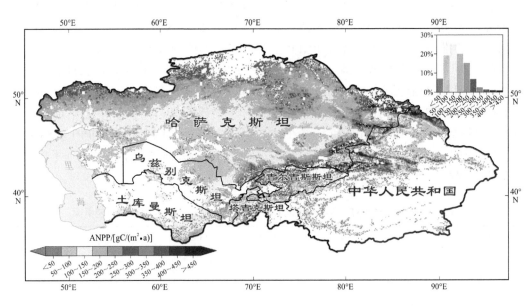

图3.5　1982～2015年中亚草地实际初级生产力空间分布格局

区主要分布在哈萨克斯坦中东部、天山和阿尔泰山脉以及中国新疆南部的部分地区。这些地区占草地总面积的76.2%。此外，草地总面积的23.8%以平均0.40 gC/(m²·a)的速率下降，这些地区主要分布在哈萨克斯坦西部、咸海盆地和中国新疆北部部分地区（图3.6）。

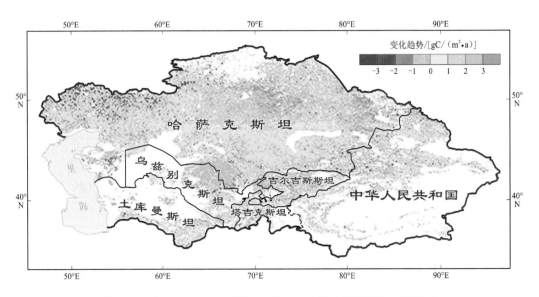

图3.6　1982～2015年中亚草地实际初级生产力空间变化趋势格局

3.3.3　中亚草地潜在生产力空间变化特征分析

中亚草地潜在生产力的空间变化趋势格局与实际生产力的变化趋势格局相似，就整个中亚地区而言，潜在草地生产力以 1.90 gC/(m²·a) 的速率增加。潜在草地生产力呈上升趋势的地区，约占草地总面积的 83.4%，主要分布在天山山脉和哈萨克斯坦的大部分地区（图3.7）。大约 16.6% 的潜在草地生产力呈下降趋势，主要分布在哈萨克斯坦西部、土库曼斯坦部分地区以及中国新疆北部和东部部分地区（图3.7）。

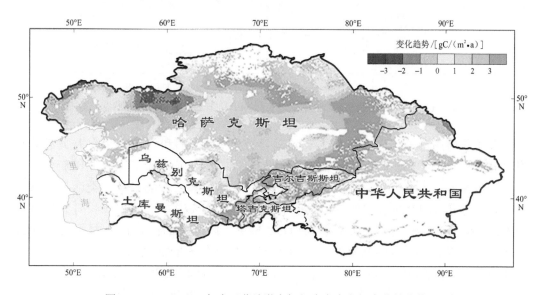

图3.7　1982～2015年中亚草地潜在初级生产力空间变化趋势格局

3.4　气候变化与人类活动对中亚草地生产力时空变化特征的影响

3.4.1　定量评价气候变化与人类活动对中亚草地生产力的相对影响

基于表3.1的定量评估方法，气候变化和人类活动对中亚草地ANPP变化的定量评价结果如图3.8。结果反映了气候变化、人类活动以及它们的相互作用如何在时空尺度上影响中亚草地ANPP的变化。对于过去30多年的草地实际生产力变化，其呈上升趋势的地区（50.6%）以气候驱动为主；其次是气候变化与人类活动共同驱动ANPP增加（16.8%）和人类活动单独导致ANPP增加（8.8%）。气候引起ANPP增加主要集中在哈萨克斯坦中部的哈萨克草原；人类活动单独导致ANPP增加以及气候变化与人类活动共同驱动引起的ANPP增加，主要位于中国新疆和哈萨克斯坦北部的大部分地区，以及

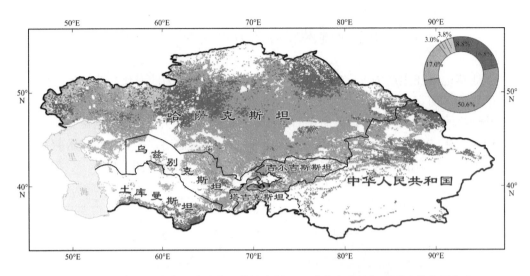

图3.8　气候变化和人类活动对中亚草地实际NPP动态变化的相对影响的空间分布

吉尔吉斯斯坦的部分地区。虽然人类活动导致ANPP增加和气候变化与人类活动共同驱动引起的ANPP增加仅占草地总面积的25.6%,但它们主要集中在中国新疆、哈萨克斯坦和吉尔吉斯斯坦,尤其是新疆和哈萨克斯坦人类活动以及人类活动与气候变化共同导致ANPP的增加就占87%(图3.8)。近23.8%的草地面积在长时间尺度上表现出ANPP下降的趋势。人类活动造成ANPP下降区域的面积占总面积的17.0%;其次是气候变化导致ANPP减少(3.8%)和气候变化与人类活动共同驱动ANPP减少(3.0%)。ANPP下降的区域主要分布在哈萨克斯坦西部和咸海盆地(图3.8)。气候变化导致ANPP减少和气候变化与人类活动共同驱动ANPP减少的区域,主要分布在哈萨克斯坦西部和乌兹别克斯坦部分地区(图3.8)。总体而言,与人类活动(25.8%)的影响相比,气候变化(54.4%)仍然是导致中亚大部分地区草地生产力长期变化的主要驱动因素。

气候变化和人类活动对中亚六个地区长时间尺度草地ANPP变化的相对影响存在显著差异(图3.9和表3.3)。就气候变化和人类活动对哈萨克斯坦草地ANPP的影响,其中气候是导致该地区ANPP在长时间尺度增加的主导因素(气候变化导致增加:53.7%),而人类活动主要导致草地生产力退化(人类活动导致减少:16.6%)(图3.9和表3.3)。对于吉尔吉斯斯坦和塔吉克斯坦草地生产力的变化,气候变化和人类活动的单一或交互作用下促进草地ANPP在长时间尺度上不断增加(图3.9和表3.3)。与以上三个中亚国家情况不同的是,人类活动是乌兹别克斯坦和土库曼斯坦草地ANPP在长时间尺度上退化的主要原因,造成乌兹别克斯坦草地ANPP下降39.8%,土库曼斯坦草地ANPP下降23.3%(表3.3),而气候变化是这两个国家草地生产力增加的因素,分别占42.4%和27.0%(图3.9和表3.3)。就中国新疆草地ANPP长时间尺度变化的主导因素而言,主要表现为增加的趋势,这主要得益于中国近几十年来不断加强的生态环境保护,如草地重大生态工程建设与实施等,其中,气候变化在长期时间尺度上促进了34.9%的草地ANPP增加;人类活动导致ANPP增加和人类活动与气候变化共同作用下驱动 ANPP 增加的占比表明人类活动有利于中国新疆草地 ANPP 的增加，特别是人类活动导致的草地生产力增加量远高于中亚五国，其占比为 21.0%。

表 3.3 中亚地区气候变化、人类活动及这两种因子共同作用下草地 ANPP 增减影响结果

不同国家	HAI	BCHI	CCI	HAD	BCHD	CCD
KAZ	7.4	15.3	53.7	16.6	3.1	4.0
KYZ	0.1	22.1	69.0	8.8	0.0	0.0
TJK	3.7	19.8	65.0	11.0	0.3	0.3
UZB	3.2	6.8	42.4	39.8	5.5	2.3
TKM	16.8	21.9	27.0	23.3	3.3	7.6
XJ	21.0	26.6	34.9	11.2	2.8	3.5

注：KAZ——哈萨克斯坦；UZB——乌兹别克斯坦；TKM——土库曼斯坦；TJK——塔吉克斯坦；XJ——中国新疆；其中 HAI 与 HAD 分别表示人类活动导致草地实际生产力增加和减少；CCI 和 CCD 分别表示气候变化驱动草地实际生产力增加和减少；BCHI 与 BCHD 分别表示气候变化与人类活动共同驱动草地实际生产力的增加或减少。

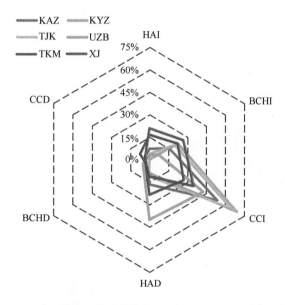

图 3.9 中亚地区草地 ANPP 在气候变化、人类活动或两者交互影响下的统计结果
图中，HAI 与 HAD 分别表示人类活动导致草地实际生产力增加和减少；CCI 和 CCD 分别表示气候变化驱动草地实际生产力增加和减少；BCHI 与 BCHD 分别表示气候变化与人类活动共同驱动草地实际生产力的增加或减少。

3.4.2 主要气候因子对中亚草地生产力的影响分析

在半干旱和干旱区生态系统中，植被对气候变化极为敏感。气候因素，例如降水和温度，可以通过改变草地生态系统的水热条件来决定植被生长 (Li et al.，2015)。研

究结果发现，气候变化主导长时间尺度上草地生产力增加，增加的面积占中亚草地总面积总和的54.4%（图3.8）。该结果证实了气候变化是中亚大部分地区草地ANPP长时间动态变化的主要驱动因素，并且气候变化促进草地生产力增加（气候变化驱动ANPP增加：50.6%）主要发生在中亚五个独立国家的大部分地区（图3.8），这表明气候变化对于这些地区草地的变化具有重要的调控作用，因此，对于这些地区制定合理的适应气候变化的政策，有利于防止当前和未来气候变化所导致的草地退化和荒漠化。

中亚大部分地区草地ANPP与降水量呈显著正相关，而在阿尔泰山、天山、帕米尔高原等山区则呈负相关，如图3.10所示。然而，除部分山区和丘陵外，中亚大部分地区的草地ANPP与温度之间没有显著相关性。这表明中亚草地ANPP对降水变化的敏感性度高于温度（De Beurs et al.，2009；Zhang et al.，2016）。因此，降水是影响草地ANPP动态变化的主要气候因素，与以往在中亚的研究结论一致（Eisfelder et al.，2014；Chen et al.，2019）。

研究进一步发现，大多数受气候变化驱动草地实际生产力减少和气候变化驱动草地实际生产力增加影响的区域（图3.8）分别也经历了降水减少和增加的趋势（图3.10）；在这些地区，草地生产力的变化与降水又呈显著相关（图3.10），这进一步证实了降水作为主要的气候因子是造成中亚地区草地ANPP变化的关键因素，主要原因在于降水决定了植被生长的最大可用水量，降水减少可能会降低草地对水分的获取，从而影响到光合作用过程，抑制有机物质的产生，最终降低草地生产力。

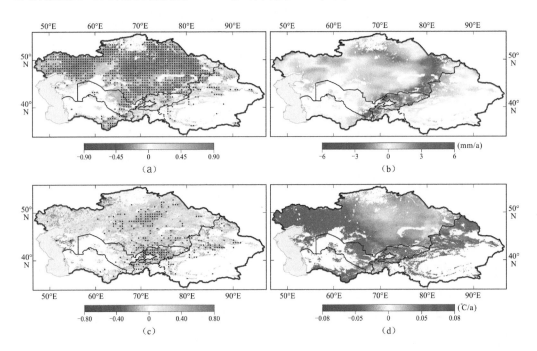

图3.10　1982～2015年中亚草地生态系统ANPP与气候因子（降水和温度）相关关系的空间分布格局

图中，黑点代表具有显著相关性的区域（$p<0.05$）[（a）和（c）]；1982～2015年中亚草地区域年总降水量（PREC）和年平均温度（TEMP）的空间趋势[（b）和（d）]。

中亚的降水具有明显的空间异质性。降水并非在所有地区对于草地的生长都有促进作用。山区和丘陵地区草地 ANPP 与降水呈负相关，但与温度呈显著正相关（图3.10）。这是因为山区气温升高可以提高植被活力，促进植物光合效率。相反，山区额外的供水（比如地下水）可能会削弱植被对大气降水的依赖，从而对降水的变化变得不那么敏感。因此，在这些地区温度成为了影响草地生产力的主导因素。此外，随着20世纪90年代以来中亚地区气温的快速升高（Mannig et al.，2013），野火发生的频率也越来越高，这直接影响了该地区的草地生产力（Sorg et al.，2012），比如Chen等（2017）的研究表明，过去十年中亚地区因火灾事件造成的草地生产力损失约为7.8 Tg C/a，表明火灾事件可能是该地区草地 ANPP 降低的另一个主要驱动因素。

然而在一些地区，例如中国新疆大部分地区和咸海盆地，草地 ANPP 与气候因素（降水或温度）之间没有显著相关性。在这些地区，草地生产力的变化更可能是由人类活动的单一因素或受气候变化与人为因素的交互影响控制。

3.4.3　主要人类活动对中亚草地生产力的影响分析

以放牧、人口增加和生态工程计划等为代表的人类活动，被认为是草地长期和短时间动态变化的关键驱动因素。这些人类活动可能会在不同时间尺度上增加或减少草地生产力。前面章节的研究结果发现［即通过人类活动导致 ANPP 增加（HAI）和减少（HAD）结果］，人类活动在中亚草地生态系统的变化中具有重要作用。在长时间尺度上，人类主导的草地 ANPP 变化的面积分别占整个中亚草地面积的25.8%（图3.8），这与之前的研究极度一致（Huang et al.，2018；Chen et al.，2019）。

放牧是影响中亚草地生产力变化的主要人类活动之一（Karnieli et al.，2008；Chen et al.，2017）。Yusupov（2003）曾经报道，过度放牧造成了该地区大约44%的土地退化。通过获取中亚五个独立国家和中国新疆的牲畜总数，以探讨放牧压力对草地 ANPP 的影响。整个中亚的牲畜量在1995年以前呈相对稳定的状态，随着苏联的解体，总放牧量呈断崖式下降，而后呈快速增加，特别是在2000年以后增加明显，这表明地区社会发展和制度的变化直接影响到整体牲畜量的变化，值得注意的是，六个地区畜牧量的变化趋势各不相同［图3.11（a）］。随着苏联解体，土库曼斯坦和乌兹别克斯坦的牲畜数量没有受到任何影响，仍然呈持续上升趋势［图3.11（a）］；放牧压力的增加，可能会导致这两个国家的草地生产力持续降低，而前面章节的结果也证实了这一结论，表明人类活动是导致土库曼斯坦和乌兹别克斯坦两个国家草地生产力下降的主要驱动因素（图3.9）。哈萨克斯坦牲畜数量在2000年前急剧下降，2000年后有所增加，虽然随着苏联解体放牧压力在短时间内有所减轻，从而有利于短期内草地 ANPP 的恢复，但哈萨克斯坦整体放牧量仍然处于较高的水平，因此从长时间尺度上来看，受长期放牧影响，哈萨克斯坦草地仍表现为生产力下降的趋势。之前章节的研究结果同样证实了在长时间尺度上人类活动主要导致哈萨克斯坦草地 ANPP 降低（图3.9）。此外，由于苏联解体后哈萨克斯坦政府政策发生变化，特别是在哈萨克斯坦北部地区，过度放牧有所缓解，大量牧场被废弃并转变为草地，这样的过程有助于这些区域恢复草地生产力（图3.8）。

苏联解体后，吉尔吉斯斯坦和塔吉克斯坦的牲畜数量保持在较低水平，这些地区人类活动对草地生产力变化的影响较小，主要驱动因子为气候变化，因此，草地ANPP在气候变化影响下呈现增加的趋势。

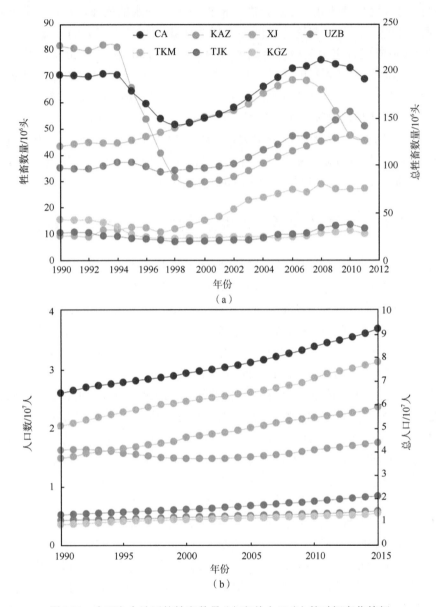

图3.11　中亚六个地区的牲畜数量 (a) 和总人口 (b) 的时间变化特征

注：CA表示整个中亚，其他缩写代表不同区域，见表3.3。

　　在中国新疆，自2000年中国政府为防止草地退化和荒漠化，在"退牧计划"（GWP）等生态工程启动和实施后，牲畜数量有所减少［图3.11（a）］。3.4.1章节的结果表明，在长期时间尺度上，人类活动在中国新疆草地生产力变化方面具有重要作用，且主要表现为人类活动促进草地生产力增加，中国新疆是人类活动对中亚草地生产力恢复贡献最大的地区之一（表3.3），这意味着中国生态工程的建设和实施有利于草地生产力的长期恢复（Qi et al.，2019）。Zhang等（2019）同样表明，中国新疆草地ANPP的增加主要得益于中国实施的一系列生态工程措施。

人口增长和经济快速发展是影响中亚草地ANPP的另外两个因素，这与人类通过直接和间接的方式对草地ANPP的占用有关（Ma et al.，2012）。从1982年到2015年，中亚的总人口增加了3.7×10^7[图3.11(b)]，因此，人口的增加和生活水平的提高可能会导致人均食物（如肉、奶）消费量的增加，从而导致人类对草地的占用量增加，进一步导致草地ANPP的减少。此外，在哈萨克斯坦的乌斯秋尔特高原、土库曼斯坦的大部分地区以及咸海盆地周边地区建立了许多采矿、石油和化学工业。自然资源的开发可能严重影响到这些区域的草地生长状况，过去几十年过度的资源开采导致了该地区草地生产力下降，这也解释了3.4.1节中咸海盆地等区域人类活动是导致这些地区草地ANPP下降的主要原因（图3.7）。

参 考 文 献

AHLSTROM A, et al. 2015. The dominant role of semi-arid ecosystems in the trend and variability of the land CO_2 sink. Science, 348(6237): 895-899.

CHEN T, et al. 2019. Disentangling the relative impacts of climate change and human activities on arid and semiarid grasslands in Central Asia during 1982–2015. Science of The Total Environment, 653: 1311-1325.

CHEN Y, et al. 2017. Quantitative assessment of carbon sequestration reduction induced by disturbances in temperate Eurasian steppe. Environmental Research Letters, 12(11): 115005.

DE BEURS K M, et al. 2009. Dual scale trend analysis for evaluating climatic and anthropogenic effects on the vegetated land surface in Russia and Kazakhstan. Environmental Research Letters, 4(4): 045012.

EISFELDER C, et al. 2014. Net primary productivity in Kazakhstan, its spatio-temporal patterns and relation to meteorological variables. Journal of Arid Environments, 103(8): 17-30.

ESSER G. 2010. Sensitivity of global carbon pools and fluxes to human and potential climatic impacts. Tellus, 39B(3): 245-260.

GAFUROV Z, et al. 2018. Modifying hargreaves-samani equation for estimating reference evapotranspiration in dryland regions of Amudarya River Basin. Agricultural Sciences, 9(10): 1354-1368.

GUO H. 2018. Steps to the digital Silk Road. Nature, 554(7690): 25-27.

HABERL H, et al. 1997. Quantifying and mapping the human appropriationof net primary production in earth's terrestrial ecosystems. Proceedings of the National Academy of Sciences, 104(31): 12942-12947.

HAN Q, et al. 2016. Simulated grazing effects on carbon emission in Central Asia. Agricultural & Forest Meteorology, 216: 203-214.

HARGREAVES G H, SAMANI Z A. 1985. Reference crop evapotranspiration from temperature. Applied Engineering in Agriculture, 1(2): 96-99.

HUANG N E, et al. 1998a. The empirical mode decomposition and the Hilbert spectrum for nonlinear and non-stationary time series analysis. Proceedings of the Royal Society A Mathematical Physical & Engineering Sciences, 454(1971): 903-995.

HUANG N E, et al. 1998b. The empirical mode decomposition and the Hilbert spectrum for nonlinear and non-stationary time series analysis. Proceedings Mathematical Physical & Engineering Sciences, 454(1971): 903-995.

HUANG N E, WU Z. 2008. A review on Hilbert-Huang transform: method and its applications to geophysical studies. Reviews of Geophysics, 46(2): 1-23.

HUANG X, et al. 2018. Temporospatial patterns of human appropriation of net primary production in Central Asia grasslands. Ecological Indicators, 91: 555-561.

JIANG L, et al. 2017. Vegetation dynamics and responses to climate change and human activities in Central Asia. Science of The Total Environment, 599-600: 967-980.

KARNIELI A, et al. 2008. Assessing land-cover change and degradation in the Central Asian deserts using satellite image processing and geostatistical methods. Journal of Arid Environments, 72: 2093-2105.

LI Z, et al. 2015. Potential impacts of climate change on vegetation dynamics in Central Asia. Journal of Geophysical Research: Atmospheres, 120(24): 12345-12356.

LIETH H. 1975. Modeling the Primary Productivity of the World. Springer-Verlag, 237-268.

LIETH H, BOX E. 1972. Evapotranspiration and primary productivity: C.W Thornthwaite memorial model. Publ. Climatol., 25(2): 37-46.

LIETH H, Robert H. 1975. Primary Productivity of the Biosphere. Springer Berlin Heidelberg(Chapter 12): 237-263.

LIOUBIMTSEVA E, et al. 2005. Impacts of climate and land-cover changes in arid lands of Central Asia. Journal of Arid Environments, 62(2): 285-308.

LIU H, et al. 2018. Spatial heterogeneity of the relationship between vegetation dynamics and climate change and their driving forces at multiple time scales in Southwest China. Agricultural and Forest Meteorology, 256–257: 10-21.

LIU Y, et al. 2019. Assessing the effects of climate variation and human activities on grassland degradation and restoration across the globe. Ecological Indicators, 106: 105504.

MA T, et al. 2012. Simulating and estimating tempo-spatial patterns in global human appropriation of net primary production(HANPP): A consumption-based approach. Ecological Indicators, 23: 660-667.

MALEK E. 1987. Comparison of alternative methods for estimating ETp and evaluation of advection in the Bajgah area, Iran. Agricultural and Forest Meteorology, 39(2): 185-192.

MANNIG B, et al. 2013. Dynamical downscaling of climate change in Central Asia. Global Planet Change, 110: 26-39.

MARIANO D A, et al. 2018. Use of remote sensing indicators to assess effects of drought and human-induced land degradation on ecosystem health in Northeastern Brazil. Remote Sensing of Environment, 213: 129-143.

MIAO L, et al. 2015. Future climate impact on the desertification in the dry land Asia using AVHRR GIMMS NDVI3g data. Remote Sensing, 7(4): 3863-3877.

POTTER C S, et al. 1993. Terrestrial ecosystem production—a process model-based on global satellite and surface data. Global Biogeochemical. Cycles, 7: 811-841.

QI X, et al. 2019. Relative importance of climate change and human activities for vegetation changes on China's silk road economic belt over multiple timescales-ScienceDirect. Catena, 180: 224-237.

SEN K P. 1968. Estimates of the Regression Coefficient Based on Kendall's Tau. Publications of the American Statistical Association, 63(324): 1379-1389.

SORG A, et al. 2012. Climate change impacts on glaciers and runoff in Tien Shan(Central Asia). Nature Climate Change, 2(10): 725-731.

UGBAJE S U, et al. 2017. Assessing the spatio-temporal variability of vegetation productivity in Africa: quantifying the relative roles of climate variability and human activities. International Journal of Digital Earth, 10(9): 879-900.

WANG X, et al. 2009. Responses of dune activity and desertification in China to global warming in the twenty-first century. Global and Planetary Change, 67(3-4): 167-185.

WESSELS K J, et al. 2008. Mapping land degradation by comparison of vegetation production to spatially derived estimates of potential production. Journal of Arid Environments, 72(10): 1940-1949.

WU Z, HUANG N. 2009. Ensemble empirical mode decomposition: a noise-assisted data analysis method. Advances in Adaptive Data Analysis, 1: 1-41.

XI X, SOKOLIK I N. 2016. Dust interannual variability and trend in Central Asia from 2000 to 2014 and their climatic linkages. Journal of Geophysical Research: Atmospheres, 120(23): 12175-12197.

XU D Y, et al. 2010. Multi-scale quantitative assessment of the relative roles of climate change and human activities in desertification—A case study of the Ordos Plateau, China. Journal of Arid Environments, 74(4): 498-507.

XU D, et al. 2014. The dynamics of desertification in the farming-pastoral region of North China over the past 10 years and their relationship to climate change and human activity. Catena, 123: 11-22.

YAN Y, et al. 2019. Quantitative analysis of the contributions of climatic and human factors to grassland productivity in northern China. Ecological indicators, 103: 542-553.

YANG Y, et al. 2016. Comparative assessment of grassland degradation dynamics in response to climate variation and human activities in China, Mongolia, Pakistan and Uzbekistan from 2000 to 2013. Journal of Arid Environments, 135: 164-172.

YUSUPOV S. 2003. Interaction between livestock and the desert environment in Uzbekistan. Proceedings of NATO Advanced Research Workshop "Desertification Problems in Central Asia and its Regional Strategic Development". Sweden: Peter Lang. 93-96.

ZHANG C, et al. 2016. The spatiotemporal patterns of vegetation coverage and biomass of the temperate deserts in Central Asia and their relationships with climate controls. Remote Sensing of Environment, 175: 271-281.

ZHANG G, et al. 2018. Exacerbated degradation and desertification of grassland in Central Asia. Ecological Applications, 28(2): 442-456.

ZHANG L, et al. 2001. Response of mean annual evapotranspiration to vegetation changes at catchment scale. Water Resources Research, 37(3): 701-708.

ZHANG R, et al. 2019. Publisher Correction: Grassland dynamics in response to climate change and human activities in Xinjiang from 2000 to 2014. Scientific Reports, 9: 6181.

ZHAO M, RUNNING S W. 2010. Drought-induced reduction in global terrestrial net primary production from 2000 through 2009. Science, 329(5994): 940.

ZHOU W, et al. 2014. Dynamic of grassland vegetation degradation and its quantitative assessment in the northwest China. Acta Oecologica, 55(2): 86-96.

ZHOU Y, et al. 2019. Spatiotemporal transition of institutional and socioeconomic impacts on vegetation productivity in Central Asia over last three decades. Science of The Total Environment, 658: 922-935.

第4章　中亚土地退化时空格局与特征

目前，联合国和联合国防治荒漠化公约建议使用植被净初级生产力 (NPP) 来评估土地退化。多数研究也仅使用归一化植被指数 (NDVI) 或 NPP 分析土地退化时空格局 (Becerril-Piña et al.，2016；Kundu & Dutta，2011；Li et al.，2016a；Ma et al.，2011)。虽然地表植被变化与土地退化密切相关，但其主要特征还与土壤和干旱条件有关，不能忽视。因此，本章使用多指标综合评估法监测土地退化过程。此外，多数研究仅选择几期遥感数据评估土地退化，并没有考虑到土地退化过程的特点 (Dawelbait & Morari，2012；Lamchin et al.，2016；Pan & Li，2013)。本章重点关注土地退化过程的变化特征，基于1982～2012年长时间连续序列数据集，利用综合分析法构建土地退化指数 (LDI)。然后根据土地退化发展速率划分土地退化等级，并研究不同植被类型土地退化过程的主要驱动力，助力中亚土地退化零增长目标的实现。

4.1　亚洲中部土地退化时空格局

4.1.1　亚洲中部干旱区土地退化监测指标

土地退化监测分为土地退化过程监测和土地退化风险状态监测。《联合国防治荒漠化公约》(UNCCD) 和《荒漠化世界地图集》建议对土地退化过程评估需要考虑干旱、植被退化和土壤退化等相关信息，强调使用多指标识别来描述土地退化过程的特征 (Sommer et al.，2011)。Sommer 等研究表明，土壤、气候和植被状态的变化是造成土地退化的主要原因 (Sommer et al.，2011)。根据目前可用的长时间连续性序列数据集，筛选了植被、土壤和气候条件的4个关键指标来监测土地退化过程，即归一化植被指数 (normalized difference vegetation index，NDVI)、反照率 (albedo) (Ma et al.，2011)、土壤湿度 (soil moisture index，SMI) (Lamchin et al.，2016；Lamchin et al.，2017) 和干旱指数 (standardized precipitation evapotranspiration index，SPEI) (Han et al.，2015) (表4.1)。

表4.1　不同指标数据产品信息

指标	数据产品	空间分辨率	时间分辨率	时间跨度
NDVI	GIMMS 3g 数据集	1/12°×1/12°	15天	1981～2015年
Albedo	GLASS 数据集	0.05°×0.05°	8天	1982～2012年
SMI	CCI 全球土地湿度产品	0.25°×0.25°	每天	1978～2015年
SPEI	SPEI 数据集	0.5°×0.5°	每月	1980～2017年

基于 Albedo-NDVI 特征空间的 NDVI 和反照率的组合，已被广泛应用于土地退化监测 (Ma et al., 2011; Pan et al., 2013; Becerril-Piña et al., 2016)，NDVI 可间接监测植被生物量和叶面积指数，常用于区域土地退化研究 (Kundu et al., 2011)。

反照率反映了地面对太阳辐射的吸收，并受土地覆盖类型的影响较大 (Coakley, 2003)，反照率的增加可以间接地反映植被逐渐退化为裸地的过程 (Robinove et al., 1981)。例如，高反照率是沙地和盐碱地的特征。Li 等 (2000) 研究表明，土地退化的加剧与土地表面反照率的增加密切相关。

因干旱造成的土地退化进程是 UNCCD 重点关注的目标之一 (Sommer et al., 2011)。SMI 和 SPEI 可以分别有效监测农业干旱和气候干旱。SMI 可量化土壤水分，表示每单位体积的多孔介质 (m^3/m^3) 中的含水量，可通过现场和微波测量。SPEI 可量化区域范围内的干湿状况，已在半干旱和干旱地区广泛应用于干旱极端事件的监测 (Guo et al., 2018; Wang et al., 2018)。SPEI 定义为干旱降水量与潜在蒸散量间的差值，表示气候水平衡 (Vicente-Serrano et al., 2015)。

4.1.2　中亚土地退化评估方法

基于层次分析法，开展了中亚土地退化过程研究。前人的研究中，多数采用几何平均法进行综合评估，即所有指标赋予相同的权重 (Bakr et al., 2012; Jafari et al., 2016)。但是，部分土地退化不敏感指标可能会扩大土地退化评估的误差，该方法没有考虑有关区域特征的专家意见。层次分析法 (AHP) 提供了一种整合多指标综合环境影响的方法，已广泛应用于土地退化的综合评估 (Nandy et al., 2015; Sadeghravesh et al., 2015; Wang et al., 2015; Lamchin et al., 2017)。AHP 法相对于其他权重法具有一定的优势。例如，具有灵活性以及能够评估判断结果的一致性 (Ramanathan, 2001)。同时，土地退化研究涉及多个研究领域，可以考虑不同领域专家的意见。因此，AHP 是一种研究土地退化较为合适的方法。此外，土地退化评估中的层次分析法可以揭示不同指标变化对土地退化的相对重要性，通过 AHP 获得的权重以符合特定地区的环境特征 (Budak et al., 2018)。

1. 权重确定

根据 AHP 法中成对比较矩阵来确定各监测指标的权重 (Saaty, 1977)。在成对比较矩阵中，如果土地退化指标比其他指标更重要，则可根据其重要性程度在矩阵填充 2 到 7 之间的数字。否则，该值将在 1/2 和 1/7 之间变化 (表 4.2)。成对比较矩阵中 (表 4.3)，由从事土地退化研究的 15 位专家根据两两指标相互比较，通过表 4.2 中的判别标准来确定其相对重要性。在成对比较矩阵中，我们选择了每个指标的最高频率值。权重结果表明，NDVI 和反照率是研究区土地退化过程的主要影响指标，与前人的研究结果一致。目前，多数学者分别或同时使用 NDVI 和反照率来分析土地退化的时空格局 (Kundu and Dutta, 2011; Ma et al., 2011; Li et al., 2016)。

表4.2　不同指标间的相对重要性比较

1/7	1/6	1/5	1/4	1/3	1/2	1	2	3	4	5	6	7
极其		非常		稍微		相同	稍微		非常		极其	
前者比后者不太重要							前者比后者更重要					

表4.3　土地退化的成对指标比较矩阵

指标	NDVI	albedo	SMI	SPEI	权重
NDVI	1	2(7/15)	4(6/15)	5(8/15)	0.506 5
albedo	1/2	1	2(6/15)	3(9/15)	0.265 1
SMI	1/4	1/2	1	2(10/15)	0.142 4
SPEI	1/5	1/3	1/2	1	0.086 1
Consistency ratio (CR): 0.0079					

在AHP法中，需计算一致性比率(CR)来判断是否存在随机填充成对比较矩阵的可能。当CR小于0.01时，表明矩阵结果合理且可信。否则，需更改变比较矩阵中的填充值并重新计算权重，CR值为0.0079(表4.3)，其结果可信。

$$CR = \frac{CI}{RI} \tag{4.1}$$

式中，RI为一致性指数的平均值，由Saaty提供的顺序矩阵确定(Saaty，1977)。

CI可由以下公式计算：

$$CI = \frac{m_{max} - n}{n - 1} \tag{4.2}$$

式中，m_{max}为成对比较矩阵的主要特征值；n为比较矩阵大小。

2. 指标标准化

由于评价指标的物理意义及其量纲存在差异，不能直接进行综合评价，必须对评价指标数据进行标准化处理，以解决数值不可比的问题。采用极差法对定量指标标准化，使其像元值统一到0～1之间。

定量评价指标与土地退化存在正向或负向关系。正向关系表示评价指标数值越大，土地退化程度越大；负向关系则表示评价指标数值越大，土地退化程度越小。正向指标包括albedo和干旱指数等；负向指标有NDVI和土壤湿度等。为便于进一步分析，将负向指标正向化，使其指标作用方向一致，正向指标和负向指标分别采用以下不同的标准化公式(南颖等，2013；马骏，2014)：

对于正向评价指标：

$$Y_{ik} = \frac{\max X_{ik} - X_{ik}}{\max X_{ik} - \min X_{ik}} \tag{4.3}$$

对于负向评价指标：

$$Y_{ik} = \frac{X_{ik} - \min X_{ik}}{\max X_{ik} - \min X_{ik}} \tag{4.4}$$

式中，X_{ik} 为第 k 年中第 i 个指标的实际值；Y_{ik} 为 X_{ik} 的标准化值，即第 k 年中第 i 个指标标准化值。标准值变化范围为 0～1。$\max X_{ik}$ 和 $\min X_{ik}$ 分别为实际值的最大值和最小值。

3. 综合指数计算

使用线性加权法计算得到土地退化指数（land degradation index，LDI）（Wang et al.，2008）：

$$\text{LDI} = \sum_{i=1}^{n} W_i \times Y_i \tag{4.5}$$

式中，LDI 是土地退化指数；W_i 为第 i 个指标权重；Y_i 是第 i 个指标的标准化值。

构建的土地退化指数是评估土地退化过程的新指标（LDI）。基于 LDI 时间序列数据的线性回归和 MK 显著性检验，土地退化过程可有效划分为三类：土地改善（显著减少）、稳定区（无显著减少）和土地退化（显著增加）（图 4.1）。

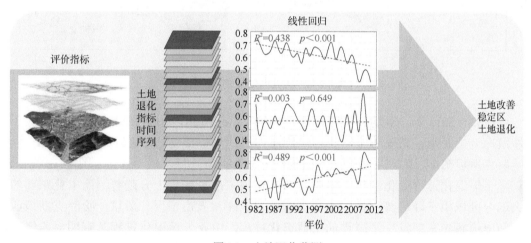

图 4.1　土地退化监测

4.1.3　中亚地区土地退化过程

土地退化过程指的是对原始土地状态的干扰或破坏，导致其失去平衡，但在无植被的流动、固定和半固定沙漠区，其基本特征长期保持不变。有学者研究表明，塔克拉玛干沙漠至少 5.3 Ma 前就形成了沙丘（Sun et al.，2006），在没有人类干扰的情况下，沙漠一直处于稳定状态，因此沙漠区要保持原有本质，不应该作为土地退化的区域看待，土地退化评估中应予以剔除。结合 Google Earth，在塔克拉玛干沙漠中选择样本，根据 1982～2012 年的 LDI 时间序列确定沙丘无植被区的提取阈值。研究中，发现当像元中有 95% 的 LDI 值超过 0.76 时，相应像元被识别为无植被或风沙丘。利用这一方法，对中亚无植被覆盖沙漠区进行掩膜处理，中亚地区无植被区的空间分布如图4.2所示。

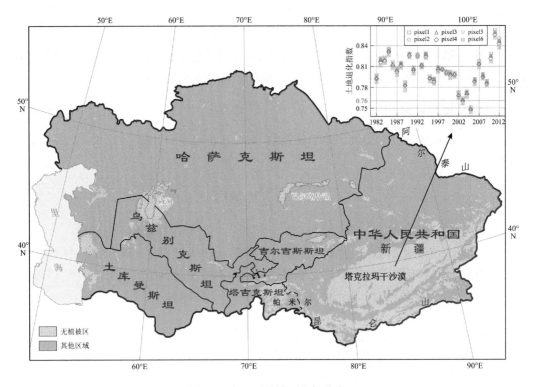

图4.2　中亚无植被区空间分布

1982～2012年，年均LDI空间分布如图4.3(a)所示，山区的年均LDI值要低于沙漠，卡拉库姆、克孜勒库姆和古尔班通古特沙漠中年均LDI值较高，高达0.8，而哈萨克斯坦东部、阿尔泰山和天山山脉中年均LDI值较低，低至0.25。图4.3(b)表示年际土地退化过程变化趋势。中亚西部和新疆东部主要呈上升趋势，而中亚东部的大部分区域中下降趋势明显，尤其在哈萨克丘陵和天山山区。所以，哈萨克斯坦西部和中国新疆东部发生了严重的土地退化过程，中亚土地退化过程具有明显的区域特征。

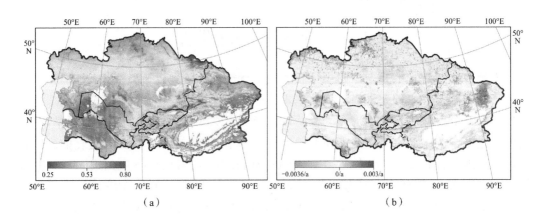

（a）　　　　　　　　　　　　　　　　（b）

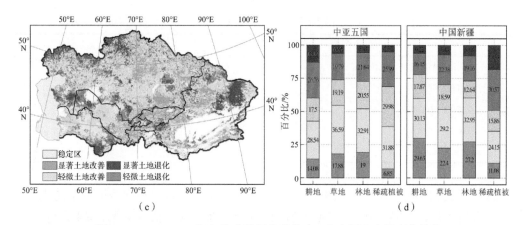

图4.3　1982~2012年年均土地退化指数(LDI)空间分布及变化趋势

(a)年均LDI的空间分布；(b)LDI的年际变化趋势；(c)变化趋势分为五类：显著土地改善、轻微土地改善、
稳定区、轻微土地退化和显著土地退化；(d)不同地区、不同植被类型的LDI变化类型百分比统计。

土地退化过程的真实性检验至关重要。LDI值不是物理参量，无法直接进行精度验证，研究采用LDI变化与NPP变化的相关性进行间接验证。2000~2012年间两者显著负相关，相关系数 R^2 高达0.523(图4.4)。

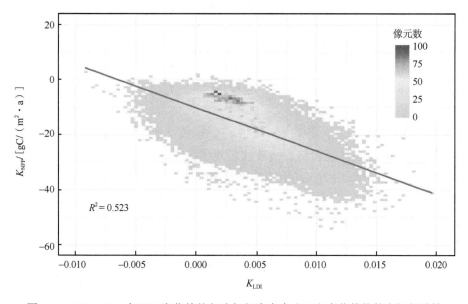

图4.4　2000~2012年LDI变化趋势与净初级生产力(NPP)变化趋势的空间相关性

将LDI变化趋势与Mann-Kendall(MK)检验结果相叠加，土地退化过程可有效地划分为五类(表4.4)。结果表明，过去30年中亚土地退化程度在空间上差异明显，生态环境正逐步改善，但某些地区的土地退化不容忽视[图4.4(c)]。其间，43.87%的植被区土地得到了轻微或显著改善，33.39%区域出现轻度或显著的土地退化，22.74%的植被区相对稳定。值得注意的是，哈萨克斯坦西部和中国新疆东部的土地退化比其他区域的更为严重。

表4.4　土地退化程度划分

S_{LDI}	Z	土地退化分类
≥0.001	≥1.96	显著退化
0.000 2～0.001	−1.96～1.96	轻微退化
−0.000 2～0.000 2	−1.96～1.96	稳定区
−0.00 1～−0.000 2	−1.96～1.96	轻微改善
<−0.001	≤−1.96	显著改善

　　各区域的LDI百分比统计结果显示，中亚五国和中国新疆不同植被类型的土地退化过程有所不同。中亚五国，耕地土地退化百分比高于其他植被类型［图4.3(d)］，其中分别有13.12%和26.76%的耕地出现了显著的和轻微的土地退化，其次为稀疏植被。对于草地和林地，土地退化面积比例几乎相同，均低于耕地和稀疏植被，分别占26.34%和27.55%。此外，草地和林地的土地改善比例分别为54.47%和51.91%，均高于耕地和稀疏植被。

　　与中亚五国的土地退化过程相比，中国新疆稀疏植被和草地退化比例高于林地的［图4.3(d)］，稀疏植被和草地的土地退化分别占48.90%和29.82%。与其相比，耕地和林地的土地改善比例较高，耕地轻微和显著改善面积比例分别占30.13%和29.63%，而林地轻微和显著改善面积比例分别占32.95%和27.20%。总之，不同植被类型、不同区域的土地退化过程存在明显空间差异。

4.1.4　土地退化过程年际突变

　　1982～2012年期间，不同地区不同植被类型的平均LDI年际动态变化如图4.5所示。中亚五国，前十年耕地和稀疏植被的LDI略有下降，而后十年耕地、草地和稀疏植被的LDI增加迅速（$P<0.01$）。大多数植被类型的土地退化过程逐渐从土地改善转变为土地退化。

　　中国新疆大多数植被类型的LDI变化显著性低于中亚五国（尤其是耕地和草地），林地的前十年和稀疏植被的后十年的LDI呈显著增加趋势。草地和林地的土地退化过程逐渐从土地退化转变为土地改善，耕地的土地退化过程则逐渐由土地改善逐渐转变为土地退化。总体来说，研究期内中亚稀疏植被分布区总体处于持续的土地退化过程中。

　　基于MK检验，土地退化过程可分为显著变化（$Z≤−1.96$或$Z≥1.96$）和无显著变化（$−1.96<Z<1.96$）。图4.6(a)结果表明，显著变化或稳定植被区主要集中在中国新疆东部。对于土地退化无显著变化区域，通过Buishand range 检验法判断其突变年份（Buishand，1982）。突变年份分为三个时间段：1982～1992年、1993～2002年和2003～2012年［图4.6(a)］。分类结果表明，哈萨克斯坦东部地区大多数突变年主要集中在1993～2002年间，而中亚西部突变年分布在2003～2012年。研究中还发现，中亚中部大部分植被区的突变年集中在1982～1992年间。

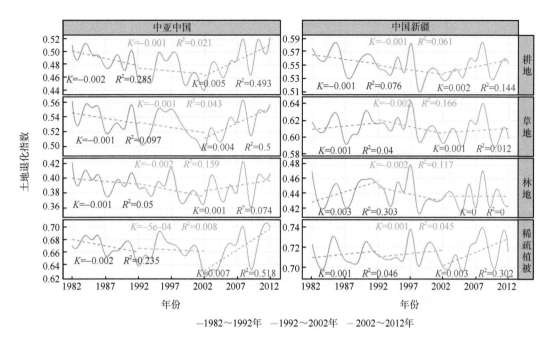

图4.5　不同地区不同植被类型的年际LDI动态变化

图4.6(b)比较了不同植被类型不同地区的突变年份。中亚五国和中国新疆在不同时间段不同植被的突变年比例有所不同。1993～2002年间中亚五国的耕地(39.49%)、草地(45.84%)和林地(47.83%)的突变年百分比最高。稀疏植被在2003～2012年间的突变年所占比例较高，其次为1993～2002年间。对于中国新疆，所有植被类型在1993～2002年间的突变年比例较高，其中包括草地、林地和稀疏植被比例超过50%。2003～2012年间中，草地(31.62%)、林地(25.74%)和稀疏植被(34.83%)的突变年比例均高于1982～1992年间。不同植被类型间，不同突变年间自然植被的差异大于人工植被，不同植被土地退化的驱动力可能会发生改变，导致土地退化的进程有所不同，尤其在1992年后比较突出。

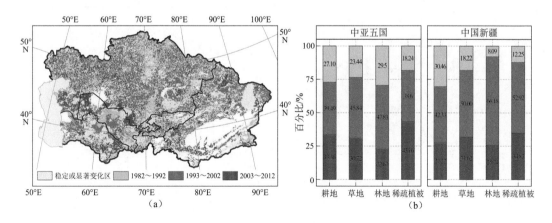

图4.6　不同时间段突变年的空间分布(a)和不同植被类型突变年的统计结果(b)

4.1.5　气候变化和人为干扰的相对作用

近几十年来，中亚气候变化剧烈。降水空间差异显著，其中中国新疆和哈萨克丘陵地带降水上升趋势明显［图4.7(a)］。大部分地区的温度呈显著上升趋势，其中中国新疆东部的变化率高达0.09 ℃/a［图4.7(b)］。评估结果证实了前人的研究结论，即中国新疆气候逐渐趋于暖湿(Shi et al.，2007；Guli·Jiapaer et al.，2015)，而中亚五国逐渐转为暖干气候(Lioubimtseva，2014；De Beurs et al.，2015)，不同的气候变化必然对土地退化过程造成不同的影响。

中亚大部分区域，LDI与降水量呈负相关关系，而与温度呈正相关［图4.7(c)～(d)］，且LDI与降水的相关性明显高于与温度的，特别是在哈萨克斯坦北部和乌斯秋尔特高原比较明显，证实了降水是全球土地退化或土地改善的主要驱动力(D'Odorico et al.，2013)。此外，由于土地退化过程受多种驱动因素共同作用，气候变化和人为干扰对土地退化过程的影响识别如图4.7(e)～(f)所示。图中大部分浅橙色和浅绿色区域表示LDI残差变化不显著，可以用气候变化来解释，包括哈萨克斯坦南部、天山和阿尔泰山的草地和林地的改善以及古尔班通古特沙漠、塔克拉玛干沙漠边缘、新疆东部和土库曼斯坦南部的稀疏植被退化。所以，气候因子是中亚自然植被退化过程的主要驱动力。

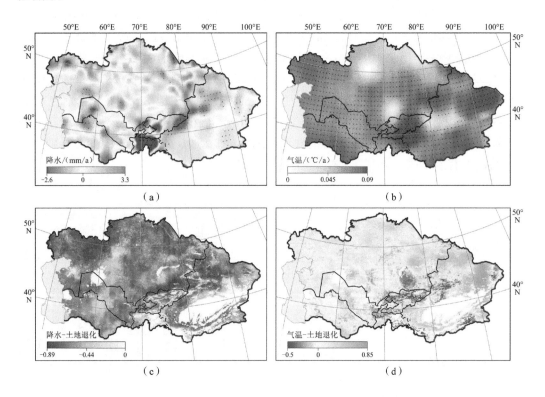

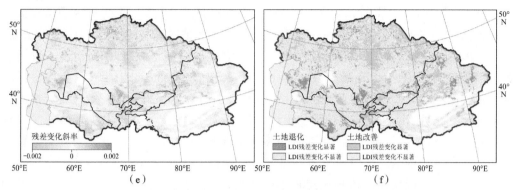

图4.7　气候因子变化趋势及LDI与气候因子回归的残差图

(a)和(b)分别表示降水和温度的年际变化趋势。黑点表示气候因子的显著变化区域。(c)和(d)分别表示LDI与降水和气温的相关系数。(e)和(f)分别表示LDI回归残差的变化趋势以及LDI变化趋势与LDI残差显著变化（p值）的叠加结果。浅绿色和浅橙色表示LDI残差变化不显著，土地退化过程可以用气候变化来解释。深绿色和深橙色表现LDI残差变化显著，土地退化过程不能由气候变化来解释，可能由人类活动引起(f)。

　　除了土地退化的气候驱动因素外，人为活动也可能影响土地退化过程。根据残差分析结果［图4.7(f)］，发现人类活动影响较大的土地退化区域，包括哈萨克斯坦东部、吉尔吉斯斯坦、塔吉克斯坦和中国新疆北部等土地改善区域，以及哈萨克斯坦南部、乌斯秋尔特高原和中国新疆东部土地退化两类地区。这些区域LDI残差变化显著，不能用气候变化来解释，主要由人类活动引起。

4.1.6　各植被类型土地退化主要驱动因素

1. 草地和林地退化主导因素

　　土地退化是多种驱动因素共同作用的结果(D'Odorico et al.，2013)。天山、阿尔泰山以及哈萨克斯坦南部的草地和林地，降水增加是导致土地改善的主要因素。中亚五国和新疆地区草地与林地的LDI与降水存在较强的负相关关系［图4.7(c)］。例如，在哈萨克斯坦南部区域，随着降雨的增加，草地得到了明显改善，部分稀疏植被转变为草原，草原生态系统的边界已向莫因库姆沙漠扩展(Chen et al.，2015)。尽管山区降水的增加可能会引发水土流失，但有助于植被生长和土地改善(Zhao et al.，2011)。土地退化动态分析表明，草地和林地的改善所占比例较大(图4.3)。此外，评估期内阿尔泰山区草地中LDI残差变化不显著［图4.7(f)］，说明这一地区草地相对保持稳定。值得注意的是，中亚西部的乌斯秋尔特高原地区因降水减少而出现部分土地退化。

　　哈萨克斯坦东部、塔吉克斯坦和吉尔吉斯斯坦的草地，牧场遗弃是土地改善的主要影响因素。原苏联时期，畜牧业得到政府的大量补贴，牲畜库存量大大超过了牧场的承载能力，过度放牧导致牧草退化严重(Hostert et al.，2011；Behnke et al.，2016)。苏联解体后，各国政治独立，政府对牲畜业的补贴取消(Karnieli et al.，2008)，牲畜业的利润大大减少。因此，哈萨克斯坦、吉尔吉斯斯坦和塔吉克斯坦畜牧业大幅减产，

1991～2002年期间，畜牧库存量分别减少了60.57%、42.12%和27.65%[图4.8(a)]。Alimaev等研究表明，由于偏远和夏季牧场的遗弃，该地区过度放牧得到缓解（Alimaev et al., 2008），草地得到明显的自然恢复。苏联解体后，畜牧业崩溃导致了牧场的人为净初级生产（HANPP）减少（Huang et al., 2018）。Robinson也表示牲畜存栏量的减少是该地区草地改善的主要原因（Robinson, 2016）。该结果与上文中突变年检测结果相一致，说明该地区大部分草地的土地退化过程的突变年主要集中在1993～2002年间（图4.6）。这种现象还与哈萨克斯坦东部的LDI残差变化结果相一致（图4.9），草地由1991年前的土地退化逐渐转变为1991年后的土地改善。与其相比，土库曼斯坦、乌兹别克斯坦和中国新疆，1990～2006年期间牲畜存栏量分别增加了35%、190.89%和54.95%[图4.8(a)]。1990年后，为了防止牲畜存栏量的下降，乌兹别克斯坦和土库曼斯坦政府继续补贴畜牧业（Robinson, 2016），牲畜存栏量有所增加导致的草场土地退化明显。在中国新疆，政府大力支持畜牧业，畜牧业已从平原地区扩大到脆弱的山区，加剧了新疆天山西部部分草原的退化（Wu et al., 2010）。如图4.9所示，该地区草地的LDI残差增加趋势显著。

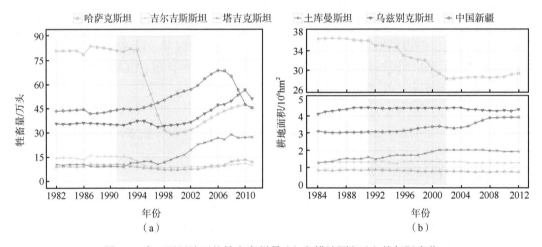

图4.8　中亚不同地区的牲畜存栏量（a）和耕地面积（b）的年际变化

红色阴影表示苏联解体后的变化。

2. 耕地退化过程的主导因素

在中亚五国和中国新疆，不同区域耕地土地退化有明显的差异性。1991年苏联解体后，中亚五国的社会经济发展模式发生了不同程度的改变。1991年后，哈萨克斯坦约有800万hm²的弃耕农田[图4.8(b)]，由于土地使用权的不稳定和农业补贴的减少，数百万公顷的耕地被撂荒（Zhou et al., 2015）[图4.8(b)]，尤其在哈萨克斯坦北部区域较集中[图4.7(f)]。干旱区植被恢复缓慢，许多弃耕地地表植被稀疏和表层土壤暴露，裸露的土壤加剧了强风蚀的土地退化（Mirzabaev et al., 2016）。哈萨克斯坦北部的耕地遭受到严重的水土流失和土壤肥力的消耗，尽管农田弃耕后土壤碳可能会增加（Fargione et al., 2008）。另外，由于农田管理不善，哈萨克斯坦农田的土壤有机质损失

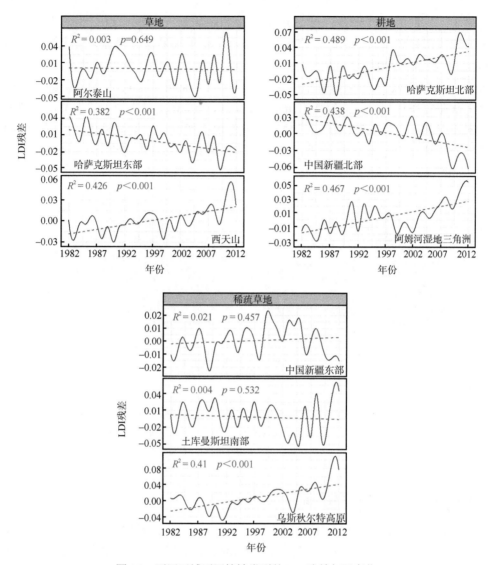

图4.9 不同区域不同植被类型的LDI残差年际变化

高达40%(Mirzabaev et al., 2016)。因此，哈萨克斯坦的耕地退化比例要高于中国新疆 [图4.3(d)]，同时发现了1991年后LDI残差的显著增加趋势高于1991年前的(图4.9)，导致哈萨克斯坦北部LDI变化的突变年主要集中在1993～2002年期间[图4.6(a)]。与其相比，中国新疆北部成片的稀疏植被被开垦为耕地[图4.8(b)](Feng et al., 2012)，新疆耕地面积从1984年的313万hm²增加到2012年的395万hm²，导致该地区LDI残差发生了显著变化(图4.9)，新疆北部LDI变化的突变年主要集中在2003～2012年期间[图4.6(a)]。但是，随着耕地的扩张，上游灌溉用水的增加，导致下游河流径流量急剧减少，从而出现玛纳斯湖和艾里克湖萎缩的现象(Cheng et al., 2006；Yao et al., 2014)。随着湖泊的持续萎缩，周边区域土地退化扩张严重。

联合国粮农组织发布的土壤盐分空间分布图表明，耕地的土壤盐渍化在咸海流域较为聚集（图4.10），特别是在地下水位较浅的阿姆河三角洲。由于地下水中的盐分通过毛细作用被吸收到生根区，植被从地下水中带上来的盐分增加表层土的土壤盐分（Khamzina et al.，2008；D'Odorico et al.，2013）。此外，由于灌溉效率低下和灌溉用水过多，咸海流域的次生土壤盐渍化较为严重（Kitamura et al.，2006）。约有62%的灌溉用水在农作物利用前被浪费（Kitamura et al.，2006），在植物生长季节，浪费的灌溉用水使得地下水位上升，在强蒸发蒸腾的作用下加剧了土壤盐碱化。所以，阿姆河三角洲农田中盐分积累比较严重，导致了该地区LDI残差变化显著（图4.9）（Forkutsa et al.，2009）。

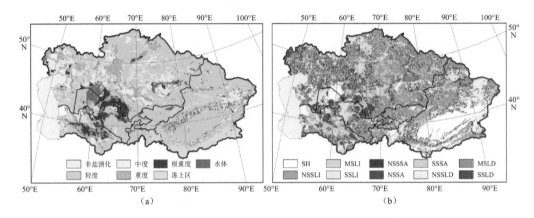

（a）　　　　　　　　　　　　　　　　（b）

图4.10　土壤盐分空间分布（a）和不同程度的土壤盐渍化和土地退化的叠加结果（b）

图中：SH：沙床；NSS：无盐度或微盐度；MS：中等盐度；SS：重度盐度；
SA：稳定区域；LD：土地退化；LI：土地改善。

3. 稀疏植被土地退化主导因素

中亚稀疏植被占植被区面积的52.18%，不同区域的稀疏植被退化过程的主要驱动因素也有所差异。在新疆，温度升高可能是影响古尔邦通古特沙漠和塔克拉玛干沙漠边缘稀疏植被退化的主要驱动力。该区域的稀疏植被退化过程主要受气候控制，尤其是降水和气温的变化（Wang et al.，2009）。尽管降水量略有增加，但土地退化持续加剧，表明降水的增加并不是影响该区域土地退化的主要因素（Wang et al.，2009），且稀疏植被的LDI值与温度的正相关性要强于其他区域［图4.7（d）］。因此，温度升高会抑制稀疏植被的生长，从而加剧了土地退化（图4.5）。而在塔里木河中游，稀疏植被退化主要由人类活动造成的［图4.7（f）］，中游人工引水以致河流两岸的植被覆盖度下降（Guo et al.，2017）。

除了气温升高外，干旱（气温升高且降水减少）是新疆东部和土库曼斯坦南部稀疏植被退化的主要驱动力。这些地区的稀疏植被LDI值与降水呈显著的负相关性［图4.7（c）］，由于降水减少而遭受了严重的土地退化。稀疏植被生长主要依赖于降水，且温度升高会增加地表蒸发量并限制植被的生长（Jiang et al.，2017），因此该区域年际LDI与温度呈正相关性［图4.7（d）］，且稀疏植被LDI残差显著变化（图4.9）。任何长时间变暖都会限制稀疏植被的生长而导致土地退化。值得注意的是，中国新疆东部地区的土地退化主要受人类活动影响 [图4.7(f)]，如巴里坤县的过度放牧导致植被退化 (Han et al.，2014)，随着新疆东部区域土地退化趋于恶化，需及时开展土地退化防治工作 (Li et al.，2004)。

　　哈萨克斯坦乌斯秋尔特稀疏植被易受人类活动影响，可能与天然气和石油开采有关。在中亚五国中，哈萨克斯坦拥有丰富的石油和天然气资源，其中大部分位于乌斯秋尔特高原。该地区的石油和天然气被大量开采，开采区的重型运输车辆易破坏地表稀疏植被，Karnieli 等指出乌斯秋尔特高原开采区周围的植被退化与油气开采有关 (Karnieli et al.，2008)。因此，上文 LDI 残差结果表明，该区域的稀疏植被退化是由人类活动导致的 [图4.7(f)]，其结果与乌斯秋尔特高原稀疏植被 LDI 残差显著增加趋势相一致 (图4.9)。

　　在克孜勒库姆沙漠中部和卡拉库姆沙漠西部，稀疏植被出现了重度盐渍化土壤改善的现象。稀疏植被的改善主要是由盐分反馈引起的。水文过程与植被动力学之间的相互作用改变了土壤盐分平衡，稀疏植被适应了盐分生长条件，这些现象通常出现在地下水位较浅的稀疏植被区 (Runyan et al.，2010)。此外，该地区降水略有增加，且稀疏植被改善与降水存在较强的正相关关系 (图4.7)。因此，高度盐渍化的稀疏植被区出现了轻微的土地改善。

4.2　中亚植被退化驱动要素

4.2.1　中亚地区植被退化空间分布特征

　　基于线性回归分析法，生长季年均 NDVI 变化趋势 [图4.11(a)(b)]，中亚东部植被的绿度略有上升趋势，年变化率高达 0.006/a；而中亚西部地区的植被绿度呈轻微下降趋势，年变化率低至 −0.004/a。整体上看，中亚的植被变化在空间上具有明显的区域特征。

　　基于 Mann-Kendall(MK)，可有效地检验 NDVI 变化趋势的显著性。利用 0.05 水平上的置信区间，MK 的显著性检验结果可分为非显著变化 (−1.96＜Z＜1.96) 和显著变化 (Z≥1.96 或 Z≤−1.96)，变化趋势结果可分为五类 (表4.5)。图4.11(c) 表明 1984～2013 年 NDVI 变化趋势存在空间异质性，植被总体呈逐渐增加趋势，但某些地区的植被退化不容忽视，较为严重。大部分植被 (59.60%) 表现出轻微或显著改善趋势，33.05% 的植被有着轻微或显著退化趋势。无植被或稳定区域较小，仅为 7.34%。此外，乌兹别克斯坦和土库曼斯坦的植被退化比中亚其他国家更为严重。

　　过去 30 年，不同植被类型变化趋势不同。林地、草地和耕地中植被改善的比例要高于灌木和稀疏植被 [图4.11(d)]。阔叶林中显著和轻微植被改善的比例分别为 72.88% 和 19.49%；其次为混交林和针叶林，主要集中在阿尔泰山区。47.69% 和 25.42% 的耕地分别呈显著和轻微的植被改善，草地中显著和轻微改善比例与耕地的较为接近。然而，显著退化的耕地面积比例为8.36%,高于林地和草地。相比之下,灌木和稀疏植被发现了较高比例的植被退化,灌木中显著和轻微植被退化比例分别为11.54%和34.86%,而稀疏植被中显著和轻微植被退化比例分别为17.44%和39.33%。

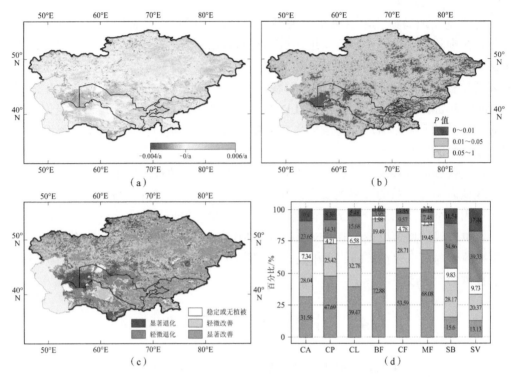

图4.11　1984~2013年生长季年均NDVI变化趋势

(a)NDVI年际变化趋势;(b)NDVI变化趋势的显著性检验(p值);(c)变化趋势可分为五种类型:显著退化、轻微退化、稳定或无植被、轻微改善和显著改善;(d)不同植被类型的NDVI变化类型的百分比统计结果。CA:中亚;CP:耕地;GL:草地;BF:阔叶林;CF:针叶林;MF:混交林;SB:灌木;SV:稀疏植被。图(d)的图例与图(c)的相同。

表4.5　NDVI变化程度划分

S_{NDVI}	Z	NDVI变化趋势
≥0.001	≥1.96	显著改善
0.000 1~0.001	−1.96~1.96	轻微改善
−0.000 1~0.000 1	−1.96~1.96	稳定或无植被
−0.001~−0.000 1	−1.96~1.96	轻微退化
<−0.001	≤−1.96	显著退化

4.2.2　植被退化持续性特征

结合Hurst指数分析结果,预测未来植被生长趋势[图4.12(a)]。Hurst指数超过0.5表示变化一致,占植被面积的87.21%。极少数地区的Hurst指数低于0.5,表明变化不一致，占植被面积的11.51%，这些区域主要分布于哈萨克斯坦西北部。仅有1.28%的区域的Hurst指数值接近0.5，主要为水体（巴尔喀什湖和咸海）。整体而言，评估期内中亚大多数植被表现出持续变化趋势。

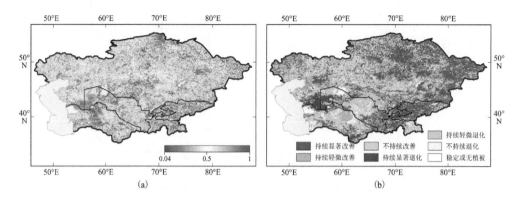

图4.12　1984～2013年中亚生长季年均NDVI的Hurst指数空间分布图（a）和NDVI变化一致性检验结果（b）。图（b）是Hurst指数与NDVI的总体变化趋势叠加的结果

表4.6　趋势变化和Hurst指数结果叠加的统计结果

S_{NDVI}	Z	H	变化类型	面积比例/%
≥0.001	≥1.96	>0.5	持续显著改善	28.6
0.000 1～0.001	−1.96～1.96	>0.5	持续轻微改善	22.42
≥0.000 1	−1.96～1.96	<0.5	不持续改善	7.48
−0.000 1～0.000 1	−1.96～1.96	—	稳定或无植被	8.74
≤−0.000 1	−1.96～1.96	<0.5	不持续退化	2.61
−0.001～−0.000 1	−1.96～1.96	>0.5	持续轻微退化	20.98
<−0.001	<−1.96	>0.5	持续显著退化	9.17

　　为明确NDVI变化趋势的持续性，变化趋势与Hurst指数结果叠加分析，以获得变化趋势和一致性检验的双重信息［表4.6和图4.12（b）］。结果表明，一致变化的面积占植被总面积的81.17%，其中退化面积占30.15%，而改善面积占51.02%。持续植被改善区域主要集中在中亚东部，而持续植被退化区域主要分布在卡拉库姆和克孜勒库姆沙漠以及咸海南部区域。不稳定变化区域仅占10.09%，可能为前后变化相反或波动变化，主要集中在哈萨克斯坦西北部。非植被或稳定区域面积占19.23%，主要为裸土和水域。总之，中亚大多数植被处于持续稳定变化的状态。

　　统计了不同变化类型比例，比较了不同植被类型变化趋势持续性结果（图4.13）。林地持续改善的比例最高，其次为草地。对于灌木和稀疏植被，持续退化面积分别占总面积的47.26%和58.7%。结果表明，山区植被生长持续改善的速度要高于平原区。不同植被类型的持续变化比例按以下顺序递减：阔叶林、混交林、针叶林、稀疏植被、耕地、灌木和草地。此外，草地和灌木的变化趋势更趋于不稳定，可能易受气候变化和人类活动影响。

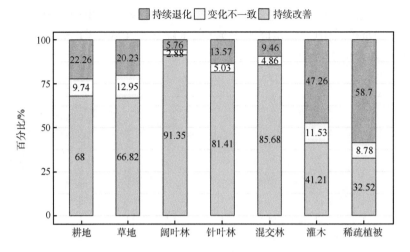

图4.13　1984～2013年不同植被类型NDVI变化趋势的统计结果

4.2.3　季节气候因子变化特征

1984～2013年季节性气候变化趋势的空间分布如图4.14。在不同季节中降水表现出不同的空间变化趋势，其中哈萨克丘陵增长趋势明显。冬季，阿尔泰和西天山山脉的降水有所增加，而图兰低地的降水减少明显，年变化率范围为–2.52～2.16 mm/a。春季，图兰低地和帕米尔山区的降水略有减少，而乌斯秋尔特高原西部、哈萨克斯坦北部和卡拉库姆沙漠南部则有所增加。夏季，大多中亚地区呈下降或稳定变化趋势，但

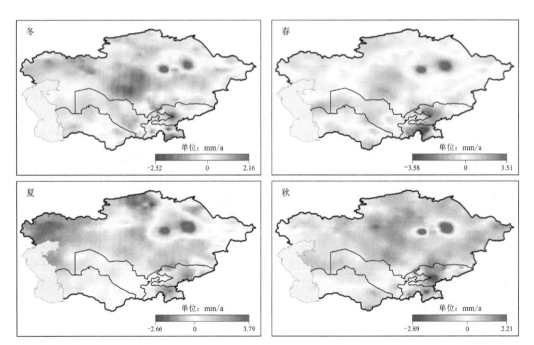

(a)降水年变化率

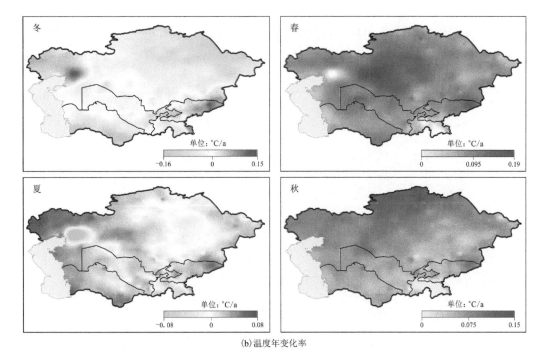

（b）温度年变化率

图4.14　1984～2013年降水（a）和温度（b）季节性变化空间分布

乌斯秋尔特高原西部显著下降，而春季则呈相反趋势变化。卡拉库姆和克孜勒库姆沙漠的降水呈持续的轻微减少趋势。秋季和夏季变化趋势相似，但在南部的卡拉库姆沙漠，降水由夏季的稳定转变为秋季的增加。

　　1984～2013年，春季和秋季的温度均呈显著上升趋势，变化率分别为0.19 ℃/a和0.15 ℃/a；而冬季温度变化趋势相反，尤其在哈萨克丘陵地带下降最为明显，变化率高达–0.16 ℃/a。夏季，乌斯秋尔特高原西部地区和帕米尔山区的气温显著下降，而哈萨克丘陵地带的气温轻微下降，其他地区的气温也有着不同程度的变化。总体而言，过去30年里，中亚地区有着快速变暖趋势。结果表明，中亚冬季气温逐渐降低，与前人的研究结果一致（Cohen et al.，2014）。尽管在过去30年里降水普遍减少，但在哈萨克丘陵区发现了相反的变化趋势，前人相关研究也证实了这一变化结果（Lioubimtseva et al.，2009；Lioubimtseva，2014）。

4.2.4　NDVI与气候变化的相关性分析

　　计算生长季年均NDVI与季节降水和温度间的相关系数（R），以明确植被动态变化与季节性气候变量之间的关系。

　　图4.15结果表明，大部分植被区的平均NDVI与季节降水之间存在正相关关系，且相关系数在不同季节差异性明显。在季节尺度上，春季植被与降水正相关比例高达90.70%，高于夏季和冬季的。秋季，多数植被区相关系数为负，其中哈萨克丘陵区较为集中。空间上，沙漠中稀疏植被NDVI与降水间的相关系数，明显高于中亚其他

地区。与其相比，山区中NDVI与降水呈负相关关系，其中阿尔泰和帕米尔山区比较明显。

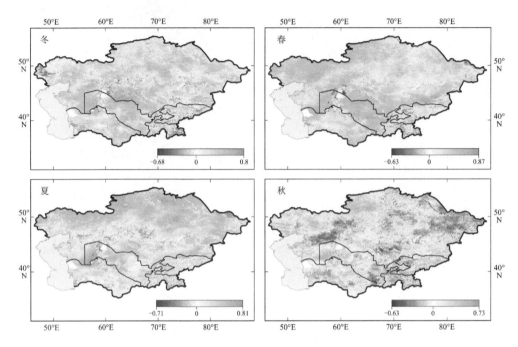

图4.15　平均NDVI与季节性降水相关系数空间分布图

图4.16结果表明，大部分植被覆盖地区夏季平均NDVI与温度呈显著的负相关关系，而其他三个季节的相关性表现出明显的空间差异性。冬季，植被与温度主要呈正相关关系，而哈萨克斯坦东部表现负相关。春季和秋季，中亚东部中平均NDVI与温度呈显著正相关，西部的负相关明显。特别是，春季，卡拉库姆和克孜勒库姆沙漠中的稀疏植被与气温呈较强的负相关性。此外，阿尔泰和天山山区在春、夏和秋季的相关系数均为正。

不同植被类型的平均NDVI与季节气候因子的相关系数统计结果见表4.7。结果表明，山区和丘陵地区的阔叶林、针叶林和混交林，秋季平均NDVI与降水呈负相关性，其相关系数分别为-0.442、-0.431和-0.427，且显著性明显高于其他季节的（$p < 0.05$）。对于针叶林，平均NDVI与降水在其他季节呈显著正相关（$p < 0.05$），而阔叶林的NDVI与降水无显著的相关性。由于混交林由阔叶林和针叶林混合组成，因此混交林的相关性较为复杂。对于分布于平原区的草地、耕地、灌木和稀疏植被，在冬季、春季和夏季，灌木和稀疏植被的NDVI与降水呈较强的正相关，其相关系数均大于0.5（$p < 0.01$）。春季和夏季，草地和耕地的NDVI与降水均呈正相关，且相关系数高于其他季节（$p < 0.01$）。

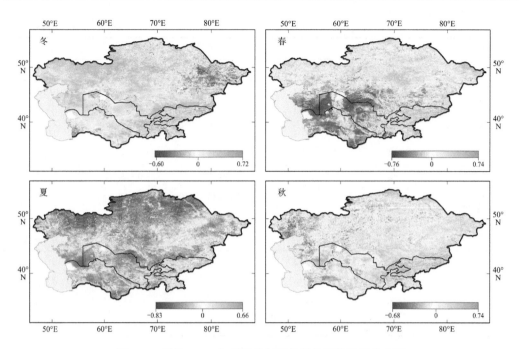

图 4.16　平均 NDVI 与季节性气温的相关系数空间分布图

表 4.7　不同植被类型平均 NDVI 与气候因子的相关系数

植被类型	季节	降水		气温	
		R	p	R	p
阔叶林	冬	0.158	0.395	−0.061	0.744
	春	0.037	0.843	0.490	0.005**
	夏	0.190	0.307	0.001	0.997
	秋	−0.442	0.013*	0.363	0.045*
针叶林	冬	0.366	0.043*	0.190	0.306
	春	0.365	0.043*	0.349	0.054
	夏	0.357	0.049*	−0.017	0.929
	秋	−0.431	0.015*	0.226	0.222
混交林	冬	0.238	0.196	0.255	0.165
	春	0.205	0.269	0.392	0.029*
	夏	0.369	0.041*	0.072	0.699
	秋	−0.427	0.016*	0.479	0.006**
灌木	冬	0.522	0.003**	0.337	0.063
	春	0.707	0.000**	−0.206	0.265
	夏	0.511	0.003**	−0.370	0.040*
	秋	−0.232	0.209	0.170	0.360

续表

植被类型	季节	降水		气温	
		R	p	R	p
草地	冬	0.312	0.087	0.447	0.012*
	春	0.570	0.001**	0.265	0.149
	夏	0.503	0.004**	−0.360	0.046*
	秋	−0.220	0.235	0.078	0.676
稀疏植被	冬	0.624	0.000**	0.323	0.076
	春	0.726	0.000**	−0.357	0.048*
	夏	0.557	0.001**	−0.352	0.052
	秋	−0.093	0.620	0.060	0.749
耕地	冬	0.162	0.385	0.310	0.090
	春	0.456	0.010**	0.197	0.289
	夏	0.572	0.001**	−0.343	0.059
	秋	0.162	0.385	0.188	0.310

* 表示相关性在 0.05 水平上显著；** 表示相关性在 0.01 水平上显著。

平均 NDVI 与季节温度间相关性结果表明，不同植被类型间存在明显差异。春季和秋季，山区、阔叶林和混交林的平均 NDVI 与温度的相关性均为正 ($p < 0.05$)，而在其他季节的相关性不显著。针叶林的平均 NDVI 与温度的相关性不显著。春季和夏季，平原区，灌木和稀疏植被的平均 NDVI 与温度呈负相关性。值得注意的是，在夏季，草地和耕地的平均 NDVI 与气温也存在负相关性。

以上结果表明，温度是影响阔叶林和混交林生长的主要气候驱动因子，而降水是影响针叶林、灌木、稀疏植被、草地和耕地生长的主要气候驱动因子。因此，气候波动对不同植被类型的影响存在差异，且随着植被覆盖度的降低，其影响程度也随之增加。

4.2.5　植被退化的驱动因素分析

1. 气候变化和人类活动影响区识别

年均 NDVI 残差的线性回归结果 [图 4.17 (a)] 表明，哈萨克斯坦东部 NDVI 残差略有增加趋势，年变化率高达 0.007 /a，而中亚西南部 NDVI 残差略有下降趋势，年变化率低至 −0.005 /a，说明 NDVI 残差变化趋势具有明显的空间差异性。图 4.17 (b) 表示 NDVI 残差的显著性变化 (p 值) 与平均 NDVI 的总体变化趋势叠加的结果。结果表明，NDVI 残差显著性变化且植被呈增长趋势的像元在空间上有着明显的聚集（浅绿色），主要位于哈萨克斯坦东部、吉尔吉斯斯坦和塔吉克斯坦。浅红色表示 NDVI 残差变化显著且植被有减少趋势，主要散布在卡拉库姆沙漠的南部、乌斯秋尔特高原的南部和咸海的湿地三角洲。以上变化无法用降水和温度的变化来解释，可能由人类活动导致的。

深红色或绿色表示NDVI残差无显著变化，与降水和温度的变化有关。在卡拉库姆和克孜勒库姆沙漠发现植被退化明显，而哈萨克丘陵区植被改善显著。因此，气候变化是中亚植被变化的主要驱动力。

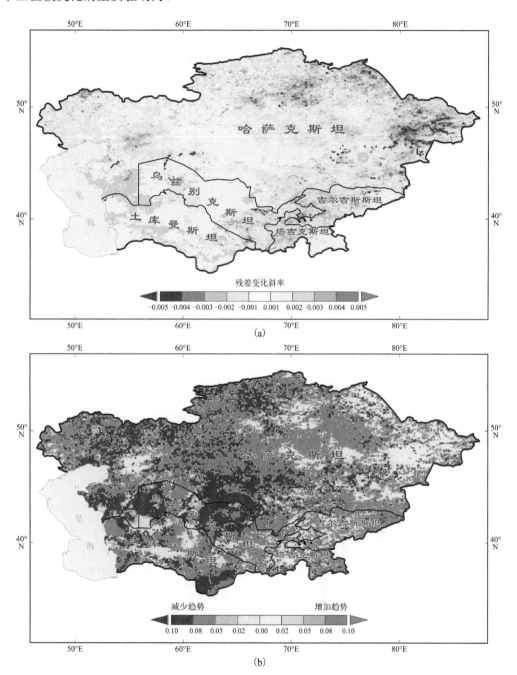

图4.17　NDVI残差的总体变化趋势 (a) 和NDVI残差的显著变化 (p 值)
与平均NDVI的变化趋势的结果叠加 (b)

图中，深绿色和深红色表示可以用气候变化趋势来解释NDVI变化，而浅绿色和
浅红色表示不能用气候变化趋势来解释NDVI变化 (b)。

不同植被类型的NDVI残差显著变化(p值)和平均NDVI变化趋势叠加结果统计如表4.8所示。在植被增加且NDVI残差变化显著的区域中，草地和耕地面积分别占10.54%和5.75%。因此，部分草地和耕地的NDVI增长速度高于气候变化所预期的结果。在植被减少且NDVI残差变化显著的区域中，灌木和稀疏植被分别占植被区的1.97%和2.62%。与其他植被类型相比，更多区域的灌木和稀疏植被的退化无法用气候变化来解释。同时，NDVI残差变化趋势显著性检验结果还表明，草地、稀疏植被和灌木的变化趋势比较接近于气候因素的预期结果。表4.8统计了NDVI残差无显著变化区域，该区域的植被变化可用气候因子变化来解释，其中草地、灌木和稀疏植被分别占植被区的28.66%、16.98%和12.59%。

表4.8　NDVI残差显著变化(p值)和平均NDVI变化趋势叠加结果的面积比例

植被类型	植被减少趋势		植被增加趋势	
	显著	不显著	显著	不显著
阔叶林	0.01	0.02	0.36	0.16
针叶林	0.01	0.04	0.12	0.17
混交林	0.01	0.05	0.22	0.34
草地	0.71	7.73	10.54	20.93
灌木	1.97	8.35	3.30	8.62
稀疏植被	2.62	7.19	2.07	5.40
耕地	0.36	3.96	5.75	8.98

NDVI残差变化趋势显著性表示在0.05水平上显著。

总之，在不同植被类型中，植被变化与气候变化关系较为密切。但在灌木和稀疏植被的退化和草地和耕地的改善中，较高面积比例不能用气候因子来解释，可能与人类活动有关。

2. 气候变化驱动植被退化

在全球变暖背景下，中亚经历了剧烈的气候变化。近几十年里，中亚大多数地区的降水减少且温度升高(Lioubimtseva et al.，2005；Lioubimtseva，2014；De Beurs et al.，2015；Xu et al.，2016)，可能与厄尔尼诺影响有关(Syed et al.，2006)。中亚冬季气温降低，哈萨克丘陵降水增加等现象(Lioubimtseva and Henebry，2009；Cohen et al.，2014；Lioubimtseva，2014)。植被动态变化与气候波动相关密切，中亚东部地区植被生长显著增加，而中亚西部地区植被退化明显。卡拉库姆和克孜勒库姆沙漠、乌斯秋尔特高原和阿姆河三角洲的植被退化要比其他地区更为严重。根据Hurst指数分析结果，大部分区域植被稳定变化，并且林地的稳定性高于草地、灌木和稀疏植被。事实上，林地土壤能够容纳更多水分，以供植被长时间的吸收，以避免受极端气候干旱的影响。与其相比，灌木和稀疏植被的土壤不能长时间保持水分，因此这些植被易受到气候变化的影响(Propastin，2008)。

中亚植被变化，不同区域受到不同驱动因素的影响。在克孜勒库姆沙漠和乌斯秋尔特高原北部，由于温度升高且降水减少，干旱是导致植被退化的主要驱动因素。中亚西部地区降水减少，且植被生长显著下降，我们还发现，这些区域的灌木、草地和稀疏植被的平均NDVI值与季节性降水呈较高的正相关关系。这主要是由于天然植被广泛分布，在没有人为灌溉的情况下植被生长主要依赖于降水。温度作为间接影响因素，可提供植被生长所必需的能量，前人的研究表明温度升高可能导致中亚植被绿度显著提高（Zhou et al.，2015）。但是，持续高温会增加地表水分的蒸发，进而会严重限制植被的正常生长，尤其在灌木和稀疏植被中比较明显。研究表明，春季和夏季，灌木和稀疏植被的平均NDVI值与温度呈负相关。夏季，草地的平均NDVI与温度呈负相关。因此，夏季长时间的高温会抑制不同植被类型的光合作用，从而导致植被因缺水而退化。该地区由于干旱导致生物量损失超过50 g/m^2（Zhang et al.，2016），同样，De Beurs也发现该地区NDVI下降显著，干旱是植被退化的主要驱动力（De Beurs et al.，2009）。

在哈萨克丘陵、卡拉库姆沙漠北部和哈萨克斯坦北部，降水是影响植被生长的主要驱动力。草地广泛分布于哈萨克丘陵区，草地的平均NDVI与季节性降水呈较高的正相关。也就是说，随着降水的增加，草地绿度也显著增加。此外，许多灌木丛地转变为草地，草地生态系统向南扩展（Chen et al.，2015）。同样，随着卡拉库姆沙漠北部的降水增加，部分植被得到改善。在卡拉库姆沙漠北部发现生物土壤结皮上，长满苔藓、地草和地衣。据报道，生物土壤结皮的生物量增加主要受降水影响（Orlovsky et al.，2004）。Orlovsky等指出，1984～2000年卡拉库姆沙漠北部的生物土壤结皮有所增加，生物生产力提高了92 kg/hm^2。对于哈萨克斯坦北部，中亚10.12%的雨养耕地主要分布于此，该区域农作物主要依靠降水生长，雨浇地因降水的减少而出现严重退化（De Beurs et al.，2015）。春夏季的降雨对雨养作物影响较大，前文也证实了春夏季中耕地平均NDVI与降水的正相关性要强于秋冬季的。所以，尽管这些地区的降水变化会导致植被退化或改善，但在不同植被类型中却有着不同的驱动原因。

在阿勒泰和西天山山区以及咸海流域，物候变化影响植被绿度的季节性变化。由于气温升高，这些区域植被生长季节提前，春季高覆盖度植被（草地和灌溉耕地）的NDVI值迅速增加。Roman Bohovic等发现，1982～2011年草地和耕地的生长季分别提前了11.7天和2.1天（Bohovic，2016）。反之，中亚地区NDVI下降表明秋天的到来，而温度升高会使秋季落叶发生推迟（Kariyeva et al.，2011；Bohovic，2016）。这种现象可以解释秋季平均NDVI与温度的相关性高于与降水的相关性。在森林中，山区大多数阔叶林为阔叶落叶林，春季温度升高可以促进阔叶落叶林叶片的生长，而秋季可延迟叶片的凋落（Pignatti et al.，2014），与Bohovic等在中亚植被物候研究结果相一致。Roman Bohovic等研究表明，阔叶林生长季开始提前了4.5天，而生长季结束推迟了10.8天（Bohovic，2016）。所以，在春秋季节，阔叶林与温度的相关性较高，且高于与针叶林的相关性。与其相比，针叶林的NDVI与降水的相关性比阔叶林的高，这可能由于针叶林不仅依赖地下水生长，还通过浅层根系吸收地表水。因此，降水的增加可以促进山区针叶林的生长。

中亚大部分地区，冬季的平均NDVI与降水和温度间呈正相关性。冬季积雪是植被在生长季生长的重要水资源。积雪覆盖不仅能够减少冬季风和极端温度等破坏，还可增加冬季土壤温度和春季径流，对植被生长有利，尤其可减少对稀疏植被和灌木的影响（Wahren et al.，2005）。

3. 人类活动驱动植被退化

植被变化是气候波动和人类活动共同驱动的结果，因此必须考虑各因素的影响，量化它们对植被变化的相对重要性。残差分析结果表明（图4.17），卡拉库姆沙漠南部、乌斯秋尔特高原南部和咸海湿地三角洲的部分灌木和稀疏植被退化，以及哈萨克斯坦东部、吉尔吉斯斯坦和塔吉克斯坦的部分草地改善，这些区域的植被变化无法用气候变化解释，可能由人类活动引起（图4.17）。该地区的人类活动包括卡拉库姆沙漠南部和乌斯秋尔特高原南部石油和天然气的开采、哈萨克斯坦农田弃耕、乌兹别克斯坦耕种扩展以及哈萨克斯坦东部，吉尔吉斯斯坦和塔吉克斯坦牧场遗弃等。

基于Google地球高分影像数据，发现许多石油和天然气开采井和加工厂集中地分布在卡拉库姆沙漠南部和乌斯秋尔特高原南部（图4.18），图4.18中的亮点区域为油气开采点。卡拉库姆沙漠是世界上最大的沙漠之一，蕴藏着丰富的石油和天然气资源，覆盖土库曼斯坦约80%的国土面积。在苏联解体前，哈萨克斯坦是中亚国家中最大的石油生产国，哈萨克斯坦的石油储量占世界石油储量的2%以上，其中大部分位于乌斯秋尔特高原（Karnieli et al.，2008）。石油和天然气的开采过程中，大量车辆和重型设备会破坏地表植被，在南部地区比较明显，这种破坏可能导致灌木和稀疏植被的退化。

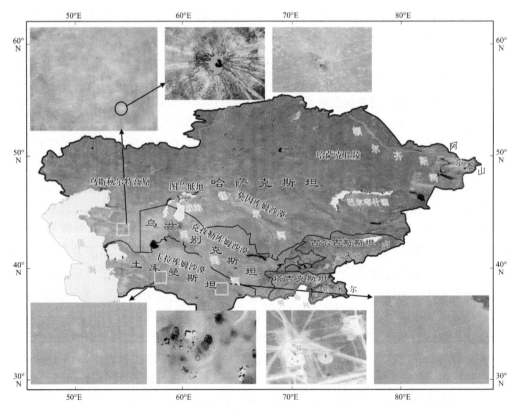

图4.18　油气加工厂和化学工业位置图

黄色矩形区域表示由于天然气和石油的开采导致植被退化

图中的亮点是油气加工厂和化学工业的位置。

1991年苏联解体后，土地所有权不稳定和农业补贴减少导致哈萨克斯坦数百万公顷的耕地被撂荒（Kraemer et al.，2015；Zhou et al.，2015），主要集中在哈萨克斯北部，从而出现哈萨克斯坦北部植被出现大面积退化。但是，土库曼斯坦北部和南部边缘有许多草地被开垦成农田（Chen et al.，2015），导致该区域的植被有所改善。同样，在乌兹别克斯坦东部，气候变化与植被绿度存在弱相关，这种弱相关性主要是由于该地区以灌溉农业扩张为主（Saiko et al.，2000；De Beurs et al.，2015）。在苏联解体前，乌兹别克斯坦的耕地面积有明显增加趋势（Chen et al.，2015）。因此，乌兹别克斯坦东部部分区域的植被改善主要是由人类活动引起的（图4.18）。

苏联时期，畜牧业可以得到政府的大量补贴，牲畜数量大大增加，导致成片牧场退化（Hostert et al.，2011；Mirzabaev et al.，2015）。然而，随着苏联解体和政治独立，政府对畜牧业的高额补贴大大减少（Karnieli et al.，2008），畜牧业崩溃。哈萨克斯坦东部、吉尔吉斯斯坦和塔吉克斯坦偏远的牧场被遗弃，植被得到了恢复，从而转变为高覆盖度的草地（Hauck et al.，2016；Robinson，2016），牧场的休养生息使得该区域的植被绿度增加。与其相反，在乌兹别克斯坦和土库曼斯坦，牲畜存栏量仍有小幅度地增加（Han et al.，2016），这可能会加剧该区域灌木和稀疏植被的退化。

20世纪，咸海的萎缩是全球最严重的生态灾难之一。流域内的水资源主要来源于跨界河流阿姆河和锡尔河，中下游区域的农田灌溉是影响咸海萎缩的关键因素。流域上游水资源的过度开发导致下游河流径流量大大减少，进而导致咸海面积缩小。由于持续萎缩，1990年咸海退缩为小咸海和大咸海。大小咸海分别位于乌兹别克斯坦和哈萨克斯坦境内，是阿姆河和锡尔河的尾闾湖泊。1990年后两个湖泊的水位变化趋势有所不同（表4.9）。小咸海的平均入湖量增加了1.6 km³，水位上升了0.56 m；而大咸海的平均入湖量下降了4.2 km³，水位下降了6.34 m。随后，大咸海的阿姆河三角洲一些灌木和稀疏的植被出现人为退化（图4.17b），Saiko的研究也表明，大咸海周边的湿地三角洲中自然植被逐渐退化为荒漠（Saiko and Zonn，2000）。与其相比，小咸海的湿地三角洲中部分灌木和稀疏植被区域表现出人为的轻微改善（Micklin et al.，2014）。

表4.9　1981～2010年咸海平均河流流入量和水位

时段	水体	年均流入量/km³	水位/m
1981～1990年	咸海	5.1	40.03
1991～2000年	小咸海	5.2	40.56
	大咸海	8.6	36.13
2001～2010年	小咸海	6.8	41.12
	大咸海	4.4	29.79

注：年均流入量是指一定时期内阿姆河和锡尔河流入咸海的年平均流量。

以上变化与咸海流域各国土地利用以及政府政策调整有关。苏联解体后，哈萨克斯坦成片耕地弃耕，农业用水减少。此外，哈萨克斯坦政府于1993年实施了小咸海生态恢复计划，以维持湖泊水位保护周边的湿地。但是，土库曼斯坦的耕地面积持续增加，为了满足该国农田灌溉，部分水资源从阿姆河调入卡拉库姆运河，水资源空间分布的改变是大咸海萎缩的主要原因（Micklin et al.，2014）。

4.3　中亚土地退化风险评价

4.3.1　土地退化风险评估方法

目前，环境敏感指数（environmentally sensitive area index，ESAI）方法被广泛应用于土地退化敏感性监测中（Bakr et al.，2012；Salvati et al.，2016；Prăvălie et al.，2017a；Prăvălie et al.，2017b；Zambon et al.，2017）。ESAI法于1987年由英国环境、食品和农村事务部提出，后由Kosmas进行了改进（Kosmas et al.，1999；Kosmas et al.，2013）。结合现场调查和土地退化风险（land degradation risk，LDR）与各指标的关系，Kosmas提出的评价敏感性的关键监测指标，并完成了地中海荒漠化和土地利用（MEDALUS）项目。基于ESAI框架（图4.19），选择了14个指标涉及四个质量领域：植被、气候、土壤和土地管理。每个质量指标均由几个监测指标计算得到，然后对各质量指标进行分级，其阈值由MEDALUS项目野外调查确定。基于每个类别对土地退化敏感性的相对重要性以及各类别与土地退化过程或不可逆退化的关系，每个类别赋分1（最低敏感性）和2（最高敏感性）之间。

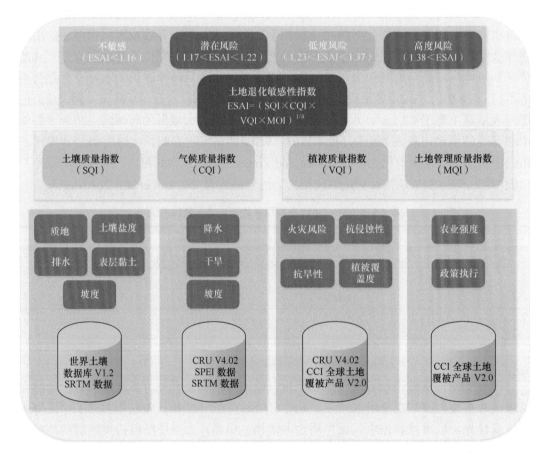

图4.19　ESAI方法的框架流程

1. 土壤质量指标

土壤质量指标(soil quality index，SQI)可以表示土壤状态，对水分存储和侵蚀具有抵抗作用，反映土壤维持自然植被的能力(Salvati et al.，2011)。基于ESAI方法，SQI评估包括五个指标(质地、土壤盐度、排水、表层黏土和坡度)。土壤数据来源于世界土壤数据库(harmonized world soil database，HWSD)，坡度计算基于90 m的航天飞机雷达地形测绘使命数据(shuttle radar topography mission，SRTM)(表4.11)，土壤指标和敏感性赋分见表4.10。SQI通常用于小区域研究，以揭示土壤质量的空间分布。但是，由于中亚地区土壤数据缺乏，假设大范围的平均土壤质量变化不大，认为土壤指标为静态(Salvati et al.，2013；Tombolini et al.，2016)。SQI计算公式如下(Kosmas et al.，1999)：

$$SQI = (质地 \times 土壤盐度 \times 排水 \times 表层黏土 \times 坡度)^{1/5} \tag{4.6}$$

2. 气候质量指标

气候质量状况可以影响自然植被的可用水量，气候质量指数(climate quality index，CQI)评估包括三个指标：降水、干旱和坡度(表4.10)。降水数据来源于全球网格降水数据集(climatic research unit，CRU)，该数据集整合全球若干气象站点观测数据，具有较高的精度(Mitchell et al.，2005)。干旱信息从SPEI中获得(Vicente-Serrano et al.，2015)，坡度则由SRTM数字高程数据计算得到(表4.11)。CQI计算如下式所示(Kosmas et al.，1999)：

$$CQI = (降水 \times 干旱 \times 坡度)^{1/3} \tag{4.7}$$

3. 植被质量指标

植被质量指数(vegetation quality index，VQI)在土地退化风险评估中至关重要。VQI评估包括四个指标：抗侵蚀性、火灾风险、抗旱性和植被覆盖度(表4.10)。前三个指标来自欧洲航天局1992~2015年土地覆被数据集(climate change initiative land cover，CCI-LC)，植被覆盖度计算基于AVHRR NDVI3g数据集(表4.11)。通过几何平均法计算得到VQI(Kosmas et al.，1999)：

$$VQI = (火灾风险 \times 抗侵蚀性 \times 抗旱性 \times 植被覆盖度)^{1/4} \tag{4.8}$$

4. 管理质量指标

在农业强度和政策执行方面，土地退化敏感性通过人为环境压力进行了量化(表4.10)。由于中亚数据的可用性和特殊性，仅考虑农田管理质量。因为该地区经济以农业为主，其他活动非常有限。农业强度和农业政策计算数据源为CCI-LC，根据当地农业系统和参考类似研究(Prăvălie et al.，2017b)(表4.11)，农业强度分为三类别：低土地利用强度、中等土地利用强度和高土地利用强度。此外，对农业政策执行情况进行评估，将其分为三类：完全保护、部分保护和完全不保护。管理质量指数(management quality index，MQI)计算如下(Kosmas et al.，1999)：

$$\text{MQI} = (\text{农业强度} \times \text{政策执行})^{1/2} \tag{4.9}$$

表4.10 土壤、气候、植被和管理质量指标分类和赋分

质量	指标	类型	特征	分数	指标作用
SQI	质地	1	黏土（重质）、粉质黏土、黏土（轻质）、粉质黏壤土	1	不同土壤质地对土壤侵蚀、植被退化等影响不同，沙质壤土易出现土地退化
		2	黏壤土、淤泥、淤泥壤土	1.2	
		3	沙质黏土、壤土、沙黏壤土	1.6	
		4	砂土、沙壤土	2	
	土壤盐分	1	无、轻度、永久冰川冻土、水体	1	土壤含盐量增加导致农田和天然植被潜在的不利影响，增加土地退化风险
		2	中度	1.4	
		3	重度	1.7	
		4	极重度	2	
	排水	1	好、中等	1	农田排水不畅易导致农田盐分积累，增加土地退化敏感性
		2	较差、不完善	1.2	
		3	差、非常差	2	
	表层黏土（%）	1	>25	1	对土壤水分保持、生物量和土壤侵蚀有影响
		2	10~25	1.3	
		3	<10	2	
	坡度（%）	1	<6	1	地形对土壤侵蚀有着重要决定因素
		2	6~18	1.2	
		3	18~35	1.5	
		4	>35	2	
CQI	降水量（mm）	1	>650	1	降水会影响植被生物量
		2	280~650	1.5	
		3	<280	2	
	干旱	1	>0	1	干旱是影响自然植被的关键环境因素，可能会导致水分短缺而植被退化
		2	–0.8~0	1.2	
		3	–0.8~–1.6	1.4	
		4	–2.4~–1.6	1.8	
		5	<–2.4	2	
	坡向	1	NW–NE	1	坡面可通过调节或隔离区域气候而影响土地退化敏感性
		2	SW–SE	2	
VQI	火灾风险	1	裸地、多年生农作物、一年生农作物	1	火灾风险因生物多样性丧失而提高土地退化风险
		2	常绿林地、混交林	1.3	
		3	灌木、草地	1.6	
		4	常绿林地	2	

续表

质量	指标	类型	特征	分数	指标作用
VQI	抗侵蚀性	1	阔叶林、混交林	1	土壤侵蚀保护可降低土地退化的敏感性
		2	灌木、草地	1.3	
		3	落叶林	1.6	
		4	多年生农作物	1.8	
		5	一年生农作物、裸地	2	
	抗旱性	1	混交林、常绿林	1	干旱导致叶面积指数降低，增加土壤侵蚀风险
		2	落叶林	1.2	
		3	多年生农作物	1.4	
		4	多年生草原、灌木	1.7	
		5	一年生农作物，一年生草地，裸地	2	
	植被覆盖度 (%)	1	>40	1	植物覆盖度可作为土地退化的重要指标
		2	10~40	1.5	
		3	<10	2	
MQI	农业强度	1	天然植被、林地、滩地、沙丘	1	农业强度的增加可加速土壤侵蚀
		2	雨养农田、自然植被与农田混合	1.5	
		3	灌溉农田	2	
	政策	1	灌溉农田、阔叶林	1	政策的执行与土地退化防治有关
		2	自然植被与农田混合	1.5	
		3	雨养农田、自然植被、林地、滩地、沙丘	2	

表4.11　不同指标数据产品信息

质量	指标	数据产品	空间分辨率	时间分辨率	时间范围/年
SQI	质地	HWSD 数据集	0.478°	常量	2012
	土壤盐分	HWSD 数据集	0.478°	常量	2012
	排水	HWSD 数据集	0.478°	常量	2012
	表层黏土	HWSD 数据集	0.478°	常量	2012
	坡度	SRTM 数据	250 m	常量	2015
CQI	降水	气候数据集 (CRU)	0.5°	月	1992~2015
	干旱	SPEI 数据集	0.5°	月	1992~2015
	坡向	SRTM 数据	250 m	常量	2015
VQI	火灾风险	CCI 全球土地覆被产品	300 m	年	1992~2015
	抗侵蚀性	CCI 全球土地覆被产品	300 m	年	1992~2015
	抗旱性	CCI 全球土地覆被产品	300 m	年	1992~2015
	植被覆盖度	GIMMS 3g 数据集	1/12°	15天	1992~2015
MQI	农业强度	CCI 全球土地覆被产品	300 m	年	1992~2015
	政策	CCI 全球土地覆被产品	300 m	年	1992~2015

以上分类方案、指标赋分和各指标的作用均参考Kosmas的相关研究（Kosmas et al.，1999）。关于LDR相关指标详细描述见Kosmas的相关研究（Kosmas et al.，1999；Kosmas et al.，2013）。

5. 环境敏感性指数

计算综合指数ESAI用于监测土地退化敏感性，第i像元第j年的ESAI计算公式如下（Basso et al.，2000）：

$$\text{ESAI} = (\text{SQI}_{i,j} \times \text{CQI}_{i,j} \times \text{VQI}_{i,j} \times \text{MQI}_{i,j})^{1/4} \tag{4.10}$$

根据ESAI方法赋分体系，ESAI值范围在1（最低敏感度）到2（最高敏感度）之间，将ESAI值分为4大类和8小类：①不敏感（<1.17）；②潜在敏感（1.17～1.22）；③脆弱1（1.23～1.26）、脆弱2（1.27～1.32）和脆弱3（1.33～1.37）；④严重1（1.38～1.41）、严重2（1.42～1.53）和严重3（>1.53）（Sneyers，1991；Kosmas et al.，1999；Prăvălie et al.，2017b）。

4.3.2　质量指标空间分布特征

1992～2015年气候质量、植被质量、土壤质量和管理质量指标的空间分布和变化趋势如图4.20所示。中亚年均质量指数及其变化趋势存在显著的空间差异，哈萨克斯坦北部、乌兹别克斯坦东部、吉尔吉斯斯坦和塔吉克斯坦的年均CQI较高，而哈萨克斯坦中部和乌斯秋尔特高原的CQI较低。CQI总体变化趋势结果表明，大部分地区呈显著的下降趋势，而乌斯秋尔特高原和乌兹别克斯坦的CQI呈显著增加趋势，变化率为0.007 /a。

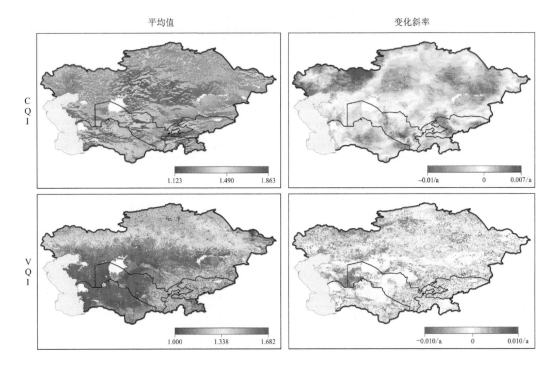

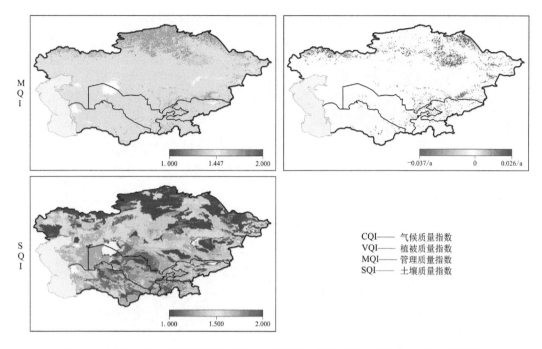

图 4.20　1992～2015 年四个质量指标（气候质量、植被质量、管理质量和土壤质量）
空间分布和变化趋势图

VQI 评估结果表明，除了吉尔吉斯斯坦和塔吉克斯坦外，中亚南部其他地区的植被质量状况很差，而哈萨克斯坦北部的植被质量状况较好，高植被质量状态零星分布。年际 VQI 变化率范围为 –0.01～0.01/a，VQI 在中亚东部（下降趋势）和西部（上升趋势）呈明显相反的变化趋势。

对于 MQI，因为哈萨克斯坦北部地区的自然植被和雨养耕地比例高于其他地区，易出现高质量。由于土地利用变化，高质量和低质量小斑块零星分布。过去 20 年里，研究期间 MQI 总体上基本保持稳定，哈萨克斯坦东北部的 MQI 有所增加，而乌兹别克斯坦东部呈相反变化趋势。

SQI 由北向南逐渐降低。哈萨克斯坦北部土壤质量较高，而咸海流域的较低。土壤质量可能是由土壤盐分、质地和地表黏土组分等因素共同作用所致。

4.3.3　ESAI 空间评估

1992～2015 年年均 ESAI 空间分布［图 4.21（a）］表明，土地退化敏感性空间上差异性明显。哈萨克斯坦北部和山区的年均 ESAI 值较低，低至 1.112。值得注意的是，较高的 ESAI 值主要集中在卡拉库姆和克孜勒库姆沙漠，年均 ESAI 值高达 1.601。该结果符合我们的设想，即沙漠地区的土地退化敏感性要高于丘陵和山区的。基于线性回归分析法和 F 检验，ESAI 变化趋势结果如图 4.21（b）所示。过去 20 年，大部分地区平均 ESAI 呈轻微下降趋势，而乌斯秋尔特高原、乌兹别克斯坦和土库曼斯坦呈显著增长趋势（年变化率高达 0.003 /a）。中亚 ESAI 变化表现出明显的区域特征。

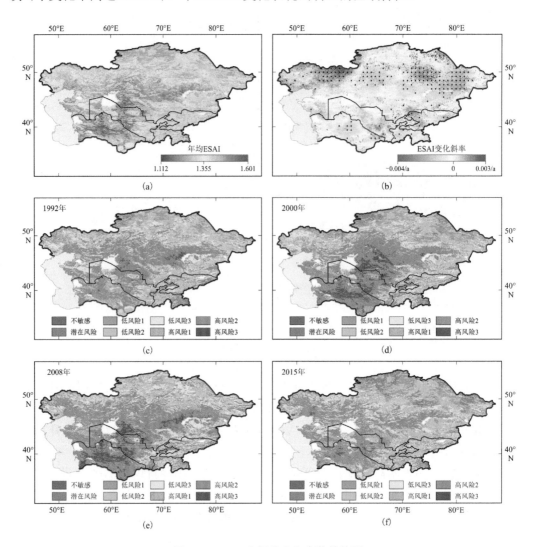

图 4.21　ESAI 空间分布和变化趋势图

(a)1992～2015 年平均 ESAI 空间分布；(b)ESAI 年际变化趋势；(c)、(d)、(e) 和 (f) 分别为 1992 年、
2000 年、2008 年和 2015 年 ESAI 分类的空间分布。黑点为 ESAI 变化显著区域。

ESAI 不是物理参量，无法直接进行精度验证。基于土地利用变化，对其进行间接精度验证。根据稀疏植被和草地间的相互转换，选取 622 个验证点由稀疏植被转为草地和 172 个验证点由草地转为稀疏植被（图 4.22），通过评估土地利用变化中的风险变化，85.80% 验证点符合稀疏植被风险高于草地的。此外，2015 年实地调查表明，实地考察土地退化敏感性的空间差异性与相应的 ESAI 分类结果相一致（图 4.23），乌兹别克斯坦的土地退化风险，明显高于吉尔吉斯斯坦和塔吉克斯坦。因此，ESAI 评估结果在中亚地区较可靠。

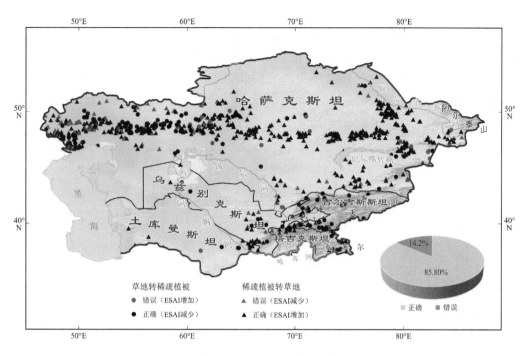

图 4.22　稀疏植被和草地相互转变的验证点空间分布

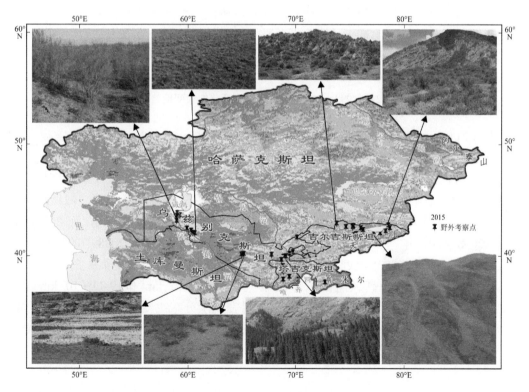

图 4.23　2015 年现场观测点位和土地退化风险的空间分布

图例与图 4.21 (f) 相同。

通过曼-肯德尔检验法(Mann-Kendall，MK)方法检验年均ESAI变化的突变年份，如图4.24所示，曲线UF和UB分别在1993年、2000年和2008年左右相交且介于临界线(±1.96)间。由于1993年与研究期开始年份接近，因此选择了三个时间段(1992～2000年、2000～2008年和2008～2015年)探讨土地退化的敏感性及其收敛性变化。

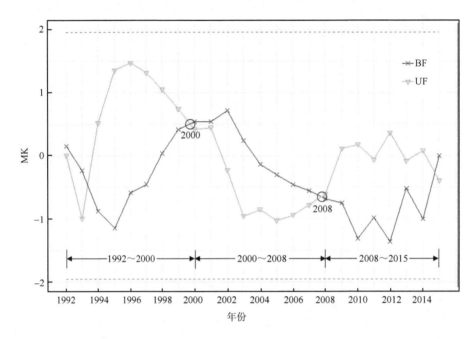

图4.24 1992～2015年年均ESAI变化的突变检验结果

图4.21(c)～(f)分别展示了1992年、2000年、2008年和2015年ESAI分类空间分布图。结果表明，大部分低风险类别分布于中亚北部，而高风险类别主要出现在中亚南部区域。此外，乌兹别克斯坦和土库曼斯坦土地退化敏感性要高于其他区域，尤其在2008年。表4.12对ESAI各敏感度类别的面积和百分比进行了统计，低风险类别比例随时间而变化，从1992年的46.28%大幅下降至2008年的33.27%，而在随后时间段(2008～2015年)内增加到2015年的48.28%。对于高风险，2008年的比例最高(66.34%)，1992～2008年，近13.66%的面积转变为高度风险，主要集中在中亚东部。但是，2015年高度和极高风险面积分别减少了58.46×10^4 km^2和19.89×10^4 km^2，且土地退化敏感性水平低于1992年。不敏感和潜在风险分布主要集中在中亚北部区域，2008年的比例最高，分别占0.42%和4.66%。总体而言，1992～2008年中亚土地退化敏感性逐渐增加，并在2008年后有所改善。

表4.12　不同类别ESAI敏感性的面积和百分比统计

类别	子类别	1992年		2000年		2008年		2015年	
		面积/ 10^4 km^2	百分比 /%	面积/ 10^4 km^2	百分比 /%	面积/ 10^4 km^2	百分比 /%	面积/ 10^4 km^2	百分比 /%
不敏感	N	0.21	0.05	1.03	0.26	0.11	0.03	1.63	0.42
潜在风险	P	3.88	1.00	11.54	2.96	1.41	0.36	18.13	4.66
低风险	F1	23.54	6.05	26.92	6.92	8.22	2.11	32.33	8.30
	F2	70.62	18.14	64.79	16.64	44.05	11.32	80.69	20.73
	F3	85.99	22.09	70.23	18.04	77.25	19.84	74.94	19.25
高风险	C1	76.73	19.71	54.56	14.01	67.67	17.38	69.35	17.81
	C2	125.53	32.24	139.95	35.95	168.43	43.27	109.97	28.25
	C3	2.80	0.72	20.28	5.21	22.16	5.69	2.27	0.58

4.3.4　ESAI水平的收敛性分析

基于行政分区，空间收敛分析结果如表4.13所示，在不同时间段内(1992～2000年、2000～2008年和2008～2015年)收敛趋势不同。1992～2000年，收敛系数为正值(0.130)，且相关系数显著，表明存在发散趋势。随后时间段(2000～2008年和2008～2015年)的收敛系数为负值(−0.534，−0.268)，且 R^2 较高，表明当时的环境状况下ESAI趋于收敛。因此，近期环境状况相比前一时间段(1992～2000年)更稳定。

表4.13　不同时间段的ESAI收敛分析结果

项目	1992～2000年			2000～2008年			2008～2015年		
	评估系数	误差	P值	评估系数	误差	P值	评估系数	误差	P值
截距	−0.036	0.008	0.000**	0.089	0.004	0.000**	−0.022	0.004	0.000**
ESAI	0.172	0.029	0.000**	−0.250	0.014	0.000**	−0.183	0.013	0.000**
n: 444	Adj-R^2: 0.130　p: 0.00**			Adj-R^2: 0.534　p: 0.00**			Adj-R^2: 0.268　p: 0.00**		

* 表示系数在 $p < 0.01$ 水平上显著。** 表示系数在 $p < 0.001$ 水平上显著。"误差"是估算的标准误差。

基于地理加权回归模型，ESAI在不同时间间隔的空间收敛中分析参数空间分布如图4.25所示。1992～2000年，中亚大部分区域的ESAI系数为正表示趋于发散，西北区域的 R^2 较高，表示其发散程度要高于其他区域。2000～2008年，中亚北部ESAI系数为负值(R^2 较高)，而乌兹别克斯坦和土库曼斯坦的ESAI系数为正值(R^2 较低)。结果表明，北部区域ESAI趋于收敛，而南部区域趋于发散。2008～2015年期间，中亚大部分地区的ESAI系数为负值，较高 R^2 位于中亚东部，而乌斯秋尔特高原ESAI系数为正。总之，1992～2000年土地退化敏感性趋于发散，并在随后时间段内趋于收敛。相比低质量土地，高质量土地更易趋于收敛或发散。

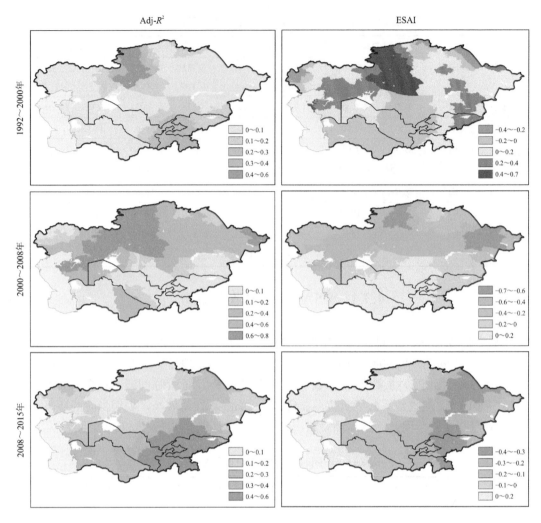

图4.25　中亚不同时间段ESAI空间收敛分析的地理加权回归模型

4.3.5　气候变化和人类活动对土地退化风险的影响

基于线性回归和F检验分析法，计算不同时间段内气候变化趋势及其显著性检验空间分布结果如图4.26(a)～(f)所示。近几十年来，中亚地区降水和气温变化明显，在不同时期内大部分区域的降水呈不同变化趋势。1992～2000年在中亚南部和2000～2008年在中亚北部均出现显著下降[图4.26(a)～(b)]，而2008～2015年大部分区域呈上升趋势[图4.26(c)]。1992～2000年期间，中亚南部的温度呈显著上升趋势，最大变化率为0.28 ℃/a[图4.26(d)]。总体而言，研究区从1992年到2008年经历了快速暖干，而2008年后逐渐转为暖湿。

为了探索气候变化及人类活动对土地退化风险的影响，计算了不同时间段内ESAI回归残差的变化趋势[图4.26(g)～(i)]。结果表明，1992～2000年哈萨克斯坦北部

ESAI残差变化趋势明显高于随后时间段（2000～2008年和2008～2015年）。ESAI残差显著变化（p值）与ESAI变化趋势的结果叠加如图4.26(j)～(l)所示，1992～2000年，深红色（残差显著，且ESAI增加）主要集中在中亚北部，而深绿色区域（残差显著且ESAI减小）集中在中亚东部。这些区域无法用气候变化解释，可能由人为干扰引起的。但是，2000～2008年和2008～2015年，大部分地区的平均ESAI呈上升和下降趋势，气候变化可解释大部分ESAI变化（淡红色或淡绿色区域），表明ESAI残差无显著变化。除了土地退化风险的气候驱动因素外，2000～2008年，咸海流域的ESAI呈上升趋势（深红色阴影），可能由人类活动引起。2008～2015年在乌斯秋尔特高原也出现相同的变化趋势。

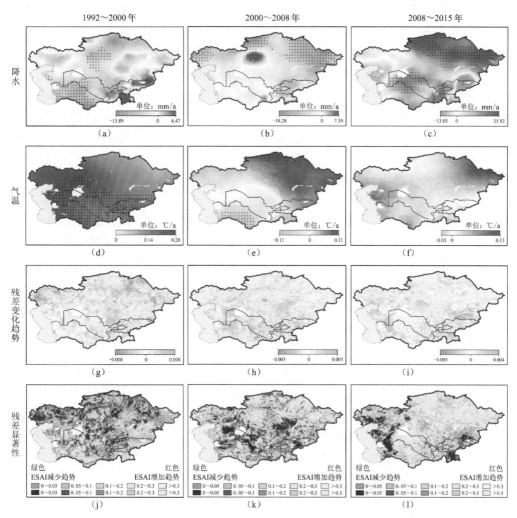

图4.26　降水和温度变化趋势空间分布[(a)～(f)]

图中，(g)～(i) 表示ESAI回归残差的变化趋势。(j)～(l) 为ESAI残差显著变化（p值）和ESAI变化趋势的结果叠加。基于F检验，黑点表示气候因素变化显著。深绿色和深红色阴影表示ESAI残差显著变化，可能由人类活动引起的，而浅绿色和浅红色阴影表示ESAI残差无显著变化，可以由气候趋势解释。

4.3.6　不同时间段的敏感性空间收敛模式

1. 1992～2000年的空间收敛模式

传统方法多数基于植被指数来监测土地退化敏感性（Hill et al.，2008；Kundu and Dutta，2011），往往忽略了过程特征，无法有效检测变化的突变年。使用MK检验与收敛性分析法相结合，以确保土地退化风险方向的可靠性。根据评估期内年均ESAI变化的突变年份（2000年和2008年），划分了三个研究时间段（1992～2000年、2000～2008年和2008～2015年），与前人研究结果一致，Stulina等监测到2000年和2008年为极端干旱年。

空间收敛性分析可综合反映不同时间段内生态环境变化与社会经济间的相互复杂作用（Safriel and Tal，2010；Yang et al.，2013）。1992～2000年，土地退化风险趋于发散模式，特别在中亚北部（表4.13和图4.25）。1991年苏联解体的影响下，区域内相关国家的社会经济和政治环境均发生了不同程度的变化，导致哈萨克斯坦北部耕地撂荒转变为稀疏植被，以及哈萨克斯坦东部的畜牧业崩溃（Klein et al.，2012；Xi et al.，2016）等。因此，在空间上，人类活动方式和规模的多样化，影响了该时期的土地退化风险（Hostert et al.，2011；Zhou et al.，2015）。哈萨克斯坦北部的土地退化风险趋于发散模式与耕地的弃耕有关（图4.25），干旱区植被在短期内难以恢复，许多农田转变为稀疏植被而出现地表土壤的暴露，加剧了哈萨克斯坦北部的土地退化敏感性（Mirzabaevet al.，2016）。ESAI残差分析结果也证实了哈萨克斯坦北部区域ESAI呈上升趋势且ESAI残差显著变化（深红色），可能由人类活动引起的［图4.26（j）］。

1992～2000年，哈萨克斯坦东部区域、吉尔吉斯斯坦和塔吉克斯坦的ESAI发散模式［图4.26（j）］与偏远和夏季牧场遗弃有关，弃牧场可大大减轻该地区的过度放牧（Karnieli et al.，2008）。随着草场的恢复，土地退化的敏感性逐渐降低（Hauck et al.，2016；Robinson，2016）。这些区域发散模型的潜在原因与ESAI残差分析结果相一致，ESAI残差分析结果表明，中亚东部的ESAI呈下降趋势，且残差显著变化［图4.26（j）］；Robinson等研究也表明，苏联解体后，该地区草地改善与牲畜库存减少有关（Robinson，2016）。1992～2000年中亚南部沙漠的收敛模式（图4.25），可以用降水的减少和温度的升高来解释，因为该时期的ESAI残差无显著变化［图4.26（a）、（d）和（j）］，导致沙漠区域土地退化敏感性提高。在这种情况下，空间收敛可作为土地退化风险的早期预警（Tombolini et al.，2016）。

2. 2000～2015年的空间收敛模式

近十几年来，中亚社会经济环境趋于稳定，2000～2008年和2008～2015年期间，大部分地区趋于收敛（图4.26）。2000～2008年，大部分地区土地退化敏感性提高，其收敛性主要是降水减少所致［图4.25、图4.26（a）和图4.26（d）］，尤其在哈萨克斯坦北部比较突出，与多数学者相关研究结果一致（Stulina et al.，2013；Zhou et al.，2015）。张等研究表明，该地区降水减少对草地退化有显著影响（Zhang et al.，2017）。因此，ESAI快速收敛区域应采取适当保护措施以减少土地退化风险。另外，咸海流域的发散模式不容忽视，可能与人类活动有关［图4.25和图4.26（k）］。2000年和2008年是干旱年，上游区域河流来水量大大减少，从而影响到下游区域的生态用水，尤其在阿姆河湿地三角洲缺水严重（图4.27），导致部分区域土地退化敏感性增加［图4.26（k）］，前人研究也有类似报道（Dubovyk et al.，2013）。而且，咸海面积持续衰退，2006年大咸海萎缩成东西咸海，2000～2008年咸海面积、水位和水量分别减少了61.60%、14.63%和74.72%（图4.27）。阿姆河三角洲部分区域出现了严重的土地退化，土地退化敏感性也有所提高［图4.26（k）］。Asarin等研究也表明，由于河流径流量急剧减少，该地区的水文和景观已发生改变（Asarin et al.，2010）。咸海流域的土地退化敏感性无法用区域气候变化来解释［图4.26（k）］。

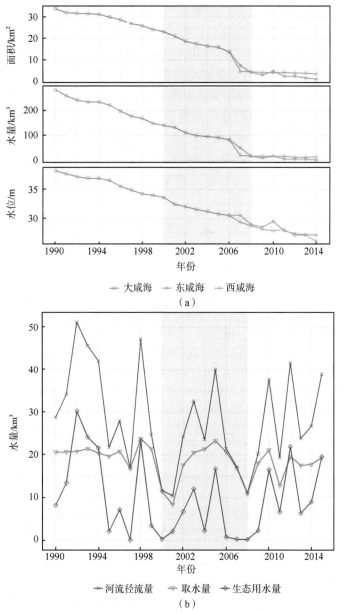

图4.27　咸海面积、水位和流量（a）和阿姆河三角洲水资源（b）的年际变化

红色阴影表示2000～2008年期间的变化。

　　2008～2015年，中亚大部分区域的收敛与降水增加有关［图4.25、图4.26(c)和图4.26(l)］。虽然降水的增加可能会增加水蚀荒漠化的风险，但干旱区降水对植被生长更有利，尤其对荒漠植被(Zhao et al.，2011)，导致大部分区域土地退化敏感性降低。ESAI残差分析结果也证实了土地退化敏感性下降可以用气候变化来解释［图4.26(l)］。此外，中亚东部低敏感区更易收敛也与降水增加有关(图4.25)。对于乌斯秋尔特高原西部，天然气和石油储量的开采导致区域呈发散模式(图4.25)，因此土地退化风险呈上升趋势［图4.25和图4.26(l)］。

　　空间收敛性是一个经济学概念。收敛性分析与土地退化风险评估相结合，是土地退化风险评估在技术方面的进步。土地退化过程的空间异质性导致不同地区的土地退化敏感性趋于不同的收敛模式。换句话说，收敛过程可以逐渐扩大高低敏感区之间的风险差距(Bajocco et al.，2015；Tombolini et al.，2016)。1992～2000年，中亚北部的平均ESAI处于高质量状态，其变化趋于发散，而低土地质量(植被、土壤和气候)的沙漠区(卡拉库姆和克孜勒库姆沙漠)空间异质性要低于北部(图4.25)。因此，此时间段内，环境脆弱区域易趋于收敛，低敏度区域易趋向于发散。然而，在随后两个时间段内出现了收敛模式：2000～2008年和2008～2015年，低敏度区域更易趋于收敛模式。某种意义上说，评估结果表明空间收敛和发散存在一些潜在的原因；前人相关研究也表明，ESAI空间收敛性与土地退化的不同驱动因素密切相关(Basso et al.，2012；Tombolini et al.，2016)。

参 考 文 献

马骏. 2014. 三峡库区重庆段生态脆弱性动态评价. 西南大学.

南颖, 等. 2013. 基于遥感和地理信息系统的图们江地区生态安全评价. 生态学报, 33(15): 4790-4798.

ALIMAEV I I, JR R H B. 2008. Ideology, Land Tenure and Livestock Mobility in Kazakhstan. 151-178.

ASARIN A E, KRAVTSOVA V I, MIKHAILOV V N. 2010. Amudarya and Syrdarya Rivers and Their Deltas: Springer Berlin Heidelberg. 101-121.

BAJOCCO S, 2015. Planning for sustainable agro-forest systems: protected areas and soil degradation hotspots in Italy (1990–2010). Soil Sci. Plant Nutr, 61: 404-413.

BAKR N, et al. 2012. Multi-temporal assessment of land sensitivity to desertification in a fragile agro-ecosystem: Environmental indicators. Ecological Indicators, 15(1): 271-280.

BASSO B, et al. 2012. Evaluating responses to land degradation mitigation measures in Southern Italy. International Journal of Environmental Research, 6(2): 367-380.

BASSO F, et al. 2000. Evaluating environmental sensitivity at the basin scale through the use of geographic information systems and remotely sensed data: an example covering the Agri Basin (Southern Italy). Catena, 40(1): 19-35.

BECERRIL-PIñA R, et al. 2016. Integration of remote sensing techniques for monitoring desertification in Mexico. Human and Ecological Risk Assessment: An International Journal, 22(6): 1323-1340.

BEHNKE R, MORTIMORE M. 2016. The End of Desertification?Springer Berlin Heidelberg. 1-513.

BOHOVIC R. 2016. The spatial and temporal dynamics of remotely-sensed vegetation phenology in Central Asia in the 1982-2011 period. European Journal of Remote Sensing, 279.

BUDAK M, et al. 2018. Environmental sensitivity to desertification in northern Mesopotamia; application of modified MEDALUS by using analytical hierarchy process. Arabian Journal of

Geosciences, 11 (17) : 481.

BUISHAND T A. 1982. Some methods for testing the homogeneity of rainfall records. Journal of Hydrology, 58 (1) : 11-27.

CHEN X, et al. 2015. Land Use/Cover Change in Arid Land of Central Asia. Science Press. 1-402.

CHENG W, et al. 2006. The oasis expansion and eco-environment change over the last 50 years in Manas River Valley, Xinjiang. Science in China Series D: Earth Sciences, 49 (2) : 163-175.

COAKLEY J. 2003. Reflectance and albedo, surface. Academi. 1914-1923.

COHEN J, et al. 2014. Recent Arctic amplification and extreme mid-latitude weather. Nature Geoscience, 7 (9) : 627-637.

D'ODORICO P, et al. 2013. Global desertification: Drivers and feedbacks. Advances in Water Resources, 51: 326-344.

DE BEURS K M, et al. 2009. Dual scale trend analysis for evaluating climatic and anthropogenic effects on the vegetated land surface in Russia and Kazakhstan. Environmental Research Letters, 4 (4) : 045012.

DE BEURS K M, et al. 2015. Using multiple remote sensing perspectives to identify and attribute land surface dynamics in Central Asia 2001–2013. Remote Sensing of Environment, 170: 48-61.

DUBOVYK O, et al. 2013. Spatio-temporal analyses of cropland degradation in the irrigated lowlands of Uzbekistan using remote-sensing and logistic regression modeling. Environ Monit Assess, 185 (6) : 4775-4790.

FARGIONE J, et al. 2008. Land clearing and the biofuel carbon debt. Science, 319 (5867) : 1235-1238.

FENG Y, et al. 2012. Dynamics of ecosystem service value caused by land use changes in Manas River of Xinjiang, China. International Journal of Environmental Research, 6 (2) : 499-508.

FORKUTSA I, et al. 2009. Modeling irrigated cotton with shallow groundwater in the Aral Sea Basin of Uzbekistan: II. Soil salinity dynamics. Irrigation Science, 27 (4) : 319-330.

GULI JIAPAER, et al. 2015. Vegetation dynamics and responses to recent climate change in Xinjiang using leaf area index as an indicator. Ecological Indicators, 58: 64-76.

GUO H, et al. 2017. Effects of the Tarim River's middle stream water transport dike on the fractional cover of desert riparian vegetation. Ecological Engineering, 99: 333-342.

GUO H, et al. 2018. Spatial and temporal characteristics of droughts in Central Asia during 1966–2015. Science of The Total Environment, 624: 1523-1538.

HAN L, et al. 2015. Desertification assessments in the Hexi corridor of northern China's Gansu Province by remote sensing. Natural Hazards, 75 (3) : 2715-2731.

HAN Q, et al. 2014. Modeling the grazing effect on dry grassland carbon cycling with Biome-BGC model. Ecological Complexity, 17: 149-157.

HAN Q, et al. 2016. Simulated grazing effects on carbon emission in Central Asia. Agricultural and Forest Meteorology, 216: 203-214.

HAUCK M, et al. 2016. Pastoral livestock husbandry and rural livelihoods in the forest-steppe of east Kazakhstan. Journal of Arid Environments, 133: 102-111.

HILL J, et al. 2008. Mediterranean desertification and land degradation. Global and Planetary Change, 64 (3-4) : 146-157.

HOSTERT P, et al. 2011. Rapid land use change after socio-economic disturbances: the collapse of the Soviet Union versus Chernobyl. Environmental Research Letters, 6 (4) : 045201.

HUANG X, et al. 2018. Temporospatial patterns of human appropriation of net primary production in Central Asia grasslands. Ecological Indicators, 91: 555-561.

JAFARI R, BAKHSHANDEHMEHR L. 2016. Quantitative mapping and assessment of environmentally sensitive areas to desertification in Central Iran. Land Degradation & Development, 27 (2) : 108-119.

JIANG L, et al. 2017. Vegetation dynamics and responses to climate change and human activities in Central

Asia. Science of the Total Environment, 599-600: 967-980.

KARIYEVA J, VAN LEEUWEN W. 2011. Environmental drivers of NDVI-based vegetation phenology in Central Asia. Remote Sensing, 3 (12): 203-246.

KARNIELI A, et al. 2008. Assessing land-cover change and degradation in the Central Asian deserts using satellite image processing and geostatistical methods. Journal of Arid Environments, 72 (11): 2093-2105.

KHAMZINA A, et al. 2008. Tree establishment under deficit irrigation on degraded agricultural land in the lower Amu Darya River region, Aral Sea Basin. Forest Ecology and Management, 255 (1): 168-178.

KITAMURA Y, et al. 2006. Causes of farmland salinization and remedial measures in the Aral Sea basin—Research on water management to prevent secondary salinization in rice-based cropping system in arid land. Agricultural Water Management, 85 (1-2): 1-14.

KLEIN I, et al. 2012. Regional land cover mapping and change detection in Central Asia using MODIS time-series. Applied Geography, 35 (1): 219-234.

KOSMAS C, et al. 1999. Manual on key indicators of desertification and mapping environmentally sensitive areas to desertification. European Commission. 87.

KOSMAS C, et al. 2013. Evaluation and selection of indicators for land degradation and desertification Monitoring: Methodological Approach. Environmental Management, 54 (5): 951-970.

KRAEMER R, et al. 2015. Long-term agricultural land-cover change and potential for cropland expansion in the former Virgin Lands area of Kazakhstan. Environmental Research Letters, 10 (5): 054012.

KUNDU A, DUTTA D. 2011. Monitoring desertification risk through climate change and human interference using remote sensing and GIS techniques. International Journal of Geomatics & Geosciences, 2 (1): 21-33.

LAMCHIN M, et al. 2016. Assessment of land cover change and desertification using remote sensing technology in a local region of Mongolia. Advances in Space Research, 57 (1): 64-77.

LAMCHIN M, et al. 2017. Correlation between desertification and environmental variables using remote sensing techniques in Hogno Khaan, Mongolia. Sustainability, 9 (4): 581.

LI H, et al. 2004. Analysis and assessment of land desertification in Xinjiang based on RS and GIS. Journal of Geographical Sciences, 14 (2): 159-166.

LI Q, et al. 2016. Quantitative assessment of the relative roles of climate change and human activities in desertification processes on the Qinghai-Xizang Plateau based on net primary productivity. Catena, 147: 789-796.

LI S G, et al. 2000. Grassland desertification by grazing and the resulting micrometeorological changes in Inner Mongolia. Agricultural and Forest Meteorology, 102 (2): 125-137.

LIOUBIMTSEVA E, et al. 2005. Impacts of climate and land-cover changes in arid lands of Central Asia. Journal of Arid Environments, 62 (2): 285-308.

LIOUBIMTSEVA E, HENEBRY G M. 2009. Climate and environmental change in arid Central Asia: Impacts, vulnerability, and adaptations. Journal of Arid Environments, 73 (11): 963-977.

LIOUBIMTSEVA E. 2014. A multi-scale assessment of human vulnerability to climate change in the Aral Sea Basin. Environmental Earth Sciences, 73 (2): 719-729.

MA Z, et al. 2011. The construction and application of an Aledo-NDVI based desertification monitoring model. Procedia Environmental Sciences, 10: 2029-2035.

MICKLIN P P, et al. 2014. The Aral Sea: the devastation and partial rehabilitation of a great lake. Springer, 1-453.

MIRZABAEV A, et al. 2015. Rangelands of Central Asia: challenges and opportunities. Journal of Arid Land, 8 (1): 93-108.

MIRZABAEV A, et al. 2016. Economics of land degradation in Central Asia, Economics of land degradation and improvement—A global assessment for sustainable development. Springer, 261-290.

MITCHELL T D, JONES P D. 2005. An improved method of constructing a database of monthly climate observations and associated high‐resolution grids. International Journal of Climatology, 25(6): 693-712.

NANDY S, et al. 2015. Environmental vulnerability assessment of eco-development zone of Great Himalayan National Park, Himachal Pradesh, India. Ecological Indicators, 57: 182-195.

ORLOVSKY L, et al. 2004. Temporal dynamics and productivity of biogenic soil crusts in the central Karakum desert, Turkmenistan. Journal of Arid Environments, 56(4): 579-601.

PAN J, LI T. 2013. Extracting desertification from Landsat TM imagery based on spectral mixture analysis and albedo-vegetation feature space. Natural Hazards, 68(2): 915-927.

PIGNATTI E, PIGNATTI S. 2014. Forests of Broadleaved Trees and Shrubs at Low Elevations, Plant Life of the Dolomites: Springer. 71-119.

PRĂVĂLIE R, et al. 2017a. Quantification of land degradation sensitivity areas in Southern and Central Southeastern Europe. New results based on improving DISMED methodology with new climate data. Catena, 158: 309-320.

PRĂVĂLIE R, et al. 2017b. Spatial assessment of land degradation sensitive areas in southwestern Romania using modified MEDALUS method. Catena, 153: 114-130.

PROPASTIN P A. 2008. Inter-annual changes in vegetation activities and their relationship to temperature and precipitation in Central Asia from 1982 to 2003. Journal of Environmental Informatics, 12(2): 75-87.

RAMANATHAN R. 2001. A note on the use of the analytic hierarchy process for environmental impact assessment. Journal of environmental management, 63(1): 27-35.

ROBINOVE C J, et al. 1981. Arid land monitoring using Landsat albedo difference images. Remote Sensing of Environment, 11: 133-156.

ROBINSON S. 2016. Land Degradation in Central Asia: Evidence, Perception and Policy: Springer. 451-490.

RUNYAN C W, D'ODORICO P. 2010. Ecohydrological feedbacks between salt accumulation and vegetation dynamics: role of vegetation-groundwater interactions. Water Resources Research, 46(11): 386.

SAATY T L. 1977. A scaling method for priorities in hierarchical structures. Journal of Mathematical Psychology, 15(3): 234-281.

SADEGHRAVESH M H, et al. 2015. Application of fuzzy analytical hierarchy process for assessment of combating-desertification alternatives in central Iran. Natural Hazards, 75(1): 653-667.

SAIKO T A, ZONN I S. 2000. Irrigation expansion and dynamics of desertification in the Circum-Aral region of Central Asia. Applied Geography, 20(4): 349-367.

SALVATI L, BAJOCCO S. 2011. Land sensitivity to desertification across Italy: Past, present, and future. Applied Geography, 31(1): 223-231.

SALVATI L, et al. 2013. Desertification risk, long-term land-use changes and environmental resilience: a case study in Basilicata, Italy. Scottish Geographical Journal, 129(2): 85-99.

SALVATI L, ZITTI M, PERINI L, et al. 2016. Fifty years on: long-term patterns of land sensitivity to desertification in Italy. Land Degradation & Development, 27(2): 97-107.

SHI Y, et al. 2007. Recent and future climate change in northwest China. Climatic Change, 80(3-4): 379-393.

SNEYERS R. 1990. On the statistical analysis of series of observations. Journal of Biological Chemistry, 258(22): 13680-13684.

SOMMER S, et al. 2011. Application of indicator systems for monitoring and assessment of desertification from national to global scales. Land Degradation & Development, 22(2): 184-197.

STULINA G, ESHCHANOV O. 2013. Climate change impacts on hydrology and environment in the Pre-Aral region. Quaternary International, 311: 87-96.

SUN J, LIU T. 2006. The age of the Taklimakan Desert. Science, 312(5780): 1621.

SYED F S, et al. 2006. Effect of remote forcings on the winter precipitation of central southwest Asia　part 1: observations. Theoretical and Applied Climatology, 86(1): 147-160.

TOMBOLINI I, et al. 2016. Lost in convergence, found in vulnerability: A spatially-dynamic model for desertification risk assessment in Mediterranean agro-forest districts. Science of The Total Environment, 569-570: 973-981.

VICENTE-SERRANO S M, et al. 2015. Contribution of precipitation and reference evapotranspiration to drought indices under different climates. Journal of Hydrology, 526: 42-54.

WAHREN C H A, et al. 2005. Vegetation responses in Alaskan arctic tundra after 8 years of a summer warming and winter snow manipulation experiment. Global Change Biology, 11 (4): 537-552.

WANG C G, et al. 2018. Global intercomparison and regional evaluation of GPM IMERG Version-03, Version-04 and its latest Version-05 precipitation products: Similarity, difference and improvements. Journal of Hydrology, 564: 342-356.

WANG X D, et al. 2008. Regional assessment of environmental vulnerability in the Tibetan Plateau: Development and application of a new method. Journal of Arid Environments, 72 (10): 1929-1939.

WANG X, et al. 2009. Responses of dune activity and desertification in China to global warming in the twenty-first century. Global and Planetary Change, 67 (3-4): 167-185.

WANG Y, et al. 2015. Fuzzy comprehensive evaluation-based disaster risk assessment of desertification in Horqin Sand Land, China. Int J Environ Res Public Health, 12 (2): 1703-1725.

WU Z, et al. 2010. Climate change and human activities: a case study in Xinjiang, China. Climatic Change, 99 (3-4): 457-472.

XI X, SOKOLIK I N. 2016. Quantifying the anthropogenic dust emission from agricultural land use and desiccation of the Aral Sea in Central Asia. J. Geophys. Res. Atmos, 121 (12): 270-281.

XU H J, et al. 2016. Decreased vegetation growth in response to summer drought in Central Asia from 2000 to 2012. International Journal of Applied Earth Observation and Geoinformation, 52: 390-402.

YAO J, et al. 2014. Responses of runoff to climate change and human activities in the Ebinur Lake Catchment, western China. Water Resources, 41 (6): 738-747.

ZAMBON I, et al. 2017. Land quality, sustainable development and environmental degradation in agricultural districts: A computational approach based on entropy indexes. Environmental Impact Assessment Review, 64: 37-46.

ZHANG C, et al. 2016. The spatiotemporal patterns of vegetation coverage and biomass of the temperate deserts in Central Asia and their relationships with climate controls. Remote Sensing of Environment, 175: 271-281.

ZHANG G, et al. 2017. Exacerbated grassland degradation and desertification in Central Asia during 2000-2014. Ecological Applications, 28 (2): 442-456.

ZHAO X, et al. 2011. Changing climate affects vegetation growth in the arid region of the northwestern China. Journal of Arid Environments, 75 (10): 946-952.

ZHOU Y, et al. 2015. Climate contributions to vegetation variations in Central Asian drylands: Pre- and Post-USSR collapse. Remote Sensing, 7 (3): 2449-2470.

第5章 咸海流域生态风险时空特征分析

咸海流域是世界上主要的棉花生产地之一（White，2013），由于耕地扩张、农业用水增加和引水效率不高等原因，咸海萎缩已成为全球最为震惊的生态环境灾难之一（Bekchanov et al.，2016）。流域以灌溉农业为主，水文平衡的改变易导致因水分压力增加而出现农田生产力下降（Qushimov et al.，2007；Dubovyk et al.，2013）。同时，流域上游山区气候波动导致径流变化，从而影响区域农业可用水量，尤其在干旱年中（Stulina et al.，2013）。此外，各国间水资源分配和上下游用水矛盾突出，进一步加剧了下游区域水资源短缺（Libert et al.，2012）。开展农田水分压力和土地退化研究，对咸海流域生态与经济可持续发展至关重要（Lioubimtseva，2014）。

咸海流域覆盖整个乌兹别克斯坦以及其他中亚国家部分区域，面积约为126万km²（图5.1）。帕米尔高原和天山高山的永久冰川积雪是跨界河流阿姆河和锡尔河的重要水源（Lee et al.，2018）。结合灌区用水边界和州界，咸海流域划分为13个子流域来探究区域水分压力空间的差异性。

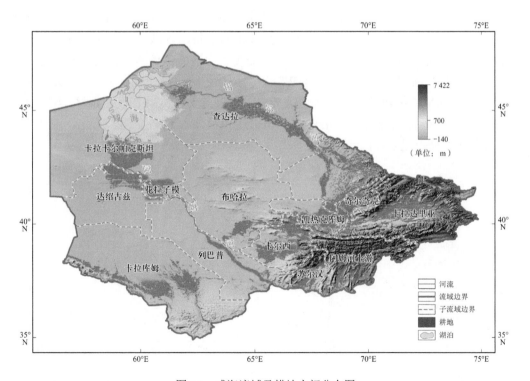

图5.1 咸海流域及耕地空间分布图

5.1　水分压力和种植强度指数

通过实际蒸散发（actual evapotranspiration，AET）和潜在蒸散发（potential evapotranspiration，PET）的比值来识别水分充足或缺水的地区（Chirouze et al.，2014；Liaqat et al.，2017）。水分压力指数（water stress index，WSI）值介于0和1之间；WSI越高，水分压力越严重。AET和PET来源于MOD16A2数据产品，WSI定义可用以下公式表示：

$$WSI = 1 - \frac{AET}{PET} \tag{5.1}$$

种植强度指数计算如以下公式表示（Iizumi et al.，2015）：

$$种植强度 = \frac{总种植面积}{净种植面积} \tag{5.2}$$

如果耕地一年多次种植，农作物的总种植面积将被多次计算。净种植面积包括临时休耕地。

5.2　水分压力时空变化和突变年份检测

年均WSI空间分布如图5.2（a）所示。结果显示，卡拉卡尔帕克斯坦、达绍古兹和卡拉库姆的年均WSI值较高，高达0.9。值得注意的是，较低值主要集中在卡拉达里亚和阿姆河上游地区，WSI约为0.65。结果证实了山区农田的水分压力要低于平原地区的。基于线性回归分析法，计算了WSI年际变化趋势，结果如图5.2（b）所示。结果表明，2000～2016年期间，大部分地区WSI呈下降趋势，尤其在上游地区（年变化率为–0.009 /a）。但是，卡拉卡尔帕克斯坦和查达拉呈增加趋势变化。因此，咸海流域WSI变化在空间上呈明显的区域特征。

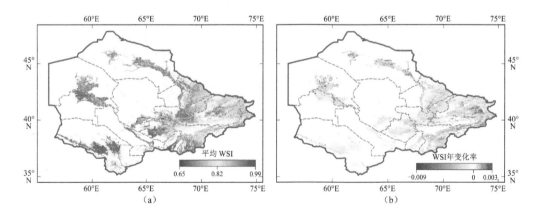

图5.2　2000～2016年年均水分压力指数（WSI）空间分布（a）和WSI年际变化趋势空间分布（b）

结合曼-肯德尔检验法(Mann-Kendall,MK),可将水分压力分为五类(表5.1)。水分压力变化分类的空间分布结果[图5.3(a)]表明,不同区域的水分压力变化程度不同,大多数农田(51%)水分压力呈显著减少。此外,约18%的农田出现显著或轻微增加,这些区域主要集中分布在下游地区,5%的农田为稳定区。不同子流域,变化类别百分比统计如图5.3(b)所示,不同地区的农田水分压力有所不同。上游区域WSI呈显著或轻微减少,其中卡拉达里亚、阿姆河上游和苏尔汉分别占94.49%、99.10%和97.84%,而该地区轻微或显著增加面积几乎为0。与其相比,下游区域查达拉、卡拉卡尔帕克斯坦和达绍古兹的水分压力显著或轻微增加,比例分别为41.11%、28.64%和29.57%,均高于上游地区。总之,不同子流域的水分压力变化差异明显,且下游区的水分压力明显高于上游区。

表5.1 水分压力变化类型划分

S_{WSI}	Z	水分压力变化趋势
$\geqslant 0.001$	$\geqslant 1.96$	显著增加
$0.000\,1 \sim 0.001$	$-1.96 \sim 1.96$	轻微增加
$-0.000\,1 \sim 0.000\,1$	$-1.96 \sim 1.96$	稳定区
$-0.001 \sim -0.000\,1$	$-1.96 \sim 1.96$	轻微减少
<-0.001	$\leqslant -1.96$	显著减少

在R语言环境中,利用分离趋势和季节项的突变点方法(breaks for additive season and trend,BFAST)包检测2000~2016年WSI变化的突变年份。结果表明[图5.3(c)],突变年主要集中在2005~2011年,咸海流域大部分农田的突变年份为2005年,占总面积的41.47%,而突变年份2008年占33.80%,其次是2010年(18.82%)。其他突变年份包括2006年、2007年、2009年和2011年,共占21.61%。图5.3(d)空间显示了不同区域耕地水分压力变化突变年百分比的统计结果。阿姆河上游地区中突变年份2008年所占比例最高;其次为卡拉卡尔帕克斯坦。而布哈拉地区突变年份2005年所占比例最高,其次为卡尔西。比较不同区域的空间一致性,结果表明,卡拉卡尔帕克斯坦、达绍古兹和花拉子模具有空间一致性变化,因为这些区域某种程度上具有相似性。中游区域突变年份2005年和2008年的比例较高,比如布哈拉、列巴普和卡尔西。锡尔河上游区域的卡拉达里亚和奇尔奇克的突变年份2005年、2008年和2010年所占比例较高,呈聚集趋势变化。总体而言,2005年、2008年和2010年是咸海流域水分压力变化的主要突变年份。

如图5.4所示,基于线性回归法确定了不同区域水分压力与农业用水的相关性。两者相关性在空间上差异明显,下游地区WSI与农业用水呈负相关性,R^2较高;尤其在花拉子模和卡拉卡尔帕克斯坦地区的负相关性较强,R^2值分别为0.741和0.57。但是,上游地区,如阿姆河上游、卡拉达里亚和凯热克库姆,WSI与农业用水无显著相关性,表明农业用水对该地区的水分压力影响较小。对于整个阿姆河流域,WSI与农业用水存较强的负相关性,且高于锡尔河流域。总之,下游平原区的相关性明显高于上游山区。

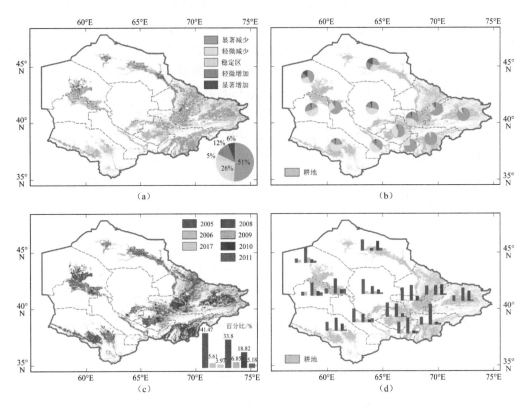

图 5.3　2000～2016 年 WSI 变化分类和突变年检测

(a) 变化程度分为五类：轻微和显著增加、稳定区以及轻微和显著减小。(b) 不同区域耕地水分压力变化程度百分比。(c) 耕地水分压力变化突变年的空间分布。(d) 不同区域耕地水分压力变化中不同突变年份百分比。(b) 和 (d) 的图例分别与 (a) 和 (c) 的相同。

　　土地退化指数 (land degradation index，LDI) 变化趋势空间分布如图 5.5 (a) 所示。结果表明，下游卡拉卡尔帕克斯坦和查达拉地区 LDI 呈上升趋势，年变化率高达 0.006 /a；而阿姆河上游和卡拉达里亚等区域 LDI 呈下降趋势，年变化率低至 –0.008 /a。大部分农田得到改善，而咸海流域下游地区则出现了严重的土地退化。WSI 和 LDI 的相关系数空间分布如图 5.5 (b) 所示，大部分区域存在显著正相关，尤其在卡拉卡尔帕克斯坦、花拉子模和查达拉较为突出，而阿姆河上游和卡拉达里亚地区存在无显著性的负相关。各区域平均相关系数的统计结果表明不同区域存在明显的空间差异，所有区域均存在正相关系数 (＞0.5)，且 WSI 和 LDI 相关性系数由上游到下游区域逐渐减小。较强相关性位于花拉子模，相关系数高达 0.72，其次为卡拉卡尔帕克斯坦 (0.71)。值得注意的是，我们发现明显的分界线位于卡拉卡尔帕克斯坦与达绍古兹州之间，如图 5.5 所示。达绍古兹土地退化强度要低于卡拉卡尔帕克斯坦 [图 5.5 (a)]，且卡拉卡尔帕克斯坦 WSI 和 LDI 间的相关性明显强于达绍古兹 [图 5.5 (b)]。

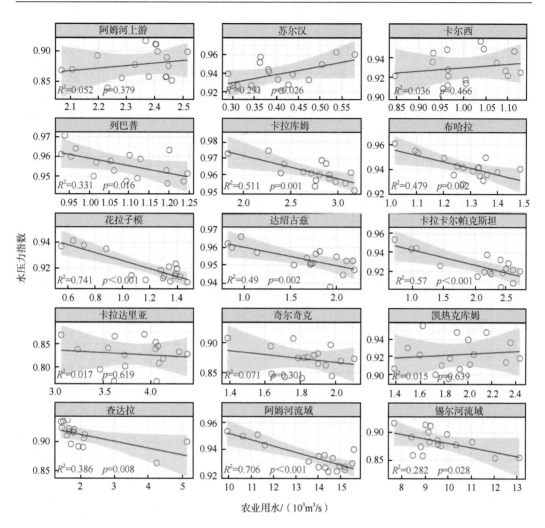

图5.4　不同区域平均WSI与农业用水的相关性

阴影部分表示线性模型在0.95水平上的置信区间。

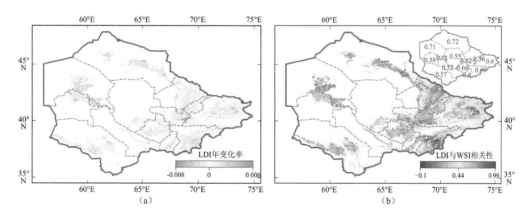

图5.5　土地退化指数（LDI）变化趋势的空间分布（a）和WSI与LDI相关系数的空间分布（b）

红色数字表示不同区域的平均相关系数。

基于线性回归法，不同区域土地退化与农业用水相关性如图5.6所示。结果表明，下游地区LDI与农业用水呈负相关，R^2值较高。特别是花拉子模和卡拉卡尔帕克斯坦地区，存在显著的负相关性，R^2值分别高达0.703和0.618；其次是达绍古兹（0.468）。但是，上游地区如阿姆河上游、卡拉达里亚和凯热克库姆，LDI和农业用水之间无显著的相关性，表明农业用水对该地区的土地退化影响很小。阿姆河和锡尔河流域相比较，阿姆河流域的LDI与农业用水存在较高的负相关性（$R^2 = 0.58$），且明显高于锡尔河流域。综上所述，下游平原区的农业用水对土地退化和水分压力影响均高于上游山区。

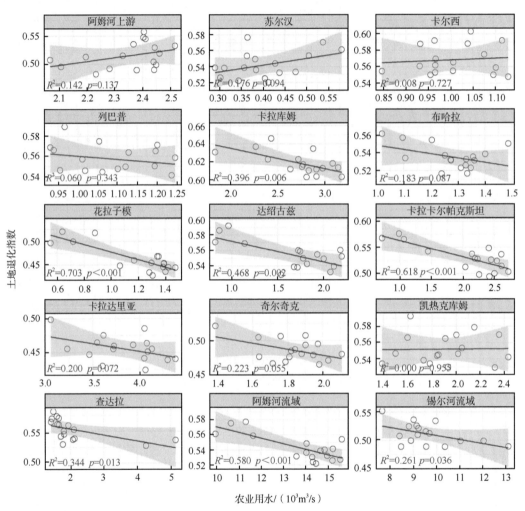

图5.6　不同地区平均LDI与农业用水的相关性

阴影部分表示线性模型在0.95水平上的置信区间。

5.3　耕地变化及种植强度与农业用水相关性

耕地变化的空间分布及不同区域耕地变化面积统计结果如图5.7所示。结果表明，咸海流域耕地面积增加了3.32万hm^2，主要来源于草地和稀疏植被的转化。有52.3万hm^2

的稀疏植被和39.69万hm²的草地被开垦为耕地，主要集中在卡拉达里亚、奇尔奇克和卡拉库姆。309.09万hm²和15.04万hm²的耕地被摞荒而转变为稀疏植被和草地，这些农田主要分布在查达拉和卡拉卡尔帕克斯坦的下游。此外，由于城市扩张，47.16万hm²的耕地转变为建设用地，主要分布在城镇外围。天然植被和耕地间的相互转换是咸海流域耕地变化的主要特征，下游区域的耕地弃耕呈现出新的变化趋势。

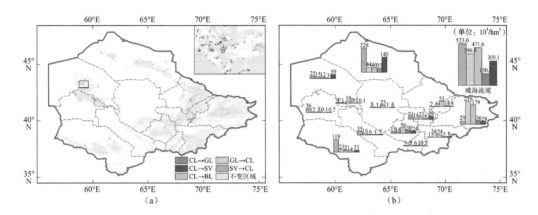

图5.7　2000～2015年耕地变化空间分布(a)和不同地区耕地转换统计结果(b)

(b)的图例与(a)的相同。CL：农田；SV：稀疏植被；GL：草地；BL：建设用地。

图5.8表示不同区域不同农作物的种植面积统计。结果表明，农作物面积随时间变化波动明显。棉花是下游地区主要的农作物类型（例如卡拉卡尔帕克斯坦、花拉子模、达绍古兹和查达拉）。阿姆河三角洲（卡拉卡尔帕克斯坦、花拉子模和达绍古兹）棉花面积增加迅速，从2000年的31.16万hm²增加到2016年的62.79万hm²，而此期间内，上游地区（阿姆河上游和卡拉达里亚）棉花减少了23.96万hm²。在流域中游区（苏尔汉、卡尔西、列巴普、奇尔奇克和凯热克库姆），小麦和其他农作物所占比例均高于棉花，且均有不同程度的增加。整个阿姆河流域，2000～2016年期间棉花和小麦分别增加了27.69万hm²和77.57万hm²。棉花增加的区域主要集中在阿姆河三角洲，而中游地区以小麦增加为主。与其相比，整个锡尔河流域棉花减少了50.89万hm²，而小麦增加了53.75万hm²，棉花和小麦的变化主要集中在奇尔奇克和凯热克库姆地区。农作物面积的变化必然会影响农业用水的空间分配，导致下游缺水严重。

种植强度与农业用水间的相关系数如图5.9所示，两者在阿姆河三角洲和卡拉库姆呈较强正相关性，且R^2值较高，尤其在卡拉卡尔帕克斯坦（$R^2 = 0.696$）和花拉子模（$R^2 = 0.707$）。但是，在中上游地区，种植强度与农业用水相关性不显著（$p > 0.01$）。在整个阿姆河流域中，种植强度与农业用水间存在显著的正相关（$R^2 = 0.532$），而锡尔河流域则相关性不显著，R^2值仅为0.028（$p > 0.1$）。总体而言，阿姆河三角洲和卡拉库姆的农业用水对种植强度的影响明显强于其他地区，可能该地区受人为活动影响较大。

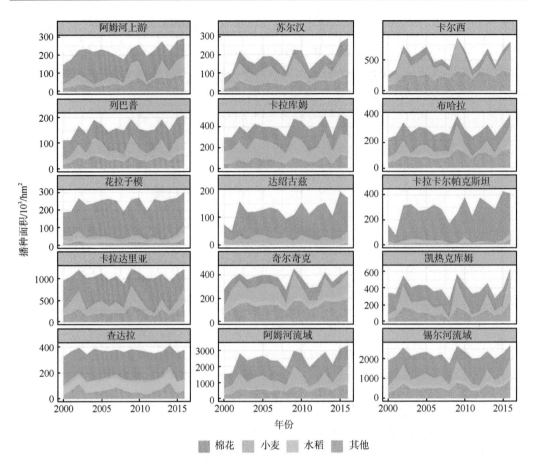

图5.8　不同地区不同作物类型的年际总种植面积

（如果一年内耕地多次种植，则种植面积进行多次计算）

其他：果园、花园、玉米等。

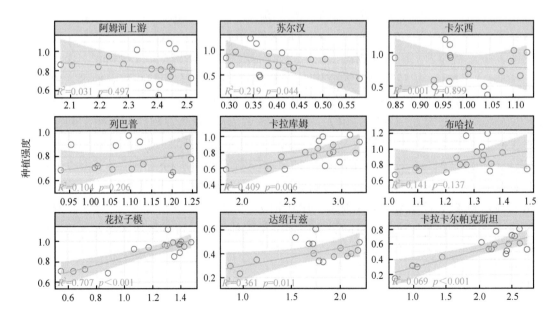

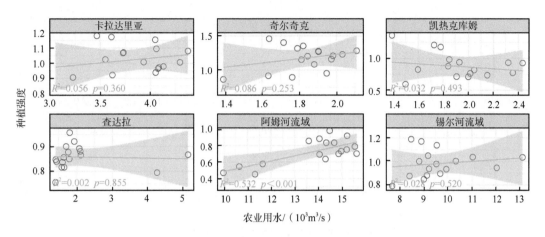

图 5.9　不同地区种植强度与农业用水间的相关性

阴影部分表示线性模型在 0.95 水平上的置信区间。

5.4　不同区域农业用水对农作物产量影响

图 5.10 表示不同区域农业用水与棉花产量的相关性。下游地区观察到较强的正相关，特别是卡拉卡尔帕克斯坦（$R^2 = 0.707$）和达绍古兹（$R^2 = 0.596$），且相关性强于中游区域的卡尔西、列巴普和卡拉库姆的相关性（$p < 0.001$）。与其相反，上游地区的农业用水与棉花产量的相关性不显著，特别在阿姆河上游地区、卡拉达里亚和奇尔奇克。在整个阿姆河流域中，棉花产量与农业用水呈较强正相关，相关系数高达 0.747（$p < 0.001$）；而锡尔河流域则相关性不显著，其值低至 0.114（$p > 0.1$）。农业用水对农作物的影响按以下顺序降低：棉花、水稻（图 5.11）和小麦（图 5.12）。因此，下游地区的农业用水与农作物产量间的相关性比上游地区更显著。

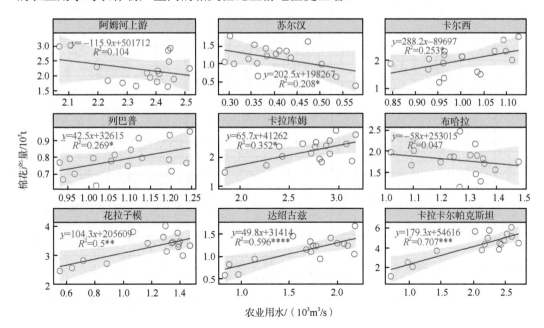

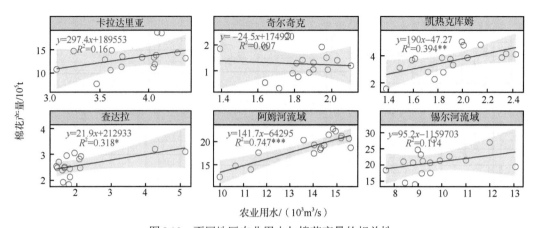

图5.10　不同地区农业用水与棉花产量的相关性

·表示在0.1水平上显著相关。***、**和*分别表示在0.001、0.01和0.05水平上显著相关。

阴影部分表示线性模型在0.95水平上的置信区间。

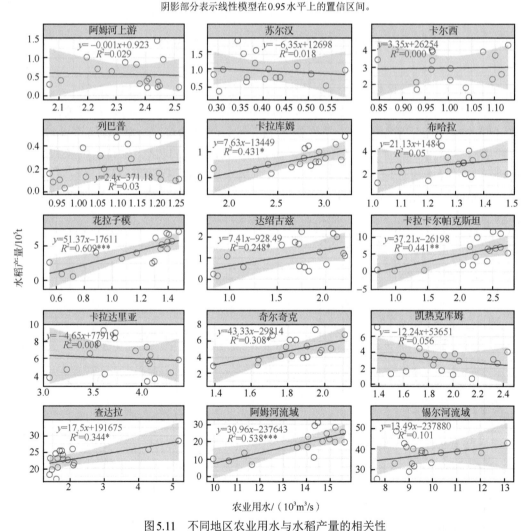

图5.11　不同地区农业用水与水稻产量的相关性

·表示在0.1水平上显著相关。***、**和*分别表示在0.001、0.01和0.05水平上显著相关。

阴影部分表示线性模型在0.95水平上的置信区间。

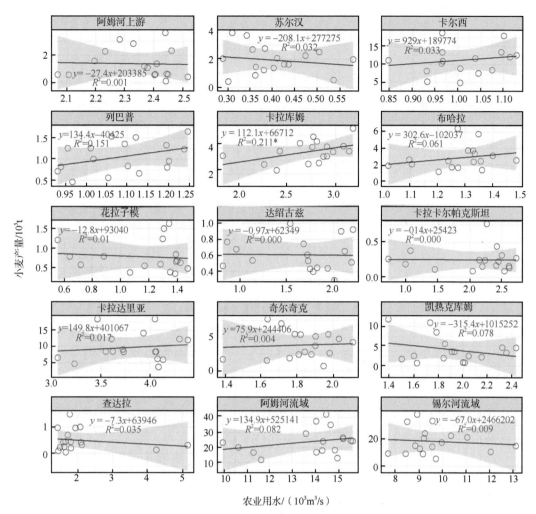

图 5.12　不同地区农业用水与小麦产量的相关性

· 表示在0.1水平上显著相关。***、** 和*分别表示在0.001、0.01和0.05水平上显著相关。

阴影部分表示线性模型在0.95水平上的置信区间。

　　基于K均值聚类方法(Likas et al.，2003)，确定了农业用水、土地退化、水分压力和农作物产量相互关系(图5.4、图5.6和图5.10)的空间聚类，如图5.13所示。由于区域的相似性，发现3个聚类具有明显的区域特征。聚类1中大部分区域主要集中在上游，如阿姆河上游、卡拉达里亚和奇尔奇克等；而聚类2主要包括下游的卡拉卡尔帕克斯坦、达绍古兹和花拉子模。此外，大多数中游地区主要集中在聚类3。总体上，上游、中游和下游均呈现出聚集趋势，这也证实了上文水分压力变化突变年份空间一致性的结果 [图5.3(d)]。

　　根据WSI变化突变年份的检测结果，大多数区域中检测到突变年为2005年、2008年和2010年。选择四个时间段(增加阶段：2000~2005年；减少阶段：2005~2008年；增加阶段：2008~2010年；波动阶段：2010~2016年)来分析水量充沛和缺水条件下棉花产量的变化(图5.14)。结果表明，在增加阶段(2000~2005年和2008~2010年)，

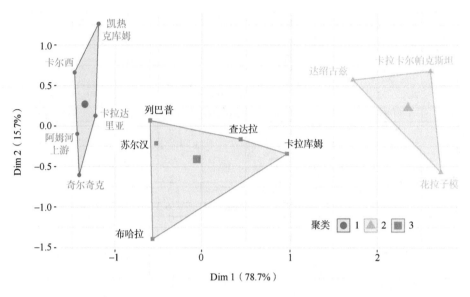

图5.13　不同区域农业用水、土地退化、水分压力以及种植强度间
相关性（图5.4、图5.6和图5.10）的聚类结果

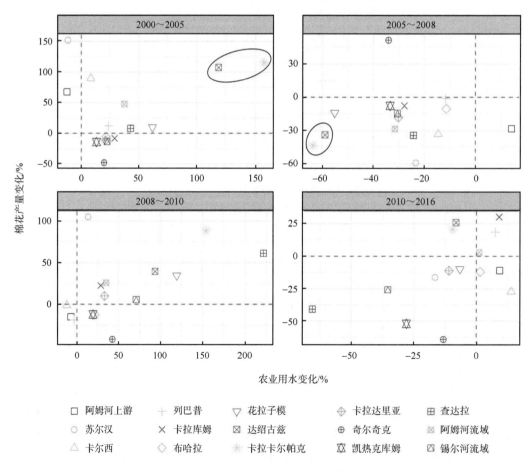

图5.14　不同时间段内农业用水对棉花产量的影响

卡拉卡尔帕克斯坦、达绍古兹、花拉子模和查达拉的农业用水增幅要高于其他区域。随后，这些地区棉花的增长率较高。2005～2008年，大部分地区农业用水有所减少，特别在卡拉卡尔帕克斯坦和达绍古兹，农业用水分别减少了63.83%和58.95%，棉花产量也相应分别减少了43.64%和33.83%。2010～2016年，农业用水变化程度小于前面时间段，但在查达拉、奇尔奇克和凯热克库姆地区的农业用水量有所减少，棉花产量也均出现不同程度的下降。因此，在增加和减少阶段，农业用水对下游地区棉花产量影响较大，在枯水年，满足灌溉用水需求极为重要（Aljerf，2018）。

5.5 水分压力空间差异性及影响分析

5.5.1 水分压力空间差异性

上游山区降水波动变化是影响水分压力变化的主要原因，进而影响灌溉可用水量。研究结果显示，上游山区水分压力与农业用水之间没有显著的相关性（见图5.4）。然而，如图5.15所示，上游地区的水分压力与山区降水呈现明显的负相关，R^2值约为0.70。举例来说，在阿姆河上游地区，2005～2008年降水量减少了98.60 mm，水分压力从0.87上升至0.91。此外，山区有约86.5万hm²的雨养农田，主要依赖降水进行灌溉，偶尔需要人工补充灌溉（Kienzler et al.，2012）。降水在一定程度上有助于缓解咸海流域东部地区的水分压力问题（Reddy et al.，2012）。Reddy等研究指出，上游地区在枯水年和丰水年的农作物产量差异不大，这可以解释为山区农田低水分压力的现象。这也进一步验证了2000～2016年期间上游地区水分压力减小和土地改善的趋势（图5.2和图5.5）。

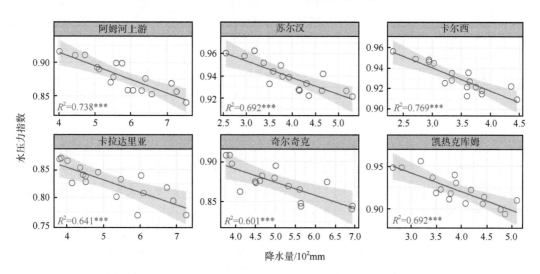

图5.15 上游地区降水与水分压力的关系

*** 表示在0.001水平上显著。阴影部分表示线性模型在0.95水平上的置信区间。

咸海流域中下游区域，在人为活动影响下的水资源分配导致农田水分压力的空间化差异明显。农业用水主要以河水灌溉为主，根据各地区需水量和取水量的差值，花拉子模、达绍古兹和卡拉卡尔帕克斯坦地区的缺水状况比其他地区的严重，特别在 2000年和2008年等枯水年中（图5.16），2000年和2008年的缺水量约50%，因为干旱年农业可利用水量大大减少。另外，阿姆河三角洲棉花种植面积仍不断增加（图5.8），农业缺水进一步加剧。阿姆河三角洲农业用水对种植强度和棉花产量的影响均强于其他地区（图5.9和图5.10）。值得注意的是，布哈拉大多数年份中用水量高于需水量，多余用水量高达20%，因此应注意布哈拉取水过多问题。在卡拉库姆，多数年份中监测到农业缺水，如图8.16所示。从阿姆河引水至卡拉库姆运河对土库曼斯坦农业至关重要，因为土库曼斯坦境内的地表水资源远远满足不了本国的农业需水（Zonn et al.，2018）。评估期间内，土库曼斯坦有11.89万hm^{2}的稀疏植被和2.35万hm^{2}的草地被开垦为耕地（图5.7）。因此，土库曼斯坦在丰水年仍面临农业缺水状况，且农作物种植强度受农业用水影响较大（图5.9）。

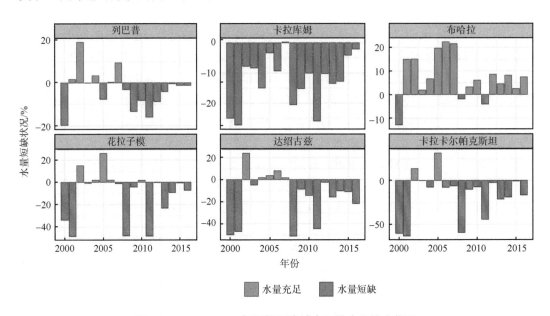

图5.16　2000～2016年阿姆河流域中下游农业缺水状况

　　阿姆河三角洲水分压力评估结果中，发现明显的分界线介于达绍古兹和卡拉卡尔帕克斯坦州之间，如图5.2（b）和图5.3（a）所示。结果表明，达绍古兹州的水分压力比卡拉卡尔帕克斯坦的更趋于稳定。因为不同国家根据本国的灌溉基础设施和农业政策采用不同的灌溉方式（Zhiltsov et al.，2018），一方面，两个地区的种植方式有着显著差异（图5.8）。水资源短缺对达绍古兹州的影响相对较低，因为小麦需水量大大低于棉花的，小麦比例增加可有效缓解下游地区的水资源短缺（De Beurs et al.，2015）。另一方面，卡拉卡尔帕克斯坦为流域的最下游，河流的末端，水资源短缺对该地区农田的影响更明显（Sun et al.，2019）。此外，为了输送更多的水至达绍古兹，新修了一条供水渠与马里亚布运河连接以缓解农业缺水状况（Zonn et al.，2013），但加剧了卡拉卡尔帕克斯坦水资源短缺（图5.16）。因此，在咸海周边区域的水分压力和土地退化均显著增加[图5.3(a)和图5.5(a)]。随后，咸海附近出现了因土地退化而耕地撂荒（图5.7）；图5.17结果显示，咸海流域有86.26%的弃耕地出现土地退化。Löw等研究也表明，咸海流域下游区域时常出现农田遗弃，农田撂荒与土地退化有关（Löw et al.，2015）。

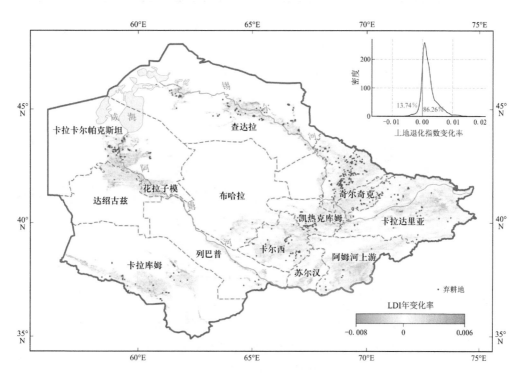

图5.17　LDI变化趋势和弃耕地空间分布图

5.5.2　水分压力影响分析

　　土地退化威胁近全球2/5人口生计，加剧了区域粮食不安全（Micklin，2016）。在咸海流域，农业提供近60%的人口生计，其中大多数人生活在全球粮食贫困水平以下的农村（Abdullaev et al.，2009）。多数区域中，粮食不安全与农村贫困关系密切（FAO，2018）。联合国粮食及农业组织（粮农组织）报告中指出，咸海流域所有国家均面临着不同程度的粮食不安全。乌兹别克斯坦和土库曼斯坦本国满足大约50%的粮食需求，而吉尔吉斯斯坦和塔吉克斯坦仅满足大约30%的需求。由于吉尔吉斯斯坦、塔吉克斯坦、土库曼斯坦和乌兹别克斯坦本国生产的大多数谷物营养缺乏，只能用作动物饲料。因此，大多数农民需进口粮食满足需求，进口粮食类型主要为小麦（FAO，2018）。特别在阿姆河三角洲，粮食不安全状况尤为严重，该地区遭受了严重的土地退化和水资源缺水，其中卡拉卡尔帕克斯坦州最为突出[图5.2(b)和图5.5(a)]。在退化的土地上种植农作物会导致产量下降，农民利润降低，也会影响到该地区粮食不安全状况。与上游区域农民相比，在土地退化程度较高的下游地区种植棉花约有95美元/hm²的损失（Nkonya et al.，2016）。此外，粮食不安全直接影响区域人口变化。2000～2016年人口的时空变化（图5.18）表明，大部分地区人口有明显的上升趋势，特别在中上游地区，而下游的卡拉卡尔帕克斯坦州出现了稳定或略有下降的趋势。

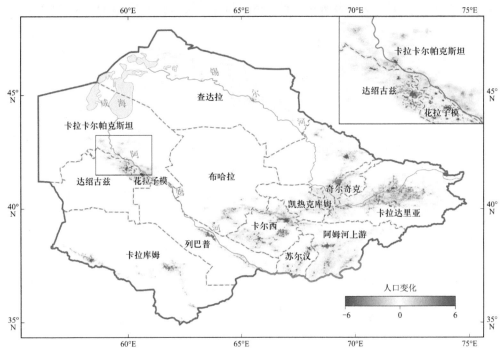

图5.18　咸海流域2000～2016年人口变化空间分布
（数据来自WorldPop项目）

除粮食安全外，水资源压力和土地退化也影响着区域人类健康，特别是在咸海周围地区。由于咸海萎缩，2014年湖泊面积接近零。含有化学污染物的表层土壤暴露于空气，对当地人类健康造成严重影响，导致婴儿死亡率、呼吸道疾病和肝炎增加（Gupta et al.，2016），许多儿童疾病与呼吸系统疾病有关（Whish-Wilson，2017）。而且，咸海附近经常出现含盐和有毒元素的沙尘暴，破坏了当地畜牧业和农业，也增加了三角洲呼吸道疾病的风险（Whish-Wilson，2017）。2018年5月26日的盐尘暴袭击持续了3天，影响范围延伸到中游的布哈拉。因此，持续的土地退化直接或间接威胁到咸海流域当地居民的粮食安全和人类健康。

苏联解体后，区域内各国建立了独立的农业供水系统。为向中亚五国家分配水资源，成立了中亚国家水协调委员会（Interstate Commission for Water Coordination of Central Asia，ICWC）。ICWC每年发布年度供水计划。但是，年度计划中未考虑水电开发。实际上，该计划只是个建议性文件，不具有法律效力（Janusz-Pawletta et al.，2015）。目前，下游的乌兹别克斯坦与上游的吉尔吉斯斯坦和塔吉克斯坦的用水冲突主要集中在农业和能源优先的问题上。上游区域能源缺乏，冬季需要水能发电，而下游则希望为来年的农业灌溉蓄水。随着下游农业需水量增加，这种矛盾（水与能源）进一步加剧下游地区的水分压力。尽管各国都遵守国际相关水法，但这些国际法案不适用于跨界流域的水资源管理（Janusz-Pawletta and Gubaidullina，2015）。过去的几十年里，中亚国家之间已经签署了许多有关跨界水资源管理的相关合作协议。例如，哈萨克斯坦和塔吉克斯坦于1998年签署了《合理使用和保护跨界水域的协定》。1992年，中亚五个国家签署了《生态环境保护的相互合作协定》。但是，这些协议只是意向协议，没有在本国立法，很难有效地实施。

由于水资源短缺，咸海流域下游地区土地退化趋于恶化。但是，根据SDG 6.4和SDG 15.3倡议，需要减少缺水地区，且土地退化应实现零增长目标。所以，必须制定适当保护措施，以防止农田进一步缺水而退化。通过改善灌溉基础设施和完善跨界水管理的法律框架，建议推进水权交易以减轻咸海流域的水压力。有学者研究表明，通过补偿灌溉农民放弃水权，基于市场的水分配可以为咸海提供额外的20 km³水量（Bekchanov et al.，2018）。此外，流域间的水权交易将更有效地得到额外收益。在目前状况下，尽管整个流域水权交易很难得到全面的实施，但部分流域可以试点水权交易（Bekchanov et al.，2018）。此外，可以改变种植方式，多种植低耗水农作物以缓解水资源短缺。

参 考 文 献

ABDULLAEV I, et al. 2009. Agricultural water use and trade in Uzbekistan: Situation and potential impacts of market liberalization. International Journal of Water Resources Development, 25(1): 47-63.

ALJERF L. 2018. Data of thematic analysis of farmer's use behavior of recycled industrial wastewater. Data in Brief, 21: 240-250.

BEKCHANOV M, et al. 2018. A water rights trading approach to increasing inflows to the Aral Sea. Land Degradation and Development, 29(4): 952-961.

BEKCHANOV M, LAMERS J P A. 2016. Economic costs of reduced irrigation water availability in Uzbekistan(Central Asia). Regional Environmental Change, 16(8): 2369-2387.

CHIROUZE J, et al. 2014. Intercomparison of four remote-sensing-based energy balance methods to retrieve surface evapotranspiration and water stress of irrigated fields in semi-arid climate. Hydrology and Earth System Sciences, 18(3): 1165-1188.

DE BEURS K M, et al. 2015. Using multiple remote sensing perspectives to identify and attribute land surface dynamics in Central Asia 2001–2013. Remote Sensing of Environment, 170: 48-61.

DUBOVYK O, et al. 2013. Spatio-temporal analyses of cropland degradation in the irrigated lowlands of Uzbekistan using remote-sensing and logistic regression modeling. Environ Monit Assess, 185(6): 4775-4790.

FAO. 2018. Regional overview of food insecurity and nutrition in Europe and Central Asia 2018. Budapest. 1-92.

GUPTA A, GUPTA A. 2016. Environmental challenges in Aral Sea basin: Impact on human health. International Journal of Research in Social Sciences, 6(8): 419-440.

IIZUMI T, RAMANKUTTY N. 2015. How do weather and climate influence cropping area and intensity? Global Food Security, 4: 46-50.

JANUSZ-PAWLETTA B, GUBAIDULLINA M. 2015. Transboundary water management in Central Asia. legal framework to strengthen interstate cooperation and increase regional security. Cahiers d'Asie centrale, (25): 195-215.

KIENZLER K M, et al. 2012. Conservation agriculture in Central Asia—What do we know and where do we go from here? Field Crops Research, 132: 95-105.

LEE S O, JUNG Y. 2018. Efficiency of water use and its implications for a water-food nexus in the Aral Sea

Basin. Agricultural Water Management, 207: 80-90.

LIAQAT U W, CHOI M. 2017. Accuracy comparison of remotely sensed evapotranspiration products and their associated water stress footprints under different land cover types in Korean Peninsula. Journal of Cleaner Production, 155: 93-104.

LIBERT B, LIPPONEN A. 2012. Challenges and opportunities for transboundary water cooperation in Central Asia: findings from UNECE's regional assessment and project work. International Journal of Water Resources Development, 28(3): 565-576.

LIKAS A, et al. 2003. The global k-means clustering algorithm. Pattern Recognition, 36(2): 451-461.

LIOUBIMTSEVA E. 2014. A multi-scale assessment of human vulnerability to climate change in the Aral Sea basin. Environmental Earth Sciences, 73(2): 719-729.

LöW F, et al. 2015. Analysis of uncertainty in multi-temporal object-based classification. ISPRS Journal of Photogrammetry and Remote Sensing, 105: 91-106.

MICKLIN P. 2016. The future Aral Sea: hope and despair. Environmental Earth Sciences, 75(9): 1-15.

NKONYA E, et al. 2016. Economics of land degradation and improvement: a global assessment for sustainable development: Springer International Publishing Cham, Switzerland. 1-686.

QUSHIMOV B, et al. 2007. Land degradation by agricultural activities in Central Asia. Climate Change and Terrestrial Carbon Sequestration in Central Asia, Taylor & Francis, London: 137-147.

REDDY J M, et al. 2012. Analysis of cotton water productivity in Fergana Valley of Central Asia. Agricultural Sciences, 3(6): 822-834.

STULINA G, ESHCHANOV O. 2013. Climate change impacts on hydrology and environment in the Pre-Aral region. Quaternary International, 311: 87-96.

SUN J, et al. 2019. Impacts of irrigation efficiency on agricultural water-land nexus system management under multiple uncertainties—A case study in Amu Darya River basin, Central Asia. Agricultural Water Management, 216: 76-88.

WHISH-WILSON P. 2017. The Aral Sea environmental health crisis. Journal of Rural and Remote Environmental Health, 1(2): 29-34.

WHITE K D. 2013. Nature–society linkages in the Aral Sea region. Journal of Eurasian Studies, 4(1): 18-33.

ZHILTSOV S S, et al. 2018. Water Resources in Central Asia: International Context: Springer. 1-281.

ZONN I S, et al. 2018. Turkmenistan Water Resources Policy in Central Asia, Water Resources in Central Asia: International Context. Cham: Springer International Publishing. 229-240.

ZONN I S, KOSTIANOY A G. 2013. The Turkmen Lake Altyn Asyr and Water Resources in Turkmenistan: Springer. 1-323.

第6章 阿姆河流域生态脆弱性及其时空特征

全球气候变化以及人类不合理的自然资源利用，导致生态系统的自我调整能力快速下降（Nandy et al.，2015）。人类逐渐认识到，生态环境的恶化直接关系到人类当前的福祉及未来命运，因此生态环境问题受到人类越来越多的关注。其中，生态系统脆弱性研究开始成为全球生态环境变化和可持续发展领域关注的重点与热点问题，国际重要研究计划以及国际组织机构，如国际生物学计划（IBP）、人与生物圈计划（MAB）、国际地圈与生物圈计划（IGBP）以及政府间气候变化专业委员会（IPCC）等，都将生态脆弱性作为重要的研究领域，生态脆弱性研究的理论及内容日益深化和丰富（牛文元，1989；李平星等，2014）。

大量学者分别对生态脆弱性进行了界定，如赵平等（1998）认为，生态脆弱性是生态系统内部固有的特征，只有在自然因素与人类干扰的作用下，生态系统的脆弱性才会被显现出来；赵跃龙（1999）认为，生态脆弱性是生态系统在一定的时间与空间维上对外界干扰力做出的相应敏感性反应，而这种反应是在人类活动与自然因子共同作用下所表现出来的程度，即生态脆弱性。不同学者对于生态脆弱性概念的定义存在差异，解释并不统一，但对生态脆弱性的内在含义却形成了诸多共识，整体概括起来，生态脆弱性是生态系统的内在属性，是人类活动与自然因素共同作用的结果，生态系统不可能绝对稳定，不管是什么生态系统，其脆弱性都是存在的，因此评价生态脆弱性主要应从人类活动与自然因素两个方面考虑。

从时空角度理解和认识全球及区域的生态脆弱性状况，有助于决策者制定生态恢复策略（Kelly et al.，2000；Villa et al.，2002）。进行全球与区域生态脆弱性评价，不仅可以正确认识生态环境脆弱状况，了解其空间分布差异，还可以对资源环境进行有效管理和利用，对维持和促进地区生态系统可持续发展具有重要意义（Turner et al.，2003；田海宁，2017）。

近几十年来，在全球气候变化和人类活动的剧烈影响下，阿姆河流域生态环境恶化，生态系统功能退化，该地区出现了如土壤盐渍化、土地退化与荒漠化、农田土壤侵蚀、沙尘暴和地质灾害等严重的生态环境问题（吴敬禄等，2009）。位于阿姆河下游的咸海，曾经引发了全球关注的"咸海危机"，该区域已经成为世界上生态环境最为脆弱的地区之一，受到国际社会的广泛关注。因此，解决该地区生态环境问题成为了全球的热点（杨恕等，2002），且直接关系到地区社会稳定和人民安全。此外，阿姆河流域是"一带一路"沿线的核心区域之一，评价"一带一路"沿线典型区域的生态脆弱性，对于协助"一带一路"沿线国家和地区实现可持续发展、适应气候变化具有重要意义（Guo，2018）。

6.1 阿姆河流域生态脆弱性评价指标体系构建

6.1.1 研究区概况

阿姆河是中亚最重要的河流之一，在中国古代称之为"乌浒水"，全长 2 540 km，干流长度为 1 657 km，发源于帕米尔-阿莱高原与兴都库什山脉的高山冰雪地带，是咸海的两大水源之一，流经塔吉克斯坦、阿富汗、土库曼斯坦、乌兹别克斯坦和吉尔吉斯斯坦，最终在乌兹别克斯坦的木伊纳克附近汇入咸海（李嬗等，2017）。阿姆河流域位于 34°30′~43°45′N，58°15′~75°07′E，面积 4.65×10⁵ km²，是古丝绸之路上重要的节点区域，也是丝绸之路经济带沿线的核心区域。

阿姆河流域上下游地势落差大，整个流域内最高的地方海拔可达 7 000 m 以上；流域上游是帕米尔高原，主要以海拔 2 000 m 以上东西走向的高大山脉为主，这些山脉主要位于塔吉克斯坦与阿富汗境内。在塔吉克斯坦的戈尔诺-巴达赫尚自治州境内帕米尔高原又分为东帕米尔高原与西帕米尔高原。其中，东帕米尔高原主要分布有广阔的山谷和高地，也有海拔在 6 000 m 以上相对平缓的平原区，在这里形成了以砂质裸露沙丘景观；在西帕米尔高原，各大山系相互联系，终年积雪，在海拔 1 700~2 500 m 的区间上分布为山间盆地，而比盆地高 1 500 m 到 3 500 m 的区间，主要以高大山脉为主。阿姆河流域下游位于乌兹别克斯坦、哈萨克斯坦和土库曼斯坦境内，该地区地势平坦，最低点可低至海平面 100 多米以下，流域下游主要分布有广阔的荒漠，如克孜勒库姆沙漠，以及阿姆河沿岸的绿洲和三角洲，如阿姆河三角洲，这些区域是中亚主要的农业生产与居民定居区，除荒漠绿洲景观之外，阿姆河下游还包括咸海盆地在内的大大小小封闭的盆地以及高地，海拔分别在 0 m 以下及 100~200 m 之间（周可法等，2013）。阿姆河流域深处欧亚大陆腹地，远离海洋，由于位于流域南面以及东南面高大山脉对来自于太平洋及印度洋带来的暖湿气流的阻挡，使得该流域成为典型的温带大陆型气候。阿姆河流域冬季寒冷、夏季炎热。研究区内降水空间异质性较大，通常情况下，整个流域平均年降水量在 300 mm 以下，流域内上游山区冬春多雨，降水量能达 1 000 mm，而下游山麓与平原区降水量不足 100 mm；位于咸海附近以及土库曼斯坦的荒漠区的年降水量仅在 75~100 mm 左右。流域内温度也表现出较大的差异，温度昼夜和季节变化显著，研究区多地白天与黑夜的温差可达到 20~30 ℃；7 月的平均气温为 26~30 ℃，冬季 1 月的气温在局部地区可降至 –30 ℃ 及以下（White et al.，2014）。由于阿姆河流域日照充足，蒸发量巨大，因此流域内相对湿度低，位于阿姆河流下游的阿姆河三角洲年蒸发量高达 1 798 mm，其蒸发量是该地区降水量的 21 倍左右。

阿姆河流域的水系主要集中分布于上游山区，而中下游支流较少主要用于农业灌溉与自然消耗。阿姆河主要支流包括苏尔哈勃河、卡菲尔尼干河、苏尔罕河、舍拉巴德河、泽拉夫尚河、卡什卡河、喷赤河以及瓦赫什河等，但阿姆河的源头主要由瓦赫什河和喷赤河两条流量较大的支流汇合而成。阿姆河水文状况主要表现为年径流量在时间和空间上分布不均匀的特点，自古以来，该地区就通过夏季河道大量的径流量支持当地农业灌溉。

阿姆河流域主要的土地利用类型包括水体、积雪、裸地、耕地以及自然植被等几大类，其中耕地与自然植被占研究区总面积的35.94%（基于2005年遥感数据统计结果）（李嫱等，2017）。阿姆河流域下游形成了典型的荒漠植被带，主要以砂砾荒漠植被、沙质荒漠植被以及稀疏灌丛为主，在河谷里面分布有少量的林地；在流域上游形成了与降水相关的植被分布模式，主要植被有高寒草甸、荒漠草地、灌丛以及森林等，生物多样性较为丰富（张元明等，2013），该地区是高原高寒生物生态研究的宝贵基因库。流域上游的土壤类型有山地森林土壤、山地草甸-草地土壤、高山干寒荒漠土壤等，而流域下游土壤类型主要包括草地土壤、荒漠土壤、盐碱化土壤、水成土壤等（张建明，2013）。

6.1.2　指标选择原则

建立科学、准确、可行的指标评价体系，是进行生态脆弱性评价的关键。同时，科学合理的指标选择原则，是构建生态脆弱性评价指标体系的前提条件和理论基础。基于以下几点原则，进行研究区生态脆弱性评价（Dale et al.，2002）。

1. 科学性原则

在进行评价指标选择时，所选指标要具有一定的科学理论依据，不能随意依据个人主观判断进行指标选择，指标的计算方法同样应具备一定的理论基础，从而保证计算得到的评价指标科学可靠；此外，计算评价指标的基础数据也应具备一定的科学性，数据质量与数据来源可靠，而非通过人为地估算与猜测获得。

2. 代表性原则

阿姆河流域属于典型的山地-绿洲-荒漠生态系统，流域内生态环境复杂，因此影响流域生态脆弱性的因子多而复杂，但在对研究区进行生态脆弱性评价时不可能将所有的影响因素都纳入评价系统中，这主要是因为当评价指标过多时，会造成评价指标冗余；同时，评价指标过多，也会导致评价系统复杂，评价过程繁琐，反而不利于研究，影响评价结果的精度。因此，在进行指标选择时，需要遵循主导原则。选择评价阿姆河流域生态脆弱性的主要指标考虑了人类活动及自然因素两个方面，使其能充分代表研究区的植被、气象、地形地貌、土壤、河流以及人类活动等因素对生态脆弱性的影响。

3. 综合性原则

生态环境通常表现出复杂而繁琐的状态，生态环境的结构、状态与过程都是众多影响因子共同作用的结果。在进行指标选择时，首先应对研究区生态环境问题进行综合全面的分析，从整体视角进行考虑，既要考虑研究区的自然因素，又不能忽略人为扰动对研究区生态环境的影响，构建的评价指标体系能够充分地表征研究区生态环境的整体状况和演变特征。值得注意的是，综合性与代表性原则并不冲突，综合性同样要求评价指标不能出现信息叠加。

4. 可获取性原则

在进行生态脆弱性评价时，尽量保证数据的丰富全面，但在进行指标选择时，也应考虑数据的可获取性，数据获取是研究最重要的环节之一，同时也是科学研究最为困难的事情之一。因此，在选择指标时，尽量选择容易获取且具有代表性的指标数据；如果一个类数据不易获取，可以考虑选择具有相似或者相近科学意义的指标代替，考虑到阿姆河流域位于欧亚大陆腹地，加上特殊的政治环境与跨境流域的属性，因此在进行生态脆弱性评价时，更应该遵循评价指标的可获取性原则，使获得的数据具有可操作性。

5. 地域性原则

由于不同地区的生态环境不同，其影响因素存在较大的差异，进行指标选择时，不能照搬照抄将其他区域的评价体系直接应用。在进行生态脆弱性评价时，应充分分析研究区的实际生态环境状况，充分认识当地的生态环境问题，合理选择评价指标，突出研究区的特点。

6.1.3　评价指标选择

指标选择是一个复杂的过程，到目前为止，还没有一套国际公认的且普遍适用的指标体系和评价方法应用于生态脆弱性评价（He et al.，2018）。参考以往的研究（王让会等，2001；Liu et al.，2016；Zou et al.，2017；郭兵等，2018），考虑到研究区数据获取的可行性，在遵循科学性、主导性、全面性、地域性相结合的原则下，兼顾研究区的实际情况，从自然条件和人类因素两个方面选择反映研究区地形、植被覆盖、气候、土壤、水资源及人类干扰等方面的指标，进而用于构建研究区生态脆弱性的评价体系。

坡度与高程是表征地表水土流失、土壤侵蚀，反映区域地形起伏度的重要指标。植被可以反映生态系统的健康状况，是检验生态脆弱性的重要因子；在众多植被指数中，归一化植被指数（NDVI）被广泛应用于全球及区域植被研究，因此将NDVI作为反映植被对生态脆弱性影响的指标。降水对于干旱区半干旱区至关重要，合理的降水可以促进植被生长，然而对于山区过多的降水可能会导致水土流失、泥石流等地质灾害，因此降水是导致生态脆弱性的潜在因子。已有研究表明，中亚在过去几十年呈持续增温的趋势，且增加速率高于北半球，伴随而来的是中亚干旱事件频发，导致该地区生态环境变得更加严峻。选择年降水量、年平均温度和标准化降水蒸散发指数（SPEI），作为表征气候条件对研究区生态脆弱性影响的关键指标。土壤有机质含量是评价土壤质量和土壤肥力的重要指标之一，在改善土壤生物化学特性，调节土壤物理结构，促进环境保护及农业、林业可持续发展等方面有着极其重要的作用。因此，选择土壤有机质含量表征土壤对生态脆弱性的影响。

人口密度是反映人类活动的直观指标，随着人类活动对于自然环境影响的加强，使得区域土地利用空间格局不断发生变化，土地利用类型转变和人口密度增加成为生态脆弱性的潜在威胁因子。为反映区域人类活动对于土地利用的影响，选择景观破碎度描述一个地区土地利用类型的空间异质性或空间组成结构，以反映人类活动对区域景观格局的扰动（Zou and Yoshino，2017）。此外，灌溉是阿姆河流域主要的农业活动方式，不断加强的灌溉面积和灌溉强度，导致研究区内出现了土地盐渍化和荒漠化等严重的生态环境问题，因此选用灌溉指标用于反映灌溉强度对生态脆弱性的影响。河网密度具有重要的生态学意义，是流域结构特征的一个重要指标，用于反映一定区域范围内河流的密集程度（夏军等，2012）；在生态脆弱性评价中，河网密度是一个重要的评价指标，在生态系统中具有重要的生态支持（郭兵等，2018），选用河网密度用于反映水体对生态脆弱性的影响。

　　综上考虑，研究中的脆弱性评价指标选择了包括高程、坡度、归一化植被指数（NDVI）、年降水量、年平均温度、SPEI、土壤有机质、河网密度、灌溉、景观破碎度（PARA）以及人口密度在内的11个指标。

6.1.4　评价指标共线性诊断

　　为消除指标信息重复对评价结果造成的影响，对所选的11个评价指标进行多重共线性诊断（multi-collinearity diagnostics），通过共线性诊断结果判断所选指标是否存在共线性，如果指标存在共线性，则将信息重复的指标删除；如果指标不存在共线性问题，所选指标可用于生态脆弱性评价。常用的多重共线性诊断方法包括：简单相关系数检验法、直观判断法、逐步回归法及方差膨胀因子法（variance inflation factor，VIF）等。

　　简单相关系数检验法主要通过相关系数来判断多个变量之间是否存在共线性问题，但相关系数是诊断多重共线性的充分条件，而非必要条件，即评价指标之间存在较高的相关系数（通常相关系数大于0.8），则评价指标一定存在多重共线性问题，但是评价指标之间存在共线性问题时不一定会表现出高相关系数，因此利用该方法进行多重共线性诊断时容易出现误判，只能做简单的指标多重共线性检验；直观判断方法通过增加变量和剔除变量来检验指标的多重共线性问题，存在较大的主观性，适合辅助诊断共线性问题；对于逐步回归方法，该方法通过逐步加入相关变量于模型中，每加入一次变量就要对模型进行一次F检验，并对加入的变量进行t检验，该方法也可用于多重共线性诊断，但利用该方法进行多重共线性诊断时，在实际应用中随着变量样本增加会导致计算量增加的问题，不利用应用。

　　由于方差膨胀因子法，原理简单，便于应用，因此，该方法被广泛应用于生态环境评价、水资源评价等多个领域。通过方差膨胀因子作为共线性检验的指标，当VIF＜10时，认为指标不存在共线性；反之，所选指标之间存在严重的共线性现象（Littell et al.，2009；姚雄等，2016）。为对指标进行共线性诊断，首先利用ArcGIS软件，将各个指标栅格数据转化为矢量点并获取属性值，将每个指标的属性表导出保存，利用SPSS软件，计算6个时期各个指标的VIF值，用于判断指标之间是否存在严重的共线性。

　　利用方差膨胀因子法对生态脆弱性评价的11个评价指标进行了多重共线诊断分析。结果表明，评价指标在各个时期内的VIF＜10，尽管高程因子的VIF值较其他指标的VIF值偏高，但高程最大的VIF值为9.195，仍小于10，在共线性检验可接受的范围之内（表6.1）。因此，指标共线诊断结果表明，各指标之间没有明显的共线性关系（表6.1），因此可以进一步用于生脆弱性评价。

表 6.1　指标共线性诊断结果

指标	VIF 值					
	1990年	1995年	2000年	2005年	2010年	2015年
高程	8.042	9.149	7.438	9.195	8.089	7.659
坡度	2.919	2.939	2.941	2.944	2.910	2.976
NDVI	1.953	1.874	2.061	1.969	2.156	2.019
降水量	4.983	5.753	4.797	6.644	7.804	4.332
温度	4.936	6.458	5.216	6.091	6.089	6.442
SPEI	1.081	1.225	1.567	1.997	3.349	1.937
土壤有机质	2.167	2.238	2.186	2.222	2.165	2.266
景观破碎度	1.098	1.095	1.099	1.089	1.104	1.108
灌溉	1.348	1.352	1.380	1.241	1.314	1.292
河网密度	1.219	1.189	1.220	1.261	1.225	1.223
人口密度	1.155	1.155	1.069	1.069	1.068	1.062

6.1.5　评价指标体系构建

1. 指标计算方法

1) NDVI 数据处理

研究人员分别获取了 1990 年、1995 年、2000 年、2005 年、2010 年以及 2015 年 6 个时期的月 NDVI 数据。利用最大合成法 (maximum value composites，MVC) 获取了年 NDVI 数据，进而反映阿姆河流域内植被盖度最好的状态。最大合成法是国际公认且得到普遍使用的数据合成处理方法，其优点是可以进一步消除数据中云等的影响 (Tucker et al.，2005)。计算公式如下:

$$\mathrm{MNDVI}_i = \max\left(\mathrm{NDVI}_{i1}, \mathrm{NDVI}_{i2}\right) \tag{6.1}$$

式中，i 为每月的序号，其范围为: $i = 1, 2, 3, \cdots, 12$; MNDVI_i 代表第 i 月合成后的最大 NDVI 值; NDVI_{i1} 和 NDVI_{i2} 分别代表第 i 月中两个时期的 NDVI 值。

在月最大 NDVI 值的基础上，按照月最大 NDVI 合成法的方式，进一步计算年最大 NDVI，其计算公式如下:

$$\mathrm{YNDVI}_{\max} = \max\left(\mathrm{MNDVI}_i\right), \ (i = 1, 2, 3, \cdots, 12) \tag{6.2}$$

式中，$\mathrm{YNDVI}_{\max}$ 代表年最大 NDVI 值; MNDVI_i 表示第 i 月最大 NDVI 值。

2) 景观破碎程度 (landscape fragmentation)

通过 Python 编程计算土地利用类型的周长 - 面积比 (PARA)，计算研究区景观破碎程度 (Zou and Yoshino，2017)。PARA 的计算公式如下:

$$\text{PARA}_i = \frac{\text{Tp}_i}{\text{Ta}_i} \tag{6.3}$$

式中，PARA_i 是第 i 个土地利用类型的周长 - 面积比；Ta_i 是第 i 个土地利用类型的总面积；Tp_i 是第 i 个土地利用类型的总周长。PARA 值越大，意味着土地破碎程度越高，人为扰动越厉害；而 PARA 值越低，意味着破碎程度越低，人为扰动越小。通过以上公式计算每个土地利用类型的景观破碎度值，并生成 PARA 栅格数据。

3）气象因子计算

从 1901～2015 年 CRU 数据集中分别提取 1990 年、1995 年、2000 年、2005 年、2010 年以及 2015 年的月尺度降水量与温度数据，计算获得 6 个时期的年降水量和年平均气温数据。利用降水量与参考蒸散发量，进一步计算获取研究区的标准化降水蒸散发指数（SPEI），SPEI 反映了降水量和蒸发蒸腾之间的水量平衡状态，通常 SPEI 的时间尺度 1 至 48 个月（Guo et al.，2018）。

首先需要计算降水与潜在蒸散发之间的差值，则第 i 个月降水量（P_i）与潜在蒸散发量（PET_i）之间的差值（D_i）计算如下：

$$D_i = P_i - \text{PET}_i \tag{6.4}$$

D 为满足对数逻辑分布的概率分布函数，计算公式如下：

$$F(x) = \left[1 + \left(\frac{\alpha}{x - \gamma} \right)^{\beta} \right]^{-1} \tag{6.5}$$

式中，α、β、γ 三个参数可以参考以往研究（Li et al.，2019）。

SPEI 通过 $F(x)$ 的标准值计算得到

$$\text{SPEI} = W - \frac{C_0 + C_1 W + C_2 W^2}{1 + d_1 W + d_2 W^2 + d_3 W^3} \tag{6.6}$$

式中，当 $P \leqslant 0.5$ 时，$W = \sqrt{-2\ln P}$；P 是超过确定的 D 值的概率，如果 $P > 0.5$，则 $P = 1 - P$。6 个常数分别为 $C_0 = 2.515\,517$，$C_1 = 0.802\,853$，$C_2 = 0.010\,328$，$d_1 = 1.432\,788$，$d_2 = 0.189\,269$，$d_3 = 0.001\,308$。

4）土壤有机质计算

从 HWSD 数据中提取土壤有机碳属性数据，在 ArcGIS 软件中，将属性数据转换为土壤有机碳栅格数据，为获取土壤有机质数据，用获得的有机碳值乘以范贝梅伦系数（1.724）来计算有机质含量（王飞等，2015）。计算公式如下：

$$\text{SOM} = \text{SOC} \times 1.724 \tag{6.7}$$

式中，SOM 表示土壤有机质含量；SOC 表示土壤有机碳。

5）坡度与高程

在 ArcGIS 中对高程数据进行分级处理，获取高程分级结果；利用 ArcGIS 的 Slope 模块计算得到研究区的坡度数据。在 ArcGIS 中某个像元的坡度值提取是基于 Horn 算法使用8个领域像元的值进行坡度计算的，其中4个水平与垂直像元取权重值为2，其余4个对角像元取权重值为1。坡度(S)的计算公式如下：

$$S = \frac{\sqrt{n_1^2 + n_2^2}}{8d} \tag{6.8}$$

$$n_1 = (e_1 + 2e_4 + e_6) - (e_3 + 2e_5 + e_8) \tag{6.9}$$

$$n_2 = (e_6 + 2e_7 + e_8) - (e_1 + 2e_2 + e_3) \tag{6.10}$$

式中，S表示坡度；e_1、e_3、e_6与e_8分别表示对角线上的邻近像元值；e_2与e_7表示垂直方向上的邻近像元值；e_4与e_5分别表示是水平方向上的邻近像元值；d表示像元大小。

6) 河网密度计算

在ArcGIS中统计单个像元中河网的总长度，并生成相应的属性表，新建一个河网密度属性字段，从而计算河网密度，进一步将属性值转换为栅格数据，生成河网密度栅格图。河网密度定义为单位面积内河网总长度，计算公式如下：

$$DR = \frac{\sum L}{S} \tag{6.11}$$

式中，DR表示河网密度；L表示河网长度；$\sum L$为总河网长度；S为单个像元的面积。

最后，对所有计算得到的评价指标数据进行批量裁剪，并重采样为具有相同空间分辨（8 km×8 km）的栅格数据，统一转换为WGS84_UTM_Zone_41N投影，保证所有数据在空间上的一致性，获得的各个指标栅格数据见图6.1。

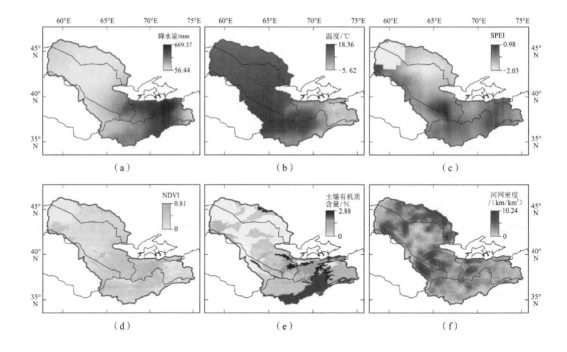

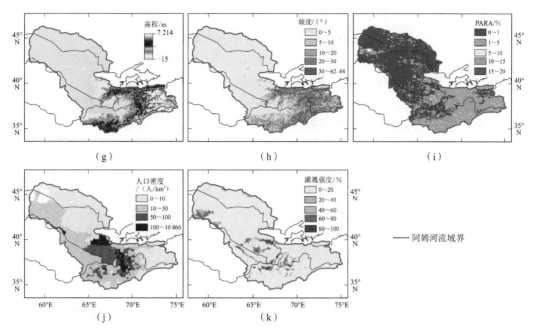

图6.1　阿姆河流域脆弱性评价指标空间分布

2. 评价指标体系构建

基于优选的11个指标，构建阿姆河流域生态脆弱性评价指标体系，共分3个评价层次，包括目标层A、准则层B和指标层C。其中，目标层A为阿姆河流域生态脆弱性，用于对阿姆河流域生态脆弱性进行评价，并用于分析生态脆弱性的时空特征；准则层B包括自然要素与人类活动两个方面；指标层C主要用于生态脆弱性评价的最基本的11个评价指标要素。详细的评价指标体系见图6.2。

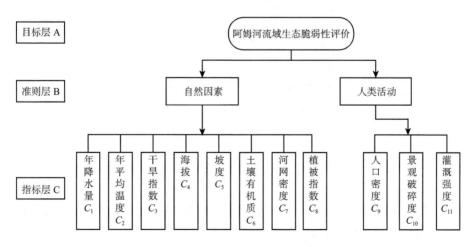

图6.2　阿姆河流域生态脆弱性评价指标体系

6.1.6　评价指标权重的确定

指标权重指各个指标对于评估与决策过程的相对重要程度，它是主观评价结果与客观反映的综合衡量。通常指标权重确定方法包括主观权重法、客观权重法以及集成主观权重与客观权重的方法。主观权重法通过专家经验与先验知识确定权重，评价方法简单，应用广泛，但过分依赖于专家经验，评估结果存在主观性；客观权重法基于客观存在的评价指标数据进行指标权重确定，评价结果客观，不受人为主观判断的影响，但该方法过度依赖于评价指标数据，对数据本身的质量要求较高，且缺乏各指标之间的横向比较，容易忽略专家知识的重要性以及指标的实际生态意义，评价结果偶尔与现实和个人理解不一致。综合考虑客观权重法与主观权重法各自的优势，通过集成主观权重法和客观权重法用于确定指标权重。

1. 层次分析法

层次分析法（analytic hierarchy process，AHP）由20世纪70年代美国运筹学家 Saaty 教授提出，该方法将定性与定量两种方法相融合用于决策分析。层次分析法的思路是，将复杂的多目标研究对象分解为多层次结构，这些层次结构可以是无交叉的层次结构也可以是交叉的层次结构，对各层次的评价指标进行两两比较，用于确定每一层各评价指标的相对贡献率，进一步转化为评价指标权重。由于层次分析法原理简单，思路清晰明确，被广泛应用于生态环境、水文水资源、社会经济等各个领域。层次分析法进行指标权重确定的过程主要包括以下几个步骤。

（1）层次结构模型的构建。构建的层次分析结构为无交叉多层次结构，包括目标层 A、准则层 B 以及指标层 C 三个层次，详细的层次结构见图 6.2。

（2）构造成对比较（判断）矩阵。基于层次结构模型，进一步构建成对（判断）矩阵的一般形式如下：

$$
\begin{array}{c}
\begin{array}{cccccc} C_1 & C_2 & C_3 & C_j & \cdots & C_n \end{array} \\
\begin{array}{c} C_1 \\ C_2 \\ C_3 \\ C_i \\ \vdots \\ C_n \end{array}
\begin{pmatrix}
C_{11} & C_{12} & C_{13} & C_{1j} & \cdots & C_{1n} \\
C_{21} & C_{22} & C_{23} & C_{2j} & \cdots & C_{2n} \\
C_{31} & C_{32} & C_{33} & C_{3j} & \cdots & C_{3n} \\
C_{i1} & C_{i2} & C_{i3} & C_{ij} & & C_{in} \\
\vdots & \vdots & \vdots & \vdots & \ddots & \vdots \\
C_{n1} & C_{n2} & C_{n3} & C_{nj} & \cdots & C_{nn}
\end{pmatrix}
\end{array}
$$

在判断矩阵中，C_i 与 $C_j (i, j = 1, 2, 3, \cdots n)$ 分别表示参与评价的因子，C_{ij} 是 C_i 与 C_j 进行两两比较的结果，即相对重要性；在层次分析法中，进行两两比较通常基于 $1 \sim 9$ 的判断标度方法，该方法见表 6.2（郑杰，2016）。

表6.2　判断标度法及其含义

标度	含义
1	表示两个因子同等重要
3	表示在两个评价因子中前者比后者稍微重要
5	表示在两个评价因子中前者比后者明显重要
7	表示在两个评价因子中前者比后者强烈重要
9	表示在两个评价因子中前者比后者极度重要
2、4、6、8	表示重要程度介于相邻级别之间

注：如果C_i与C_j的重要性比较结果值为C_{ij}，则C_j与C_i的重要性比较结果值为$1/C_{ij}$。

(3) 计算指标权重及矩阵一致性检验。构造好判断矩阵后，需要进行层次单排序计算，即确定在本层次中各个指标因素的相对重要性。首先，通过计算得到判断矩阵的最大特征值λ_{max}及其对应的特征向量W，其后，利用和积法计算各个指标要素的相对权重。为确定各个指标计算的权重符合逻辑、权重结果合理，需要对判断矩阵进行一致性检验，其中一致性检验公式计算如下：

$$CR = \frac{CI}{RI} \tag{6.12}$$

$$CI = \frac{\lambda_{max} - n}{n - 1} \tag{6.13}$$

式中，CR为随机一致性检验系数，其中，CR≤0.1时，表明矩阵一致性较好，且当CR=0时矩阵一致性极好；反之，CR＞0.1时，矩阵一致性较差，因此构造的判断矩阵不符合评价要求，需要对评价矩阵进行相应的调整。由于不同判断矩阵的阶数不同，在确定随机一致性指标RI时，需要参考随机性一致性指标值 (RI) 表进行查找，该表来源于前人的研究成果 (Saaty et al.，1998)，具体见表6.3。

表6.3　不同随机性一致性指标值

n	1	2	3	4	5	6	7	8	9	10	11
RI	0.00	0.00	0.52	0.89	1.12	1.26	1.36	1.41	1.46	1.49	1.52

采用Yaaph层次分析软件计算研究所选的11个指标的主观权重，层次分析法的原理及其详细计算过程，可以参考以往的研究成果 (Saaty and Vargas，1998)。考虑到层次分析法计算的权重存在一定的主观性，研究中使用客观权重法对评价指标进行客观权重计算。

2. 熵权法

"熵" (entropy) 的概念由德国物理学家R. Clausius在19世纪60年代在热力学研究中首次提出，用于表征"能量减少"物质状态的一个参数。随着熵理论的发展，熵被应用于数学、物理、生物学以及信息科学等领域。20世纪40年代，C. E. Shannon将熵引入到信息论的研究中，提出了"信息熵"的概念。信息熵是衡量特定系统信息无序程度的指标，可以充分利用原始数据中所包含的信息（Yang et al.，2018）。熵权法（entropy weighted method）是根据评价指标变异性的大小来客观计算指标权重，指标变异程度可以通过信息熵确定，即评价指标的信息熵越大，其变异程度越小，提供的信息越少，评价中提供的有用信息越少，评价指标的权重越小；相反，信息熵越小，变异性越大，指标提供的信息量越多，评价值指标的权重越大。基于该原理，可利用信息熵计算评价指标的客观权重。计算步骤介绍如下。

（1）计算第 j 个评估指标的信息熵：

$$e_j = \frac{-\sum_{i=1}^{m} p_{ij}\ln p_{ij}}{\ln m} \tag{6.14}$$

$$p_{ij} = \frac{y_{ij}}{\sum_{i=1}^{m} y_{ij}}, \quad i = 1, 2, 3, \cdots, m; \quad j = 1, 2, 3, \cdots, n \tag{6.15}$$

式中，e_j 为信息熵；p_{ij} 为第 i 个评估单元在第 j 个指标上的比重；m 表示第 i 个评价对象；n 表示第 j 个评价指标；值得注意的是，当 $p_{ij} = 0$ 时，令 $p_{ij}\ln p_{ij} = 0$。

（2）第 j 个指标的熵权（W_{1j}）定义如下：

$$D_j = 1 - e_j \tag{6.16}$$

$$W_{1j} = \frac{D_j}{\sum_{j=1}^{m} D_j} \tag{6.17}$$

3. 集成AHP法与熵权法

熵权可以表征指标提供的有用信息，评价结果客观，但它过度依赖于不能反映专家知识和实践经验的客观数据，因此结果偶尔与现实和个人理解不一致。研究中集成AHP法和熵权法（改进熵权法）来确定指标权重；通过熵权法计算得到各个指标的客观权重（W_{1j}）；基于AHP法计算得到各个评价指标的主观权重（W_{2j}）；进一步参考以往的研究（Zhao et al.，2016；Li et al.，2018；Xu et al.，2018），集成主观权重与客观权重计算最终各个指标的权重（W_j），计算方法如下：

$$W_j = \frac{\sqrt{W_{1j} \times W_{2j}}}{\sum_{j=1}^{n} \sqrt{W_{1j} \times W_{2j}}} \tag{6.18}$$

式中，W_j 为第 j 个指标的最终权重值（表4.5）；W_{1j} 是通过熵权法计算得到的第 j 个评价指标的客观权重；W_{2j} 是通过AHP方法计算得到第 j 个评价指标的主观权重。利用AHP法与熵权法分别计算11个评价指标的主观权重与客观权重，进一步利用集成层次分析法与熵权法的权重计算公式，计算得到阿姆河流域生态脆弱性指标的权重值，各个指标的权重值见表6.4。降水量、人口密度与NDVI的权重在所有指标中排在前三位，在生态脆弱性评价结果中起主导作用。

表6.4　指标权重

指标	指标权重值（W_j）					
	1990年	1995年	2000年	2005年	2010年	2015年
高程	0.072 0	0.071 8	0.077 8	0.078 2	0.077 6	0.077 5
降水量	0.136 2	0.136 5	0.140 2	0.145 7	0.141 2	0.141 6
PARA	0.082 4	0.081 3	0.095 8	0.096 0	0.094 7	0.095 1
人口密度	0.224 1	0.221 0	0.169 4	0.171 8	0.170 3	0.171 0
土壤有机质	0.038 7	0.038 4	0.041 8	0.042 1	0.041 7	0.041 7
SPEI	0.065 6	0.070 9	0.072 8	0.063 6	0.073 9	0.072 5
温度	0.069 4	0.069 5	0.071 9	0.072 2	0.072 1	0.072 1
灌溉	0.020 4	0.020 6	0.022 3	0.021 6	0.020 2	0.020 1
NDVI	0.165 8	0.164 5	0.166 4	0.166 2	0.167 5	0.167 8
河网密度	0.012 5	0.012 5	0.013 5	0.013 6	0.013 5	0.013 5
坡度	0.113 0	0.113 0	0.128 0	0.129 1	0.127 4	0.127 1

6.1.7　生态脆弱性评价方法

1. 生态脆弱性计算方法

采用线性加权组合法，将6个时期各个指标标准化后的值与其对应的指标权重相乘后累加，得到生态脆弱性指数（ecological vulnerability index，EVI）用于对研究区生态脆弱性进行评价，计算公式如下：

$$EVI = \sum_{j=1}^{n} I_j \times W_j \tag{6.19}$$

式中，EVI表示生态脆弱性指数；I_j表示第j个指标的标准化值；W_j为第j个指标的权重值。

通过ArcGIS中提供的Raster Calculator工具，结合ArcGIS中提供的Python脚本批量计算1990年、1995年、2000年、2005年、2010年及2015年每一时期的生态脆弱性指数，最终获得阿姆河流域6个时期的生态脆弱性空间分布图。

2. 生态脆弱性分级方法

分类对于客观合理地评价生态环境脆弱性非常重要。由于模拟得到的生态脆弱性在空间上是连续分布的，为了更好地认识和理解研究区生态脆弱性的分布与比例，并且为了进一步探究不同脆弱等级的时空变化特征，采用自然断点法（natural break classification）对研究区的生态脆弱性进行分级（Nandy et al.，2015；Liu et al.，2016），它可以对相似值进行最恰当的分组，并使各个类之间的差异最大化，是一种客观合理的度量方法，可用于探索群集和类的统计分布（Apan，1997）。

通过生态脆弱性公式计算得到阿姆河流域的生态脆弱性值，并获得研究区EVI栅格值的直方统计分布图（图6.3），基于自然断点分级法，参考前人的研究成果（Nandy et al.，2015；邵秋芳等，2016；齐姗姗等，2017），结合阿姆河流域生态脆弱性的实际情况，总共从直方分布图中确定了0.30、0.35、0.45、0.6四个间隔点。基于以上4个分割点，将研究区的生态脆弱性分为：潜在脆弱、轻度脆弱、中度脆弱、严重脆弱及和极度脆弱五个等级，不同等级的分级标准及其生态系统状况描述见表6.5。

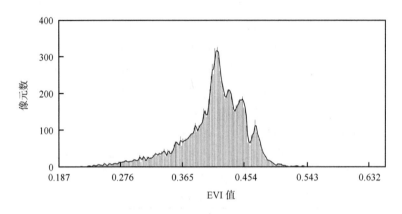

图6.3　阿姆河流域生态脆弱性指数分布直方图

表6.5　生态脆弱性分级标准及生态系统状况

等级	脆弱分级	取值范围	生态系统特征描述
1	潜在脆弱	0＜EVI＜0.3	生态系统极为稳定，功能与结构极为完整，自然灾害与人类活动的干扰几乎没有，植被覆盖率很高，生态系统抗外界扰动与自身修复能力极强，生态脆弱性很低
2	轻度脆弱	0.3＜EVI＜0.35	生态系统较为稳定，功能与结构比较完整，受自然灾害与人类活动干扰较小，植被覆盖率较高，生态系统抗外界扰动与自身修复能力较强，生态脆弱性比较低
3	中度脆弱	0.35＜EVI＜0.45	生态系统稳定性较弱，功能与结构存在一定的缺陷，受自然灾害影响与人类活动的干扰较大，植被覆盖率一般，生态系统抗外界扰动与自身修复能力较弱，生态脆弱性较高
4	严重脆弱	0.45＜EVI＜0.6	生态系统功能不完整和结构破坏较大，自然灾害频发，人类活动扰动很大，植被覆盖率较低，生态环境出现严重污染，生态系统抗外界扰动的能力弱，自身修复与调节难度较大，生态脆弱性很高
5	极度脆弱	0.6＜EVI＜1	生态系统功能与结构严重退化和破坏，极为不稳定，受到严重的自然灾害与人类活动的干扰，自然资源严重丧失，植被覆盖率极低，生态系统抗外界扰动能力极低，生态系统自身修复能力丧失且很难再修复，生态脆弱性极高

3. 生态脆弱性综合指数法

为直观比较和反映研究区生态脆弱性在不同年份的整体差异和变化趋势，采用生态脆弱性综合指数(ecological vulnerability integrated index，EVII)进行分析，计算公式如下(Li et al.，2006)：

$$EVII = \sum_{i=1}^{n} P_i \times \frac{A_i}{S} \tag{6.20}$$

$$R_S = \frac{\sum_{i=1}^{n} P_i \times A_{im} - \sum_{i=1}^{n} P_i \times A_{in}}{S \times \Delta T} \times 100 \tag{6.21}$$

式中，EVII为生态脆弱性综合指数，EVII值越小，生态环境整体越好，反之生态环境越脆弱；P_i与A_i分别表示第i类脆弱性等级值(1、2、3、4和5)和脆弱性面积；S为区域总面积。R_S为生态脆弱性综合性指数变化率；A_{im}与A_{in}分别为第i类生态脆弱性等级在m、n时刻的面积；ΔT为两个时刻之差。当$R_S > 0$时，表示研究区生态脆弱性在加剧，生态环境不容乐观且呈恶化态势；当$R_S < 0$时，表示研究区生态脆弱性降低，生态环境呈缓解的态势。

4. 生态脆弱性空间变异分析方法

采用变异系数(coefficient of variance，CV)来分析研究区生态脆弱性在空间上的变化，变异系数是数据资料中各个变量变异程度的无单位统计测量，定义为标准差与平均值之比，生态脆弱性变异程度量的计算公式如下：

$$CV = \frac{std(EVI)}{mean(EVI)} \tag{6.22}$$

$$std(EVI) = \sqrt{\frac{\sum_{i=1}^{n} \left(EVI_i - \overline{EVI}\right)^2}{n}} \tag{6.23}$$

$$mean(EVI) = \overline{EVI} \tag{6.24}$$

式中，CV表示生态脆弱性指数(EVI)的变异系数；std(EVI)表示EVI的标准差，其中EVI_i代表第i个时期的生态脆弱性值，$\overline{EVI}$表示各期生态脆弱性值的平均值，代表6期EVI的平均值；研究总期数n等于6，$i = 1, 2, 3, 4, 5, 6$。CV值越大表示研究区生态脆弱性在空间上的变异程度越大，生态环境越不稳定；CV值越小，EVI值越集中，变异程度越小，生态脆弱性越稳定。

6.2 阿姆河流域生态脆弱性评价与时空特征

6.2.1 1990～2015年阿姆河流域生态脆弱性定量评价

为分析过去几十年阿姆河流域生态脆弱性的时空变化特征，通过生态脆弱性评价方法，分别计算得到研究区1990年、1995年、2000年、2005年、2010年和2015年的

生态脆弱性值 (EVI),利用生态脆弱性分级方法对EVI值进行分级,统计得到6个时期潜在脆弱性、轻度脆弱性、中度脆弱性、重度脆弱性以及极度脆弱性5个等级的结果和生态脆弱性综合指数(表6.6)。通过图6.4可以进一步发现,重度脆弱性在不同时期所占比例均最高,且远高于其他脆弱性级别,说明阿姆河流域主要集中于重度脆弱状态;而在过去几十年中,阿姆河流域潜在脆弱性与轻度脆弱性占比相对较低,极度脆弱性的占比变化较大,高比例的重度脆弱性态势表明,研究区处于比较严峻的生态环境状态。

表6.6 1990～2015年研究区不同生态脆弱性等级及生态脆弱性综合指数统计结果

年份	项目	潜在脆弱	轻度脆弱	中度脆弱	重度脆弱	极度脆弱	EVII
1990	像元数	863	1873	3192	5357	298	3.21
	比重/%	7.23	16.21	27.62	46.36	2.58	
1995	像元数	730	1990	3611	4946	327	3.19
	比重/%	6.29	17.15	31.12	42.62	2.82	
2000	像元数	387	868	2529	6020	1918	3.70
	比重/%	3.3	7.41	21.57	51.36	16.36	
2005	像元数	236	989	2650	4667	3347	3.83
	比重/%	1.99	8.32	22.29	39.25	28.15	
2010	像元数	255	981	2934	6571	1255	3.63
	比重/%	2.13	8.18	24.46	54.77	10.46	
2015	像元数	635	1337	2718	5303	2043	3.56
	比重/%	5.28	11.11	22.58	44.06	16.97	

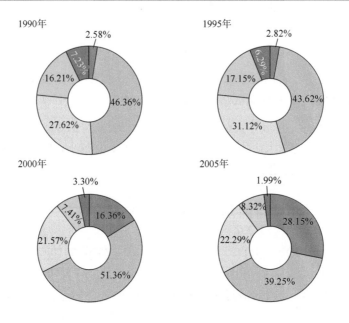

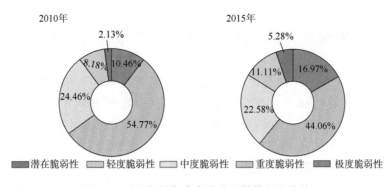

图6.4　不同年份各个生态脆弱性等级的占比

6.2.2　1990～2015年阿姆河流域生态脆弱性整体时间变化特征

生态脆弱性综合指数可以表征研究区内生态脆弱性的整体生态环境状况，为探究研究时间段内不同时期生态环境在时间上的整体变化特征，研究利用生态脆弱性综合指数公式分别计算得到研究区1990年、1995年、2000年、2005年、2010年与2015年6个时期的EVII值，分别为3.21、3.19、3.70、3.83、3.63与3.56（见图6.5）。图6.5显示了EVII值的时间变化特征；在过去25年中，1990年与1995年的EVII值较低（3.21和3.19），表明研究区生态环境在该时期整体好于其他年份；最高值3.83出现在2005年，EVII值越大说明研究区生态脆弱性越大，生态环境越差；相对1990年，整体上EVII呈先快速增加后轻微下降的波动增加趋势，说明阿姆河流域生态环境在整体上有所恶化，特别是在2000年以后四个时期的EVII值总体上高于2000年之前的两个时期。

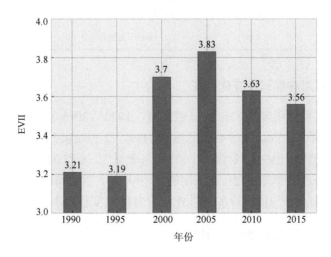

图6.5　1990～2015年阿姆河流域生态脆弱性综合指数年际变化

6.2.3 阿姆河流域不同生态脆弱性等级的时间变化特征

利用生态脆弱性综合指数变化斜率公式，计算得到不同时间段的生态脆弱性综合指数变化率统计结果（表6.7）。由生态脆弱性综合指数变化率可知，在5年变化尺度上，1990~1995年、1995~2000年、2000~2005年、2005~2010年及2010~2015年生态脆弱性综合指数变化斜率分别为：−0.40、10.20、2.60、−4.00与−1.40，其中1995~2000年与2000~2005年这两个时间段内变化率（R_s）均大于零，说明在这两个时间段中研究区生态环境整体相对于前一个时期有所恶化，尤其在1995~2000年时间段中恶化程度更大；而在其他时间段中R_s均小于零，说明在这些时间段中研究区生态环境有所缓解。通过进一步计算更大时间间隔的生态脆弱性综合指数变化率分别得到1990~2005年与2005~2015年两个时间段中的R_s，分别为4.13与−2.70，通过这两个时间段的变化率，可以看出生态环境在这两个时期内出现了不同趋势的转变，在前一段时间研究区生态环境整体呈恶化趋势；而在2005年以后研究区的生态环境呈缓解趋势，但变化率不大，说明2005年是阿姆河流域1990~2015年几十年中生态脆弱性整体变化的一个转折年；通过计算25年变化尺度的生态脆弱性综合指数变化率（$R_s = 1.40$），表明1990~2015年时间段内研究区生态环境整体上呈恶化的趋势。

表6.7　不同时间段生态脆弱性综合指数变化率

时间段	生态脆弱性综合指数变化率/%	时间段	生态脆弱性综合指数变化率/%
1990~1995年	−0.40	2010~2015年	−1.40
1995~2000年	10.20	1990~2005年	4.13
2000~2005年	2.60	2005~2015年	−2.70
2005~2010年	−4.00	1990~2015年	1.40

1. 阿姆河流域潜在脆弱性变化特征

潜在脆弱性占整个研究区的比例普遍较低，1990~2015年研究区6个时期的潜在脆弱性占比分别为：7.23%、6.29%、3.3%、1.99%、2.13%和5.28%，整体呈现U字形变化趋势，最小比例（1.99%）出现在2005年，最大比例（7.23%）出现在1990年，最小比例与最大比例之间相差5.22%。相比较于1990年，2015年潜在脆弱性占比减少了1.95%；尽管有微弱减少，但潜在脆弱性在研究时段内变化较小（图6.6）。

2. 阿姆河流域轻度脆弱性变化特征

轻度脆弱性占比的时间变化趋势与潜在脆弱性比例变化情况基本一致，同样，较1990年，轻度脆弱性占比呈U字形变化的波动下降趋势，但在6个时期内，轻度脆弱性占比的最低值出现在2000年，而最高比例17.15%出现在1995年，其中1990年与

1995年轻度脆弱性的比例均显著高于其他年份，说明在后一段时期轻度脆弱性一部分转为其他脆弱等级（图6.7）。总体而言，过去几十年阿姆河流域轻度脆弱性多年平均值为14.40%，整体上仍处于较低水平。

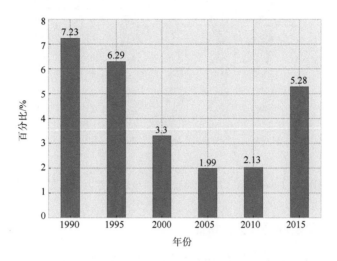

图6.6　1990～2015年阿姆河流域潜在脆弱性占比及变化特征

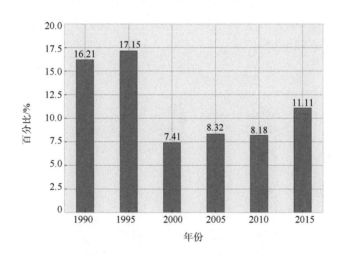

图6.7　1990～2015年阿姆河流域轻度脆弱性占比及变化特征

3. 阿姆河流域中度脆弱性变化特征

图6.8显示了中度脆弱性比例的时间变化特征，可以看到中度脆弱性比例变化幅度不大，但中度脆弱性比例在6个时期分别为：27.62%、31.12%、21.57%、22.29%、24.46%以及22.58%，最大比例与最小比例分别占研究区总面积的31.12%与21.57%，相差9.55%，多年平均值为24.94%，说明中度脆弱在研究区占有较高的比例，在2000年后，整体呈轻微减少的态势，与潜在脆弱性和轻度脆弱性一样，减少的一部分可能转化为其他脆弱性等级。

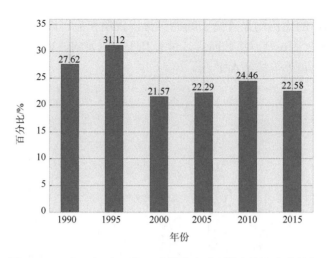

图6.8　1990~2015年阿姆河流域中度脆弱性占比及变化特征

4. 阿姆河流域重度脆弱性变化特征

阿姆河流域重度脆弱性占比在1990~2015年间呈较为稳定的波动变化态势，最大比例为54.77%，而2005年最小比例占研究区总面积的39.25%，重度脆弱性6期比例的平均值为46.40%（图6.9）。高比例的重度脆弱性占比表明研究区主要由重度脆弱性主导，处于严峻的生态环境状态。

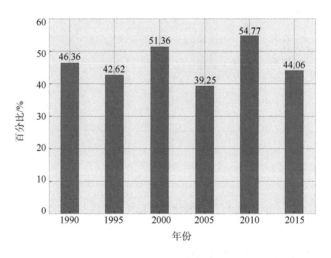

图6.9　1990~2015年阿姆河流域重度脆弱性占比及变化特征

5. 阿姆河流域极度脆弱性变化特征

图6.10显示了阿姆河流域极度脆弱性在各个时期的占比变化情况。与其他脆弱等级变化趋势不同，极度脆弱等级存在两个明显不同的时间阶段，分别为1990~1995年与2000~2015年。在第一阶段极度脆弱性占比分别为2.58%与2.82%，平均值为2.7%，由此可见，极度脆弱性在该时期内占比较小；但到了第二阶段，极度脆弱占比增加明

显，四个时期的比例分别为：16.36%、28.15%、10.46% 与 16.97%，平均值为 17.99%，两个时间阶段平均值的差值为 15.29%，差异较大。就整个研究时间段（1990～2015 年）而言，研究区极度脆弱性占比由 1990 年的 2.58% 急剧增加到 2005 年的 28.15%，尽管在 2005 年以后研究区生态脆弱性占比有所减少，但极度脆弱性的比例相对于 1990 年仍呈现明显增加的趋势，极度脆弱占比从 1990 年的 2.58% 增加至 16.97%，增幅为 14.39%。不断增加的极度脆弱性等级比例主要由于其他脆弱等级转换为极度脆弱性，从而导致比例增加。

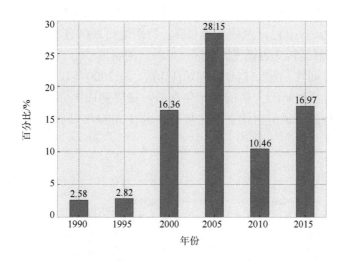

图6.10　1990～2015 年阿姆河流域极度脆弱性占比及变化特征

　　总之，通过分析不同生态脆弱性等级的时间变化状况发现，1990～2015 年阿姆河流域潜在脆弱性、轻度脆弱性与中度脆弱性呈相对减少的趋势，重度脆弱性呈比较稳定的状态，而极度脆弱等级与其他生态脆弱性等级变化情况不同，在 2000 年以后比例增加较大；过去 25 年阿姆河流域主要表现为重度脆弱性，而潜在脆弱性、轻度脆弱性及中度脆弱性呈相对减少的趋势与极度脆弱性呈相对增加的趋势表明研究区生态脆弱性等级剧增，生态环境在进一步恶化，需引起更多关注。

6.3　阿姆河流域生态脆弱性的空间特征分析

6.3.1　阿姆河流域生态脆弱性的空间格局

　　通过分析阿姆河流域生态脆弱性的年变化特征，可以初步了解研究区生态脆弱性的时间演变规律，但生态脆弱性在空间上存在一定的空间差异性，不同区域生态脆弱性的空间演变特征也不同。首先，利用生态脆弱性公式计算得到 EVI 值，在 ArcGIS 软件中对连续的 EVI 值进行分级并制图，获得 1990～2015 年研究区生态脆弱性的空间状况，进一步从阿姆河流域生态脆弱性的空间格局与空间变异性两个方面来探讨研究区生态脆弱性的空间变化特征。

从空间格局来看（图6.11），研究区6个时期的生态脆弱性在空间分布上具有较强的一致性，说明流域内生态脆弱性的空间分布特征对地理格局具有较强的依赖性。其中潜在脆弱区主要分布在阿姆河上游帕米尔高原的西北部山区和阿富汗北部的兴都库什山脉；轻度脆弱与中度脆弱区主要分布在阿姆河沿岸的农业灌溉区以及流域中上游的平原与山地过渡带；重度脆弱性主要分布于阿姆河下游的荒漠区，比如克孜勒库姆沙漠等，这些荒漠区主要集中在乌兹别克斯坦、哈萨克斯坦以及土库曼斯坦境内；而极度脆弱区主要集中在阿姆河下游的咸海盆地以及塔吉克斯坦东北部的帕米尔高原。过去几十年中研究区出现了一些生态环境变化较为明显的区域，比如流域下游的咸海严重萎缩［图6.11（a）～（f）］，湖底不断暴露，特别是在2000年以后［图6.11（c）］，咸海湖盆逐渐由重度脆弱区转变为极度脆弱区；此外，阿姆河下游三角洲在1990年和1995年主要表现为轻度脆弱性［图6.11（a）、图6.11（b）］，在2000年以后，该地区由轻度脆弱转变为中度脆弱；而阿姆河上游的帕米尔高原，极度脆弱的面积在逐渐扩大。总体而言，相比较于20世纪，研究区潜在和轻度脆弱区在2000年以后大面积减少，而极度脆弱区增加较为明显。

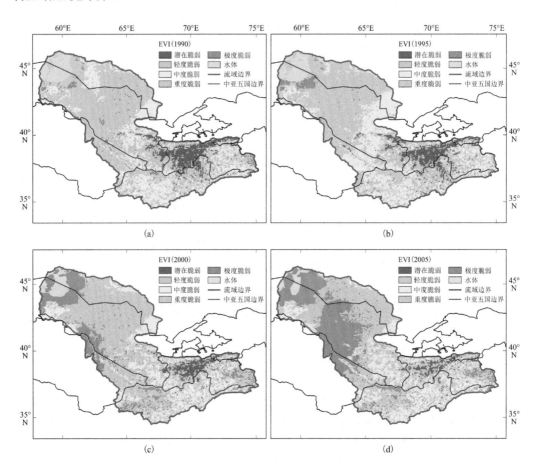

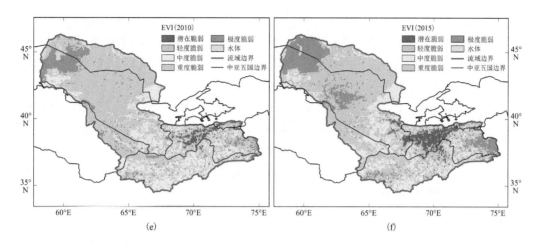

图6.11 1990~2015年阿姆河流域生态脆弱性等级空间分布 (a~f)

利用变异系数公式逐像元计算得到阿姆河流域1990~2015年间生态脆弱性变异系数的空间分布图,利用自然断点法对连续的CV值进行分级,总共分为6个等级。从图6.12可以看到,生态脆弱性在研究时间段内的CV值在空间上存在明显的空间差异性,较小的CV值表明生态脆弱性的变异程度较小,这些区域主要集中在阿姆河流域下游的

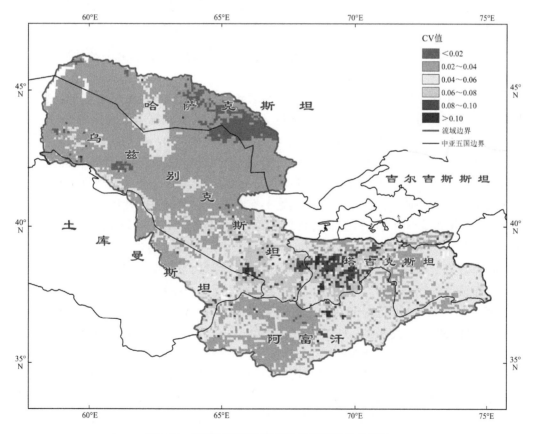

图6.12 阿姆河流域EVI变异系数空间分布格局

哈萨克斯坦、乌兹别克斯坦西北部、土库曼斯坦小部分以及阿富汗西部地区；而研究区生态脆弱性空间变异程度较大的区域，主要集中在阿姆河流域中上游的土库曼斯坦、塔吉克斯坦、乌兹别克斯坦南部以及阿富汗的中东部区域；生态脆弱性高度变异的区域主要集中在塔吉克斯坦境内。

　　进一步统计得到各个CV值区间的百分比与面积（表6.8），统计结果表明，研究区变异系数主要集中在0.02～0.04与0.04～0.06两个区间上，两者分别占研究区总面积的49.51%（369 017 km²）与33.31%（259 216 km²）；CV值大于0.06的区域比例较小，仅为13.15%。进行一步计算得到研究区生态脆弱性CV值的区域平均值为0.041，由此表明，研究区生态脆弱性整体处于比较稳定的状态。

表6.8　阿姆河流域EVI不同CV值区间统计结果

CV值区间	像元数	百分比/%	面积/km²
＜0.02	384	4.03	28 702
0.02～0.04	4937	49.51	369 017
0.04～0.06	3468	33.31	259 216
0.06～0.08	1018	9.77	76 091
0.08～0.1	298	2.71	22 274
＞0.1	71	0.67	5 306.9

6.3.2　阿姆河流域不同土地覆被类型的生态脆弱性差异

　　为进一步探讨研究区生态脆弱性的空间差异特征，我们对不同土地覆被类型生态脆弱性的差异性进行了分析。将研究区每一期的土地覆被数据归类为裸地（B）、灌丛（S）、草地（G）、耕地（C）、城镇用地（U）以及林地（F）6大类，分别统计各土地覆被类型的EVI值。由图6.13可知，研究区不同土地覆被类型的生态脆弱性值变化范围不同，不同土地覆被类型之间的生态脆弱性也存在较大差异。其中，草地与耕地的EVI值变化范围最大，说明研究区内草地与耕地处于不同程度的生态脆弱性等级；而城市用地EVI的最大值和最小值表明该类型的生态脆弱性变化较小，处于较为稳定的生态脆弱状态。但从图6.13可以看出，在1990～2015年6个时期中，土地覆盖类型之间的EVI值分布均保持较好的一致性规律，以1990年为例，对该时期不同土地覆被类型的生态脆弱等级分布情况进行了统计，结果为：①裸地，潜在脆弱：0.54%，轻度脆弱：4.90%，中度脆弱：22.33%，重度脆弱69.06%，极度脆弱3.17%；②灌丛，潜在脆弱：1.68%，轻度脆弱：11.53%，中度脆弱：31.27%，重度脆弱：53.18%，极度脆弱2.34%；③草地，潜在脆弱：17.67%，轻度脆弱：29.25%，中度脆弱：35.46%，重度脆弱：15.04%，极度脆弱2.59%；④耕地，潜在脆弱：20.45%，轻度脆弱：40.02%，中度脆弱：28.30%，重度脆弱：10.29%，极度脆弱0.94%；⑤城市用地，潜在脆弱：20.00%，轻度脆弱：40.00%，中度脆弱：20.00%，重度脆弱：20.00%，极度脆弱0.00%；⑥林地，潜在脆弱：70.00%，轻度脆弱：0.00%，中度脆弱：0.00%，重度脆弱：20.00%，极度脆弱10.00%。

由此可知，裸地和灌丛主要分布于重度脆弱性等级，分别占69.06%和53.18%；草地主要集中在中度脆弱性等级（35.46%），耕地与城市用地主要分布于轻度脆弱性等级（40.02%和40.00%），林地主要分布于潜在脆弱性等级（70.00%）。为进一步量化和比较不同土地利用类型之间的生态脆弱性情况，我们进一步计算了各土地利用类型的生态脆弱性综合指数（EVII），得到裸地（B）、灌丛（S）、草地（G）、耕地（C）、城镇用地（U）和林地（F）的EVII值分别为：3.69、3.43、2.56、2.41、2.40和2.00。

因此，由平均值（图6.13）和EVII值均可以发现，研究区生态环境最为脆弱的是裸地，林地的生态脆弱等级最低。总体而言，1990～2015年阿姆河流域内生态脆弱程度整体表现为裸地>灌丛>草地>耕地>城市用地>林地的规律。

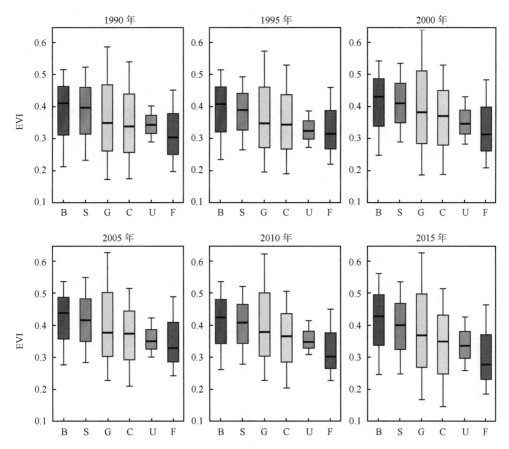

图6.13　1990～2015年阿姆河流域土地覆被类型的生态脆弱性差异分析

注：B：裸地；S：灌丛；G：草地；C：耕地；U：城镇用地；F：林地。

每个箱式图显示了EVI的最小值、最大值、平均值、25%分位数和75%四分位数值。

6.3.3　地形导致的阿姆河流域生态脆弱性的差异

由于研究区高差悬殊，地形起伏较大，为进一步研究流域6个时期不同脆弱等级在垂直空间上的变化差异规律，加之前文也提到阿姆河流域生态脆弱性对地理空间具有较强的空间依赖性。在 ArcGIS 中分别计算了海拔与坡度两个地形指标，分别分析研究区生态脆弱性与地形因子的相关关系。参考以往对干旱半干旱区海拔与坡度的划分标准，以及对生态脆弱性的研究成果（程维明等，2009；周梦云，2017），研究中将海拔划分为：<500 m、500～1 500 m、1 500～2 500 m、2 500～3 500 m 以及>3 500 m 5个等级，将坡度划分为<5°、5～15°、15～25°、25～40° 及>40° 共5个等级。在分别统计研究区1990年、1995年、2000年、2005年、2010年以及2015年6个时期不同海拔区间和坡度区间内的脆弱等级后，利用生态脆弱性综合指数公式计算得到不同海拔、不同坡度区间内不同脆弱性等级的生态脆弱性综合指数（EVII），以便于分析生态脆弱性在地形上的变化特征。

图6.14（a）及图6.14（b）分别显示了6个时期内 EVII 值随海拔和坡度的变化规律，可以看到，随着海拔与坡度的增加，EVII 呈 U 字形变化规律。1990年和1995年的生态脆性综合指数显示在不同海拔和坡度上研究区的生态环境整体好于其他年份，而2000年与2005年研究区生态脆弱性综合指数在不同海拔与坡度上普遍高于其他年份，说明在这两个时期内研究区生态环境整体比其他年份差。通过计算不同海拔区间和坡度区间上6个时期的多年 EVII 平均值，获取多年平均随海拔与坡度的变化规律，由此可知，研究区生态环境最差的区域主要位于海拔500 m 以下和3 500 m 以上，在海拔2 500～3 500 m 上生态脆弱性综合指数达到最小值，表明研究区生态环境在该区间内最佳［图6.14（a）］；就坡度而言，同样表现出与海拔一致的变化规律，生态脆弱性综合指数的多年平均值显示在<5°和>40°的区域生态环境最差，而在15°～25°区间上生态环境状况较好［图6.14（b）］。因此，就整个阿姆河流域而言，生态环境呈现上游与下游差而中游生态环境较好的空间格局差异，即研究区低海拔地势平坦与高海拔坡度大的区域是生态环境最为脆弱的地区，而生态脆弱性分别在海拔2 500～3 500 m 或坡度15°～25°最低。因此，决定研究区生态脆弱性空间分布格局的主要因子为海拔与坡度。

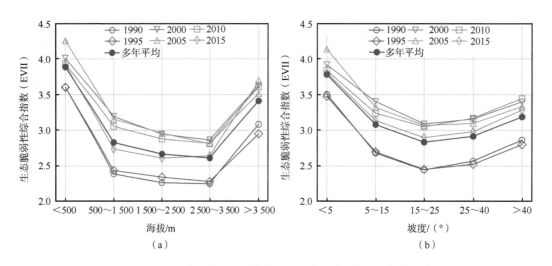

图6.14　各个时期不同海拔（a）和坡度（b）下生态脆弱性综合指数的变化规律

6.4　阿姆河流域生态脆弱性的机制分析与对策建议

6.4.1　阿姆河流域生态脆弱性的驱动机制分析

对1990~2015年阿姆河流域生态脆弱性的时空特征进行了详细分析，分别从生态脆弱性与土地利用类型的关系、生态脆弱性与地形因子的关系两个角度初步探讨了研究区生态脆弱性的空间差异性。

研究结果显示，过去几十年阿姆河流域潜在脆弱性、轻度脆弱性以及中度脆弱性均呈相对减少的趋势，而极度脆弱性呈相对增加的态势，这一结果表明，研究区其他低脆弱性等级正在向高生态脆弱性等级转化，生态环境变得越来越脆弱，生态风险增加。通过生态脆弱性综合指数（EVII）的时间趋势变化分析（图6.5），进一步证实了阿姆河流域在过去25年整体上生态脆弱程度加剧，生态环境进一步恶化，这与邓铭江等的研究结果一致（邓铭江等，2010）；Xue等（2019）对干旱区半干旱区典型流域塔里木河流域生态脆弱性评价结果同样表明，该区域生态环境在过去几十年同样呈进一步恶化的趋势。此外，研究区重度脆弱性等级时间变化不明显，但占研究区总面积的比例最大，6期平均值为46.40%，以上结果表明，阿姆河流域主要表现为重度脆弱性的态势，即研究区生态环境整体较差。因此，针对干旱区半干旱区典型流域生态环境进一步恶化的问题，需进一步引起重视，未来将进一步从气候变化与人类活动两类驱动因素方面深入分析。

从研究区生态脆弱性空间分布格局来看，研究区生态环境最为脆弱的区域主要集中在阿姆河下游的咸海盆地和克孜勒库姆沙漠以及帕米尔高原局部（图6.11）。帕米尔高原东北部区域在过去几十年中极端脆弱面积同样在进一步扩大，原因在于该地区气候寒冷，不利于植被生长，加之该地区海拔高、坡度大，诸如滑坡、泥石流和山体崩塌等地质灾害频发使得该地区生态环境更为脆弱。

阿姆河下游高等级生态脆弱性最为集中的原因在于下游地区植被稀疏，主要以荒漠植被为主，该地区降水稀少，蒸发强度大，加之人类活动强烈，极大地破坏了该地区的生态环境，从而导致生态系统极为脆弱（吴敬禄等，2009；Liu et al.，2017）。咸海面积的萎缩，暴露的湖盆是导致整个研究区极度脆弱面积显著增加的另一个主要原因。此外，研究区下游是重要的农业灌溉区，农业灌溉所需水源主要来自河流和地下水，人类不合理的水资源利用导致下游地区水资源时空分布失调，水盐关系失衡，从而出现沙漠化、土壤盐渍化等一系列生态问题（王让会等，2001），加之该区域过度放牧等人类活动使得原本就很脆弱的生态系统变得更加脆弱（Karnieli et al.，2008）。我们针对阿姆河下游地区生态脆弱性变化较明显的阿姆河三角洲作进一步分析与讨论，通过获取该地区灌溉与非灌溉区的地下水文实测数据，用于分析灌溉导致的地下水位变化与生态脆弱性之间的相关关系，文中使用的数据可参考前人的研究成果（Johansson et al.，2009）。图6.15表明，非灌溉区地下水位高于灌溉区地下水位，而灌溉区生态脆弱性却低于非灌溉区，这说明灌溉导致生态脆弱性增加，这主要因为灌溉导致地下水位抬升

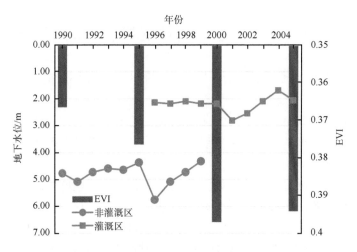

图6.15 阿姆河三角洲非灌溉和灌溉部分的年际地下水位变化

数据结果来源：Johansson et al.，2009。

的同时，地下水中高浓度的盐分也被带到了地表，加上该地区温度高、蒸发剧烈，盐分滞留在地表，从而出现土地盐渍化，生态环境恶化，脆弱性加剧。

研究区生态脆弱性CV的区域平均值为0.041，说明研究区从整体来看变异程度不大，变化系数较小的区域主要分布在阿姆河下游地区，而变异系数相对较高的区域主要分布于阿姆河流域中上游的塔吉克斯坦境内以及塔吉克斯坦与乌兹别克斯坦交界处，特别是塔吉克斯坦与乌兹别克斯坦接壤处生态脆弱性变异系数较高（图6.12）。呈这样的空间分布格局跟研究区的人类活动有较大的关系，通过获取研究时段内研究区人口空间分布数据，发现高变异程度的区域也是研究区人口密度最大的区域，人类活动频繁（图6.16）；进一步通过研究时段内灌溉强度的空间分布格局发现，在人类活动较为频繁的地区高灌溉强度（80%～100%）较为集中，因此灌溉作为主要的人类活动形式（图6.16），是该区域生态脆弱性出现高变异程度的主要原因之一；此外，国家间水资源利用效率不同，水资源分配不均以及生态需水未能得到及时保障等，也可能导致这些地区生态脆弱性变化程度较大。阿姆河下游地区生态脆弱性变异较小，而该区域主要为重度生态脆弱性，同时，我们的研究发现重度脆弱性在时间上处于比较稳定的状态，因此，该区域生态脆弱性变异程度较小。尽管在过去几十年大部分地区处于重度生态脆弱性的稳定状态，但这样的稳定状态是一种生态环境较恶劣的状态。

通过生态脆弱性与不同土地覆被类型的关系分析发现（图6.13），研究区生态环境最为脆弱的是裸地，而生态环境最好的是林地，这与之前的研究结果一致（王延平等，2010；孙倩，2012）。研究区裸地生态脆弱性等级最高，而裸地区域主要分布于阿姆河流域下游和上游的帕米尔东部地区，这些区域的脆弱性类型主要为重度脆弱性和极度生态脆弱性，但变异性不大，原因在于这类土地利用类型本身生态环境比较恶劣，植被稀少，生态脆弱等级一直处于较高的级别，因此很难发生较大的变动。林地生态脆弱性最低的原因在于林地本身生态系统结构完整，抗外界扰动的能力更大，加之研究

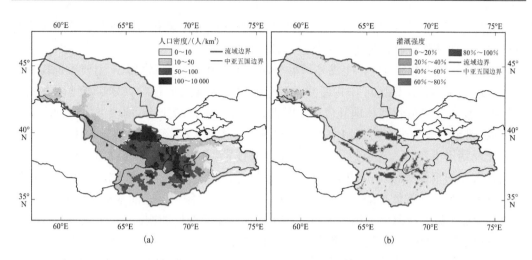

图6.16　阿姆河流域人口密度与灌溉强度分布

区林地主要分布于帕米尔高原和兴都库什山，由于海拔较高，人类活动较少，且大多属于自然保护区，因此森林生态系统受外界干扰较少，生态环境状态稳定。研究发现研究区草地EVI差异最大，这主要是因为研究区属于典型的山地-荒漠-绿洲生态系统，研究区地势落差大，不同草地类型的空间分布差异较大，高山草甸主要分布于山区，而平原区分布有荒漠草地，由于荒漠草地较高山草甸更加脆弱，导致草地EVI差异显著。

　　进一步通过探讨生态脆弱性与地形因子的关系发现，研究区生态脆弱性对于地理空间格局具有高度依赖性（图6.14），生态脆弱性与海拔和坡度均呈U字形变化规律，说明研究区高生态脆弱性主要分布于低海拔坡度小和高海拔坡度大的区域，研究区生态脆弱性形成的高地理空间依赖格局主要由海拔与坡度因子决定。

6.4.2　应对阿姆河流域生态脆弱性的对策与建议

　　要解决干旱区跨境流域生态环境问题，仍然需要从水资源合理开发与利用的角度入手。在干旱区一个流域通常形成一个完整的生态系统，水是该生态系统构成、发展和稳定的基础，也是生态系统中各生物生存发展的基本条件，流域内水资源与生态环境各种要素之间的有机联系、相互作用主要通过水循环进行，从而控制着干旱区生态环境的动态变化与状况（马金珠等，1997）。阿姆河流域水资源时空分布不均匀，上下游水资源开发利用极其不平衡，对流域水资源可持续利用造成了极其不利的影响；加上阿姆河流域的跨界属性、人口快速增加以及资源过度开发利用导致流域内生态环境变得更加脆弱，从而出现严重的生态危机。因此，针对跨境流域这一特殊单元，其水资源开发和管理需从流域的整体利益出发，国家间需要合作与协调，共同解决用水矛盾。但是，考虑到跨境流域的特殊性以及流域内国家主要是发展中国家，对流域的开发与保护需要大量资金投入和技术支持，仅靠流域国家本身的力量解决以上问题实现起来比较困难，这需要通过国际组织以及其他国家参与跨境流域的开发与管理工作，通过国际组织的监督与协调，实现流域国家间合作和流域水资源统一管理。

　　为降低研究区生态脆弱性，实现研究区生态环境可持续利用与开发，针对阿姆河流域的生态脆弱性现状，提出以下几点建议。

　　（1）对于流域中游地区，生态环境处于潜在脆弱和轻度脆弱状态，主要土地覆被类型为草地和林地，该地区可作为缓冲区和过渡区，应继续加强对森林和草地生态系统的保护，防止过度放牧和林地乱伐，同时保证生态用水，防止进一步生态环境恶化。

　　（2）耕地主要集中在阿姆河中下游的平原区，由过去的轻度脆弱变为中度脆弱，未来应合理利用水资源，应引进先进的节水灌溉技术，避免水资源浪费，通过水资源量来调整农业的规模和结构，加强水利基础设施建设，防止耕地盐渍化。同时，该地区需要对水资源进行整体布局，作为源区的上游国家应确保一定量的水资源流向主河道，必要时增加下游的应急生态用水频率，防止耕地生态脆弱性加剧。

　　（3）位于阿姆河下游荒漠区和上游的帕米尔高原东北部，生态环境处于严重脆弱与极度脆弱等级，且极度脆弱的面积增加明显，该地区主要植被类型为荒漠植被和裸地，这些区域应作为绝对生态保护区，应加强该地区生态系统荒漠化监测与评估，防止生态脆弱性进一步加剧；对严重破坏的土地采用生物和工程手段实施生态保护和修复，并对未利用地的开发规模应进行严格控制。

　　（4）鉴于内陆跨境流域水资源系统及生态环境的特点，应着重考虑水资源开发所引起的生态环境效应，确定面向流域生态环境的水资源开发利用的配置方案。因此，未来仍需深入研究流域生态环境与水资源之间的相关关系，开发生态环境与水资源利用之间的耦合模型，用于科学评价流域生态需水量，优化水资源开发方案，从而实现跨境流域水资源的统筹利用与生态的协同保护。

　　（5）针对跨境流域的特殊性，各国政府应高度重视一系列生态法规法律，并严格执行相关法律法规，建立有效的公共监督体系，提高人们的生态保护意识，发挥公众维护生态的积极作用，共谋生态可持续发展。

参 考 文 献

程维明，等.2009.新疆地貌空间分布格局分析.地理研究，28（5）：1157-1169.

邓铭江，等.2010.中亚五国跨界水资源开发利用与合作及其问题分析.地球科学进展，25（12）：1337-1346.

郭兵，等.2018.西北干旱荒漠生态区脆弱性动态监测及驱动因子定量分析.自然资源学报，33（3）：412-424.

李平星，樊杰.2014.基于VSD模型的区域生态系统脆弱性评价——以广西西江经济带为例.自然资源学报，29（5）：779-788.

李嫱，等.2017.2000～2009年中亚阿姆河流域土地覆被时空变化分析.遥感技术与应用，32（2）：218-227.

马金珠，高前兆.1997.西北干旱区内陆河流域水资源系统与生态环境问题.干旱区资源与环境，（4）：16-22.

牛文元.1989.生态环境脆弱带ECOTONE的基础判定.生态学报，（2）：97-105.

齐姗姗，等.2017.基于SRP模型的甘肃省白龙江流域生态环境脆弱性评价.水土保持通报，37（1）：224-228.

邵秋芳，等.2016.长江上游安宁河流域生态环境脆弱性遥感监测.国土资源遥感，28（2）：175-181.

孙倩.2012.祁连山东段景观生态脆弱性评价研究.甘肃农业大学.

田海宁. 2017. 汉中市生态脆弱性评价及空间分布规律研究. 中国农业资源与区划, 38(3): 148-152.

王飞, 等. 2015. 土壤有机质和有机碳含量计算方法比较研究. 农学学报, 5(3): 54-58.

王让会, 樊自立. 2001. 干旱区内陆河流域生态脆弱性评价——以新疆塔里木河流域为例. 生态学杂志, (3): 63-68.

王延平, 等. 2010. 淮河流域沂蒙山区水土保持生态脆弱性的 AHP 分析. 中国水土保持科学, 8(3): 20-27.

吴敬禄, 等. 2009. 中亚干旱区咸海的湖面变化及其环境效应. 干旱区地理, 32(3): 418-422.

夏军, 等. 2012. 河湖水系连通特征及其利弊. 地理科学进展, 31(1): 26-31.

杨恕, 田宝. 2002. 中亚地区生态环境问题述评. 东欧中亚研究, (5): 51-55.

姚雄, 等. 2016. 南方水土流失严重区的生态脆弱性时空演变. 应用生态学报, 27(3): 735-745.

张建明. 2013. 中亚土壤地理. 北京: 气象出版社, 1-306.

张元明, 等. 2013. 中亚植物资源及其利用. 北京: 气象出版社, 8-10.

赵平, 等. 1998. 生态系统的脆弱性与退化生态系统. 热带亚热带植物学报, (3): 179-186.

赵跃龙. 1999. 中国脆弱生态环境类型分布及其综合整治. 北京: 中国环境科学出版社, 1-161.

郑杰. 2016. 基于 PSR 模型的岷江上游生态脆弱性研究. 成都信息工程大学.

周可法, 等. 2013. 中亚地质地貌. 北京: 气象出版社, 1-256.

周梦云. 2017. 干旱半干旱区山地生态系统脆弱性评估方法体系与实例研究. 华东师范大学.

APAN A A. 1997. Land cover mapping for tropical forest rehabilitation planning using remotely-sensed data. International Journal of Remote Sensing, 18(5): 1029-1049.

DALE V H, BEYELER S C. 2002. Challenges in the development and use of ecological indicators. Ecological Indicators, 1(1): 3-10.

GUO H, et al. 2018. Spatial and temporal characteristics of droughts in Central Asia during 1966-2015. Science of The Total Environment, 624: 1523-1538.

GUO H. 2018. Steps to the digital Silk Road. Nature, 554(7690): 25-27.

HE L, et al. 2018. Ecological vulnerability assessment for ecological conservation and environmental management. Journal of Environmental Management, 206: 1115-1125.

JOHANSSON O, et al. 2009. Variation of groundwater salinity in the partially irrigated Amudarya River delta, Uzbekistan. Journal of Marine Systems, 76(3): 287-295.

KARNIELI A, et al. 2008. Assessing land-cover change and degradation in the Central Asian deserts using satellite image processing and geostatistical methods. Journal of Arid Environments, 72: 2093-2105.

KELLY P M, ADGER W N. 2000. Theory and practice in assessing vulnerability to climate change and facilitating adaptation. Climatic Change, 47(4): 325-352.

LI A, et al. 2006. Eco-environmental vulnerability evaluation in mountainous region using remote sensing and GIS—A case study in the upper reaches of Minjiang River, China. Ecological Modelling, 192(1-2): 175-187.

LI X, et al. 2019. The impact of the 2009/2010 drought on vegetation growth and terrestrial carbon balance in Southwest China. Agricultural and Forest Meteorology, s269–270: 239-248.

LI Z M, et al. 2018. Urban green space suitability E valuation based on the AHP CV combined weight method: a case study of Fuping County, China. Sustainability, 10(8): 1-15.

LITTELL J S, et al. 2009. Climate and wildfire area burned in western U. S. ecoprovinces, 1916–2003. Ecological Applications. 19.

LIU D, et al. 2016. Using fuzzy analytic hierarchy process for spatio-temporal analysis of eco-environmental vulnerability change during 1990–2010 in Sanjiangyuan region, China. Ecological Indicators, 73.

NANDY S, et al. 2015. Environmental vulnerability assessment of eco-development zone of Great Himalayan National Park, Himachal Pradesh, India. Ecological Indicators, 57: 182-195.

SAATY T L, VARGAS L G. 1998. Diagnosis with dependent symptoms: Bayes theorem and the analytic hierarchy process. Operations Research, 46(4): 491-502.

TUCKER C J, et al. 2005. An extended AVHRR 8 km NDVI dataset compatible with MODIS and SPOT vegetation NDVI data. International Journal of Remote Sensing, 26(20): 4485-4498.

TURNER B L, et al. 2003. A framework for vulnerability analysis in sustainability science. Proceedings of the National Academy of Sciences, 100(14): 8074-8079.

VILLA F, MCLECOD H. 2002. Environmental vulnerability indicators for environmental planning and decision-making: Guidelines and applications. Environmental Management, 29(3): 335.

WHITE C J, et al. 2014. The impact of climate change on the water resources of the Amu Darya Basin in Central Asia. Water Resources Management, 28(15): 5267-5281.

XU H, et al. 2018. Urban flooding risk assessment based on an integrated k-means cluster algorithm and improved entropy weight method in the region of Haikou, China. Journal of Hydrology. 563.

XUE L, et al. 2019. Spatiotemporal analysis of ecological vulnerability and management in the Tarim River Basin, China. Science of The Total Environment, 649: 876-888.

YANG W, et al. 2018. Integrated flood vulnerability assessment approach based on TOPSIS and Shannon entropy methods. Ecological Indicators, 89: 269-280.

ZHAO J, et al. 2016. Water resources risk assessment model based on the subjective and objective combination weighting methods. Water Resources Management: An International Journal, Published for the European Water Resources Association (EWRA), 30(9): 3027-3042.

ZOU T, YOSHINO K. 2017. Environmental vulnerability evaluation using a spatial principal components approach in the Daxing'anling Region, China. Ecological Indicators, 78: 405-415.

第7章 阿姆河三角洲土地退化及景观生态风险评估

本章选取土地退化严重的阿姆河三角洲作为典型区域研究对象。阿姆河三角洲包括乌兹别克斯坦2个州（卡拉卡尔帕克斯坦和花拉子模州）和土库曼斯坦1个州（达绍古兹州）（图7.1）。研究区面积为36 000 km²。帕米尔高原山脉的永久性冰川积雪是阿姆河流域的主要水源，三角洲的供水量受上游气候变化和人类活动的影响。耕地扩张和水文情势的改变，对三角洲生态环境产生了巨大影响（Micklin，2007；Asarin et al.，2010），许多区域出现了土地退化，进而逐渐转变为荒漠（Saiko et al.，2000；Dubovyk et al.，2016）。此外，三角洲上下游之间的水资源分配以及农业与生态用水的需求冲突，进一步加剧了该地区的土地退化。

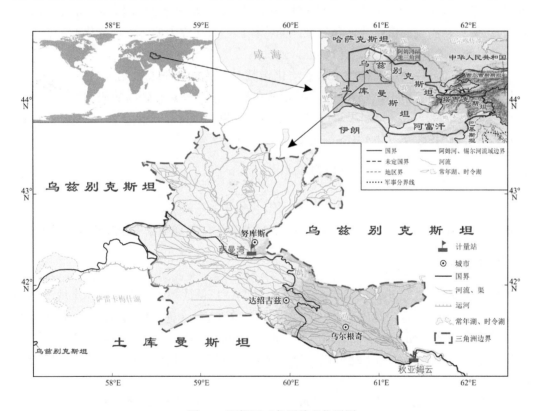

图7.1 阿姆河三角洲地理位置图

7.1 阿姆河三角洲土地退化评估

基于Landsat数据，监测了阿姆河三角洲土地退化和土壤盐渍化的时空格局，并分析了该地区的土地利用变化。最后，结合机器学习法增强回归树模型(boosted regression tree model，BRT)，量化了土地退化各驱动因素的相对重要性，并讨论了不同时间段土地退化主要驱动力和土地利用变化轨迹。因此，对阿姆河三角洲近25年的土地退化进行分析，揭示其土地退化的时空变化格局与影响机制，可以为阿姆河三角洲土地退化修复政策的制订提供数据支持，对保障区域生态环境安全具有重要意义。

7.1.1 土地退化评估方法

1. 评价指标的选取

基于Albedo-NDVI特征空间的归一化植被指数(normalized difference vegetation index，NDVI)和反照率(albedo)的组合，已被广泛应用于区域土地退化监测(Ma et al.，2011；Pan et al.，2013；Becerril-Piña et al.，2016)。NDVI可间接监测植被生物量和叶面积指数，常用于区域土地退化研究(Kundu et al.，2011)。

反照率反映了地面对太阳辐射的吸收，并受土地覆盖类型的影响较大(Coakley，2003)，反照率的增加可以间接反映植被逐渐退化为裸地的过程(Robinove et al.，1981)。例如，高反照率是沙地和盐碱地的特征。已有研究表明，土地退化的加剧与土地表面反照率的增加密切相关(Li et al.，2000)。

根据Landsat数据反演得到土壤盐渍化指数(salinization index，SI)，各波段DN值与地面真实数据之间的相关性分析，发现蓝色和红色波段具有较高的相关性，相关研究中已验证了该反演模型在干旱区具有较高的精度(Bouaziz et al.，2011；Gorji et al.，2017)。盐渍化指数计算如下(Bouaziz et al.，2011)：

$$SI(TM/ETM) = \sqrt{\alpha_1 \times \alpha_3} \tag{7.1}$$

$$SI(OLI) = \sqrt{\alpha_2 \times \alpha_4} \tag{7.2}$$

式中，α_1、α_2、α_3和α_4分别为Landsat TM/ETM和OLI影像数据中相应波段的反射率。

2. 变化向量分析法

变化向量分析法(change vector analysis，CVA)广泛应用于生态系统和土地变化动态监测中(Salih et al.，2017；Vorovencii，2017)。CVA是一种变化检测技术，常用于监测遥感图像中多时相空间变化的幅度和方向(Lambin et al.，1994)。本节将NDVI和反照率应用于CVA法以监测土地退化，分别代表植被和土壤状况(Vorovencii，2017；Liu et al.，2018)。

NDVI与各种植被参数有关，例如植被生产力和叶面积指数(Zaady et al.，2007)，NDVI减少可作为植被退化的特征之一。根据大气校正后的Landsat影像中的红色(R)和近红外(NIR)波段的反射率计算NDVI如下(Rouse Jr et al.，1974)：

$$NDVI = \frac{NIR - R}{NIR + R} \tag{7.3}$$

反照率是反映土地表面状况（包括土壤湿度和土壤暴露）的关键物理参数（Röder et al.，2009），反照率值增加，则表示土壤出现退化（Ma et al.，2011）。基于大气校正后的Landsat影像数据计算地表反照率（Liang，2001）。Landsat TM/OLI数据的反照率计算分别如下：

$$albedo(TM) = 0.356\alpha_1 + 0.130\alpha_3 + 0.373\alpha_4 + 0.085\alpha_5 + 0.072\alpha_7 - 0.0018 \quad (7.4)$$

$$albedo(OLI) = 0.356\alpha_2 + 0.130\alpha_4 + 0.373\alpha_5 + 0.085\alpha_6 + 0.072\alpha_8 - 0.0018 \quad (7.5)$$

式中，α_1、α_2、α_3、α_4、α_5、α_6、α_7和α_8分别为Landsat TM/ETM和OLI影像数据中相应波段的反射率。

基于欧几里得距离法，CVA变化幅度（ΔM）表示日期1和日期2之间的变化强度 [图7.2(a)]，对ΔM值分类来识别土地退化或改善程度。ΔM值计算公式如下（Dawelbait et al.，2012）：

$$\Delta M_{\text{band1\_band2}} = \sqrt{(date2band1 - date1band1)^2 + (date2band2 - date1band2)^2} \quad (7.6)$$

式中，date2band1表示日期2的NDVI值；date2band 2表示日期2的反照率值。

根据NDVI与反照率监测指标间的角度（α）判定变化方向，也就是从日期1像元值（横坐标为NDVI值，纵坐标为反照率值）到日期2相应像元值的变化方向 [图7.2(b)]。通过以下公式计算变化角度（Dawelbait and Morari，2012）：

$$tg\alpha_{\text{band1\_band2}} = \frac{date2band2 - date1band2}{date2band1 - date1band1} \quad (7.7)$$

变化方向分为4个象限 [图7.2(c)]。第一象限（0°～90°）和第三象限（180°～270°）中，两个分量同时增加和减少，表明区域土地处于稳定状态。第二象限（90°～180°）中，NDVI减小，反照率增加，表示区域土地退化。第四象限（270°～360°）中，NDVI增加，反照率减小，表示区域土地改善。

3. 提升回归树法

使用BRT模型量化驱动因素对土地退化的影响。BRT模型是一种机器学习模型，利用非参数回归技术量化解释因素的贡献（Elith et al.，2008）。通过BRT模型对复杂非线性关系的土地退化进行建模，是土地退化评估技术上的创新。该模型可以自动解决交互作用，不需要事先标准化驱动数据（Elith et al.，2008）。BRT中使用了两种算法：增强树和回归树。回归树有以下几个优点，该方法可以修改解释变量中的缺失值，并且可以忽略不敏感的输入变量。由于该方法易实现结果可视化，已成为一种流行的机器学习方法（Hastie et al.，2015）。与预测性较差的单树模型相比，BRT模型结合了增强树来构建高精确规则以提高模型的准确性（Schapire，2003）。由于子样本每次随机选择迭代，不易出现过拟合现象。因此，BRT方法量化驱动因素较可靠（Friedman，2002）。变量的良好解释性与准确性预测相结合是BRT模型另一优势（Friedman，2001）。目前BRT方法已广泛应用于遥感和土地利用变化的相关评估中（Müller et al.，2013；Naghibi et al.，2016；Sica et al.，2016）。有关BRT模型的详细解释见Elith等研究（Elith et al.，2008）。

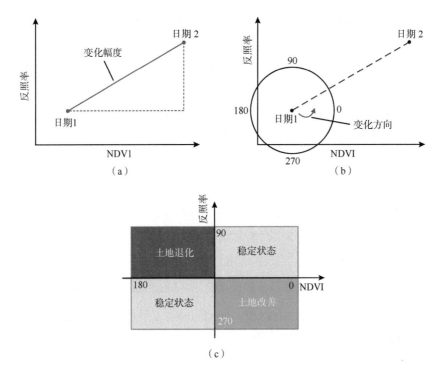

图7.2　变化向量分析法

(a) 变化幅度；(b) 变化方向；(c) 变化分为三类考虑到土地退化或改善程度不同，根据变化幅度（ΔM）的密度曲线确定高低变化强度的阈值（图7.3）。变化强度分为两个类别（高和低），所以阈值由50%分布来确定。根据CVA组合变化方向[图7.2(c)]，变化程度可分为五类：高度土地退化、低度土地退化、稳定区、低度土地改善和高度土地改善。

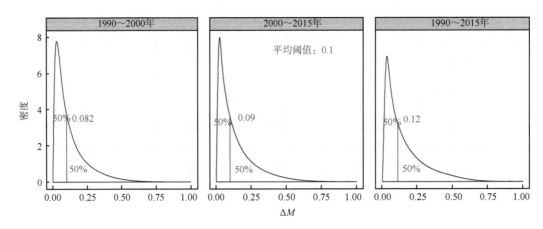

图7.3　根据ΔM密度曲线确定高、低度变化之间的阈值

　　R语言提供了BRT实现的包"dismo"（Hijmans et al.，2013）。模型中需要指定三个主要参数：①学习率；②树复杂度；③再抽样比率。比较学习率从0.1到0.0001和树复杂度从1到10的所有组合，根据最低预测误差准则筛选最佳参数。结果表明，当该模型的学习率为0.01、树的复杂度为5以及再抽样比率为0.5时，具有较高的预测精度。根据解释性因素被选择的频率，在BRT模型中量化解释性因素的相对重要性。最后，

为了明确土地退化与各解释因素的关系，假设其他因素在相同的影响情况下，采用偏相关图显示各因素对土地退化的贡献。

7.1.2　1990～2015年土地利用变化

根据1990年、2000年和2015年的土地利用结果（图7.4），耕地是三角洲主要土地利用类型，土地利用类型比例随时间变化而变化（表7.1）。耕地面积比例从1990年的48.14%迅速增加到2000年的53.14%，随后下降到2015年的50.74%。耕地的变化会改变水资源空间分布，可加剧下游地区的土地退化。对于草地，1990年草地面积最大（22.35%）。此后，约有1 852.68 km²的草地转变为其他土地利用类型，主要集中在三角洲北部区域。1990～2000年期间，稀疏植被面积减少了227.96 km²，而2000～2015年增加了439.31 km²。稀疏植被的减少主要出现在达绍古兹州的西南部，而三角洲北部的稀疏植被增加表明该地区出现了土地退化。建设用地零星分布在耕地中，从1990年的1 696.60 km²增加到2015年的2 600.76 km²。1990～2000年期间，湿地面积减少了556.06 km²，尽管2015年湿地面积增加了341.29 km²，但其面积仍低于1990年。总体而言，耕地和草地的变化程度要高于其他土地利用类型。

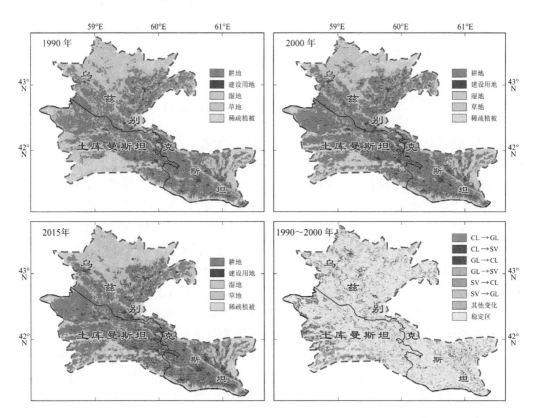

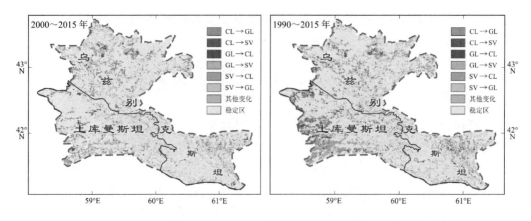

图7.4 1990～2015年土地利用变化图

图中：CL：耕地；GL：草地；SV：稀疏植被。

表7.1 不同植被类型的面积和百分比统计

植被类型	1990年		2000年		2015年	
	面积/km²	百分比/%	面积/km²	百分比/%	面积/km²	百分比/%
耕地	17 583.56	48.14	19 409.96	53.14	18 535.53	50.74
草地	8 165.73	22.35	6 547.61	17.92	6 313.05	17.28
湿地	1 397.38	3.83	841.32	2.30	1 182.61	3.24
建设用地	1 696.60	4.64	2 272.35	6.22	2 600.76	7.12
稀疏植被	7 685.47	21.04	7 457.51	20.42	7 896.82	21.62

土地利用变化空间分布以及不同时间段面积变化分别如图7.4和图7.5所示，3个州的土地利用转入转出各不相同。整个评估期内，耕地扩张主要来源于草地，其次为稀疏植被。达绍古兹州有1 135.36 km²的稀疏植被和卡拉卡尔帕克斯坦州和达绍古兹州的1 658.84 km²草地被开垦为耕地。虽然耕地的增加有利于增加植被的绿度，但农业用水的过度开发可挤占生态用水，以致下游地区因生态缺水而土地退化。此外，卡拉卡尔帕克斯坦州有981.24 km²的草地和183.10 km²的耕地退化为稀疏植被，且该州还有920.75 km²的耕地被撂荒而转变为草地，这些土地利用的转变可能是土地退化驱动的结果。在不同时间段内，尽管草地和稀疏植被都是耕地扩张的主要来源，但1990～2000年期间的转换强度比2000～2015年的严重；1990～2000年，有2 809.65 km²的稀疏植被和草地被开垦为耕地。与其相比，2000～2015年稀疏植被的增加主要来源于农田和草地的退化，高于1990～2000年的增加。在此期间，在卡拉卡尔帕克斯坦州，由耕地转变为草地的面积高达1 112 km²。所以，耕地和自然植被间的相互转换是三角洲土地利用变化的主要特征。在当前社会经济发展下，耕地撂荒和草地退化已成为该区域土地利用变化的新趋势。

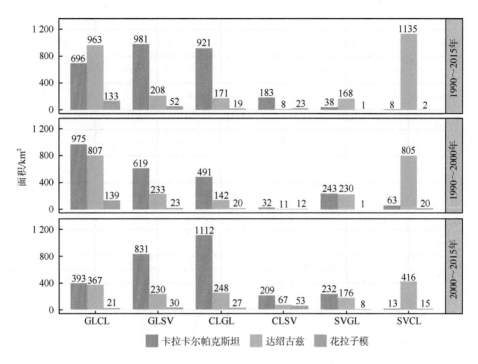

图7.5　各时间段内土地利用面积变化

图中：GLCL：草地转耕地；GLSV：草地转稀疏植被；CLGL：耕地转草地；CLSV：耕地转稀疏植被；
SVGL：稀疏植被转草地；SVCL：稀疏植被转耕地。

7.1.3　土壤盐渍化时空动态分析

基于Landsat数据计算了盐渍化指数SI，三角洲土壤盐渍化的空间分布如图7.6所示。2000～2015年的土壤盐渍化程度比1990～2000年的严重。2000～2015年，盐渍化增加区域主要集中在三角洲下游区域，SI升高了0.12，而此期间三角洲西南部盐渍化有所改善，SI降低了0.13。但是，在前一个时间段内（1990～2000年）表现出不同的空间变化趋势，三角洲北部的土壤盐渍化有所降低。以上结果表明，可能是由于土壤盐渍化驱动因素的改变，导致两个时间段内土壤盐渍化变化趋势不同，尤其在北部区域比较明显。

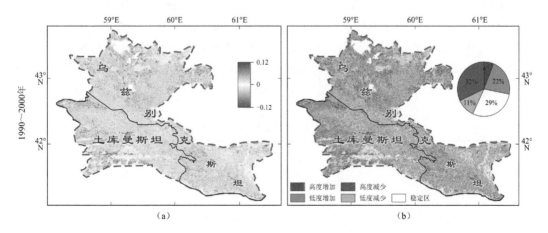

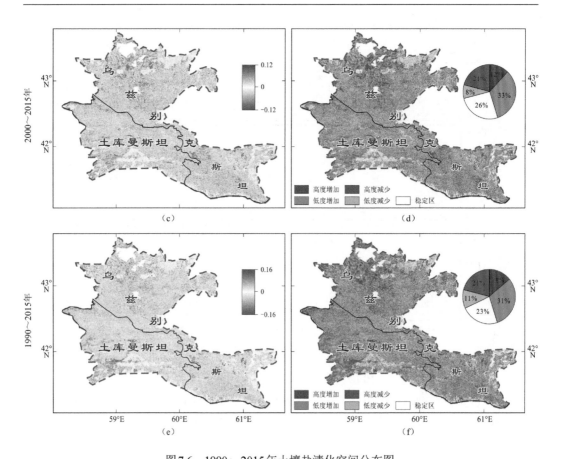

图7.6　1990～2015年土壤盐渍化空间分布图

(a)、(c) 和 (e) 为不同时期土壤盐渍化指数 (SI) 变化的空间分布；(b)、(d) 和 (f) 为变化强度，
分为五类：高度增加、低度增加、稳定区、低度减少和高度减少。

与土地退化的分类方法相同，根据SI变化的密度曲线将土壤盐渍化强度分为五类（表7.2）。分类结果（图7.6）表明，1990～2015年三角洲的土壤盐渍化在时空上变化不一。1990～2000年，大多数区域土壤盐渍化呈高度或低度减少（43%），而部分区域土壤盐渍化呈高度或低度增加（28%）。此外，29%确定为稳定区。但是，在随后的时间段（2000～2015年）内发现土壤盐渍化呈相反趋势变化，盐渍化高度和低度增加分别占12%和33%，盐碱化高度增加区域主要集中在三角洲下游。对于盐渍化下降区域，高度和低度减少比例为29%，其减少明显低于1990～2000年的，稳定区域占26%。总之，2000～2015年，大部分区域的土壤盐渍化程度比1990～2000年的严重，且北部卡拉卡尔帕克斯坦州的土壤盐渍化程度要高于其他地区。

表7.2　三角洲土壤盐渍化变化强度划分

S_{SI}	SI 变化分类
≥0.05	盐渍化高度增加
0.01～0.05	盐渍化低度增加

续表

S_{SI}	SI 变化分类
−0.01～0.01	稳定区
−0.05～−0.01	盐渍化高度减少
<−0.001	盐渍化低度减少

7.1.4　土地退化的时空评估

阿姆河上游气候变化及人为活动会促使其径流发生变化，进而对该流域区域农业用水产生影响。基于曼-肯德尔检验法（Mann-Kendall，MK），选取了年降水量、温度和径流等变量因素检验突变年份以确定评估时间段（图7.7）。MK分析结果表明，在95%置信区内大多数点相交于2000年左右，因此2000年可作为1990～2015年的突变年，将整个研究期分为1990～2000年和2000～2015年两个时间段，以分析三角洲土地退化及驱动。

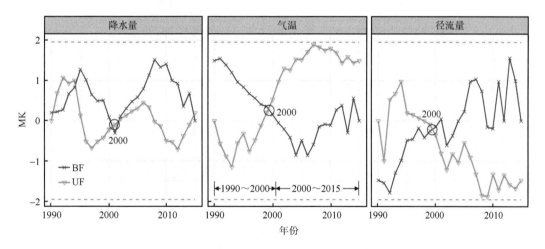

图7.7　阿姆河三角洲年降水量、温度和径流量的突变结果

两条红色虚线表示两条可信度临界线（±1.96）。

阿姆河三角洲土地退化与改善空间分布如图7.8所示。1990～2015年，该区域土地退化和改善具有明显的时空特征。整个评估期内（1990～2015年），达绍古兹州西南部变化幅度值较低，低至−0.38。然而，变化幅度较高值主要集中在卡拉卡尔帕克斯坦州北部的下游区域，高达0.38。1990～2000年，三角洲北部出现较高的正值表明该区域出现土地退化，而三角洲南部的较低负值表明该区域土地得到了改善。2000～2015年，三角洲北部（正值）和南部（负值）空间上也呈相反变化趋势。评估结果表明，咸海周边部分地区遭受到了严重的土地退化，该现象不容忽视。整体而言，下游地区成片土地退化较为严重，而达绍古兹州西南部的土地改善较为集中，整个三角洲的土地退化在空间上呈现出了明显的区域特征。

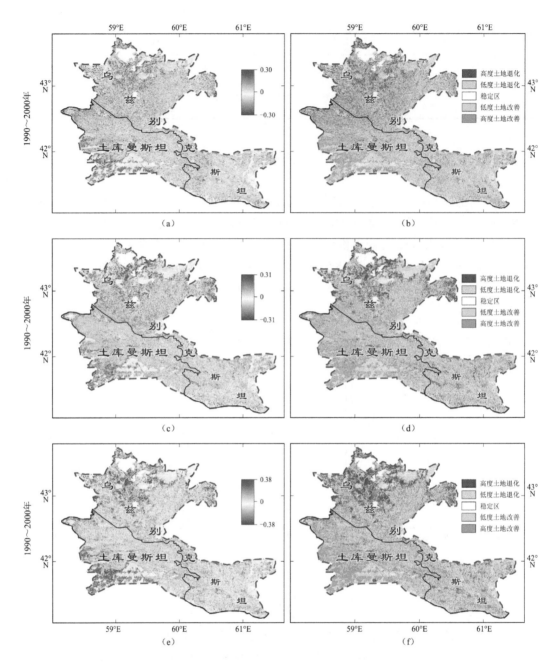

图7.8 1990～2015年土地退化和土地改善空间分布图

(a)、(c) 和 (e) 为不同时期基于变化向量分析 (CVA) 的变化强度空间分布；

(b)、(d) 和 (f) 为变化强度，分为五类：高度退化、低度退化、稳定区、低度改善和高度改善。

基于 Landsat 影像数据，1990～2015年内，选择了植被退化和土壤暴露的3个典型区（图7.9和图7.10）。结果表明，典型区的土地退化监测结果与地面真实（Landsat影像）情况比较吻合（图7.10）。

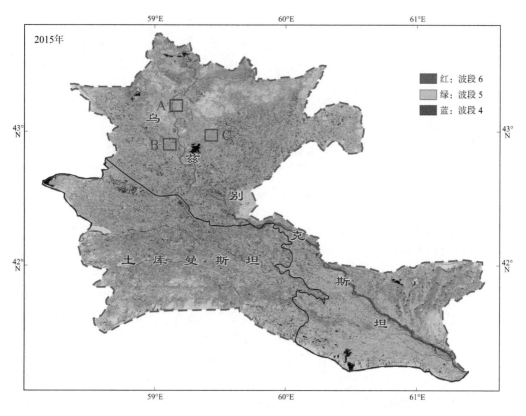

图7.9　阿姆河三角洲植被退化和土壤暴露典型区位置图

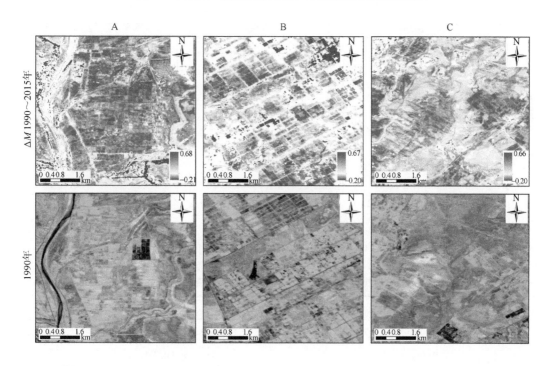

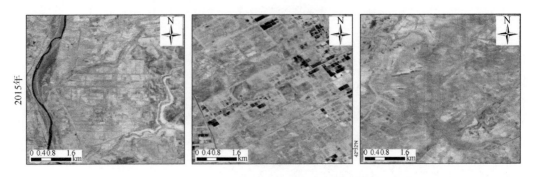

图7.10　不同区域土地退化与地面真实（Landsat 影像）对比图

　　基于变化幅度的密度曲线（图7.11）可确定土地退化高低变化强度间的分割阈值。由于变化强度仅分为高和低两个类别，所以阈值由密度曲线50%分布来确定（图7.11）。根据 CVA 变化方向的结果，可将变化程度分为4类（表7.3）：高度土地退化、低度土地退化、高度土地改善和低度土地改善。图7.8（f）结果表明，1990～2015年，三角洲土地退化强度空间差异较大，在西南部呈现出高度土地改善，而下游地区则出现了高度土地退化。大部分区域（39.34%）经历了高或低度的土地退化，而部分区域（22.53%）则经历了高或低度的土地改善。此外，38.12%的区域确定为稳定区。对于高度土地退化，2000～2015年高度土地退化比例（15.37%）要高于1990～2000年的，而稳定区面积比例有明显的下降，2000～2015年有39.26%的区域呈现稳定状态。总体而言，咸海周边下游地区的土地逐渐退化并转变为高度土地退化。

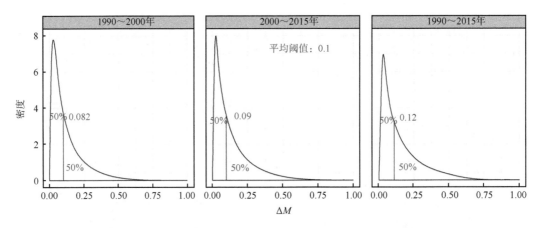

图7.11　根据 CVA 变化强度确定高和低强度变化程度分割阈值

表7.3　根据变化向量分析法（CVA）的土地变化程度划分

ΔM	土地状态分类
$\geqslant 0.1$	高度土地退化或土地改善
$0\sim 0.1$	低度土地退化或土地改善

不同州的5种土地退化变化类别的百分比如图7.12所示，不同时间段内三州土地退化程度各不相同。1990～2000年，卡拉卡尔帕克斯坦州的土地退化比例高于其他州（图7.12），高、低度土地退化分别占17.66%和23.19%；其次为达绍古兹州。花拉子模州发现了成片的土地改善，高、低度土地改善比例分别为15.27%和20.16%。2000～2015年，花拉子模州的高、低度土地退化的比例分别为14.08%和20.19%，均高于1990～2000年的。此外，与1990～2000年相比，2000～2015年土地改善比例也迅速下降。整个研究期间内（1990～2015年），不同州的土地退化比例按以下顺序递减：卡拉卡尔帕克斯坦州、达绍古兹州和花拉子模州。下游区域更易出现土地退化。

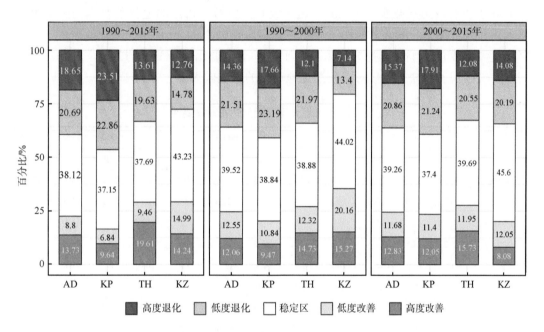

图7.12　不同地区不同时间段五种土地变化类别的百分比

图中：AD：阿姆河三角洲；KP：卡拉卡尔帕克斯坦；TH：达绍古兹；KZ：花拉子模。

7.1.5　土地退化过程的驱动因素

BRT模型确定了土地退化解释因子的相对重要性，如表7.4所示。整个评估期内，BRT模型结果表明，农业用水、降水量和温度是土地退化的主要驱动因子，可解释50%以上的土地退化，其相对影响分别为25.2%、22.1%和13.7%（表7.4）。农业用水对土地退化的影响最大，其次为降水。农业用水和降水的联合相关图表明农业用水减少（<−0.02 km³）和降水增加（<20 mm）的区域更易发生土地退化（图7.1）。在不同植被类型中解释因子的相对影响也有所不同。农业用水（23.8%）和温度（15.8%）是影响耕地退化的主要驱动因素，而降水量（28%）和温度（22.3%）对草地退化影响较大。稀疏植被退化主要受以下几个驱动因素影响，包括降水、温度和牲畜量，分别占27.1%、22.1%和16.1%。

　　1990～2000年，BRT模型结果表明降水量、农业用水和盐排入量共同解释约70%的土地退化（表7.4）。在此期间内，降水量对土地退化的影响最大。降水和农业用水的联合相关图表明，降水减少（＜-40 mm）和农业用水减少（＜-0.02 km³）的区域，更易出现土地退化（图7.13）。对于不同植被类型，农业用水（30.2%）和降水（25.3%）是耕地退化的主要影响因素，然而降水减少和温度升高是草地和稀疏植被退化的主要驱动因子，其相对重要性占该模型的50%以上。2000～2015年，发现盐排入量、农业用水和降水解释了该模型的50%以上（表7.4），其中盐排入量（18.1%）对土地退化产生了重要的影响。盐排入量和农业用水的联合相关图表明土地退化易发生于盐排入量增加（＞40 000 t）和农业用水减少（＜0 km³）的区域（图7.13）。耕地的退化主要驱动因子为盐排入量和农业用水，其相对影响分别高达26.9%和18.1%。在草地和稀疏植被中，除了降水量和温度的影响外，盐分排入量几乎占了土地退化解释变量的20%。总之，农业用水、气候因子和盐排入量对三角洲土地退化的影响较大。

表7.4　土地退化解释因素的相对重要性

因子	1990～2015年				1990～2000年				2000～2015年			
	AD	CP	GL	SV	AD	CP	GL	SV	AD	CP	GL	SV
降水量	**22.1**	11.1	**28.0**	**27.7**	**32.0**	**25.3**	**37.9**	**40.7**	16.3	14.2	16.9	17.6
气温	**13.7**	**15.8**	**22.3**	**22.1**	11.9	7.4	**22.6**	**13.1**	12.7	10.2	17.6	16.2
干旱	7.3	7.5	8.5	8.1	7.6	3.4	**8.6**	8.7	11.7	9.2	11.7	10.6
农业用水	**25.2**	**23.8**	11.8	12.4	**17.8**	**30.2**	4.5	9.6	17.3	18.1	11.5	10.1
牲畜量	11.0	10.3	**15.7**	**16.1**	4.2	4.0	7.3	5.6	10.6	10.1	11.8	14.7
渠道	6.1	7.7	3.8	3.9	4.9	4.0	4.5	6.2	8.9	8.0	10.3	11.6
盐排入量	8.8	**13.1**	5.6	5.5	**13.4**	**13.3**	7.9	8.8	**18.1**	**26.9**	**16.8**	**15.5**
人口	5.9	10.7	4.3	4.1	8.3	12.4	6.6	7.2	4.5	3.3	3.5	3.8

注：AD：阿姆河三角洲；CP：耕地；GL：草地；SV：稀疏植被。加粗数字表示解释变量的相对重要较高。

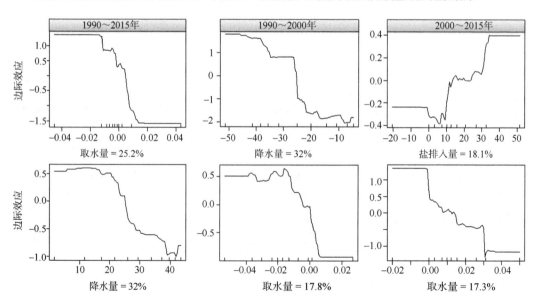

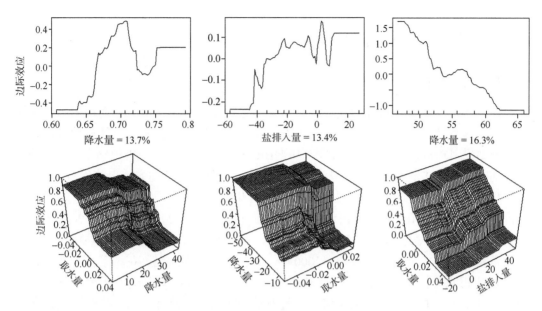

图 7.13　提升回归树模型解释因素中三个相对重要变量的偏相关图

水平轴包含地毯图,地毯图表示影响因素在百分位中的分布。垂直轴为解释变量的边际效应。

根据秋亚姆云计量站盐排入量的观测,2000~2015 年期间盐排放量增加了 1.718×10^7 t,排入田间盐量也大大增加[图 7.14(a)],盐分流入耕地中加剧土壤盐渍化。与其相反,2000 年前,盐排放量下降趋势明显,田间盐排入量也减少了 $1.020\,4 \times 10^7$ t。因此,减少盐分的排放可有效减轻土壤盐渍化。此外,根据咸海附近地下水观测井的观测数据,评估期间内地下水位年际波动较大。在 2001 年前后,地下水位出现了明显的下降和上升过程[图 7.14(b)]。地下水位的变化也可能会影响该地区的土壤盐渍化。所以,盐排入量和地下水位与土壤盐渍化密切相关,其变化可能由区域的人类活动引起。

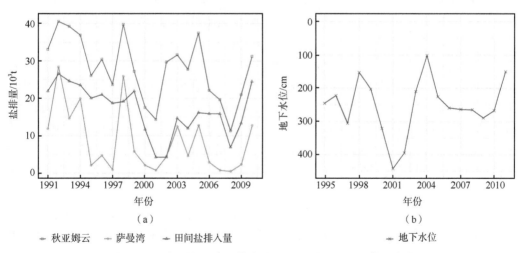

图 7.14　三角洲各站点盐排放量 (a) 和地下水位 (b) 年际变化

田间:盐排放到耕地。

7.1.6　三角洲土地退化驱动力分析

1. 土地退化的人为干扰

多数学者基于植被指标的变化趋势研究土地退化，往往忽略了土地利用的变化轨迹，无法有效地监测土地退化的影响（Zhang et al.，2017）。土地退化是多种因素共同作用的结果（D'Odorico et al.，2013），基于BRT模型在不同时间段内识别土地退化的主要驱动因素。BRT模型与土地退化研究相结合，是土地退化评估方法上的创新。

1990~2000年，农业用水是三角洲耕地退化的主要驱动因素（表7.4）。耕地是该地区主要的土地利用类型，以河水灌溉为主（Stulina et al.，2013）。1990~2000年，受上游气候变化和人类活动影响，阿姆河流入三角洲径流量减少［图7.15（a）］，下游农业用水量也随之大大减少。1990~2000年，卡拉卡尔帕克斯坦、花拉子模和达绍古兹州的农业用水分别下降了57.64%、38.04%和28.30%，2000年出现了严重的农业用水短缺，其中下游的卡拉卡尔帕克斯坦州最严重（图7.15）。此外，由于达绍古兹州西南部的耕地扩张，需从阿姆河调水，在秋亚姆云水库左岸修建了一条新的供水渠，并与马里亚布渠道相连，也就是现在的土库曼河（Zonn et al.，2013）。因此，该地区许多稀疏植被成片开垦为耕地（图7.4和图7.5），在此期间，耕地面积增加了1 871.40 km²（表7.3），而卡拉卡尔帕克斯坦州的下游地区农业用水短缺进一步加剧［图7.15（b）］）。随着灌溉用水定额减小，土壤湿度降低，农田易受干旱影响，进而导致土地退化和农作物减产（Dubovyk et al.，2013；Kulmatov，2014）。上文研究结果证实，在此期间内土地退化的比例高于土地改善的，且下游地区的土地退化比上游地区的更严重（图7.12）。

2000~2015年，盐分排入到田间地块是耕地退化的主要驱动因素（表7.4）。在此期间，大部分地区出现了严重的土壤盐渍化，特别花拉子模州和卡拉卡尔帕克斯坦州北部（图7.6）。花拉子模州，土壤本底含盐量较高，尤其是60 cm以上的表层土（Akramkhanov et al.，2012；Zhang et al.，2016）。2000~2015年期间，花拉子模州的农业用水增长了53.03%［图7.15（d）］，由于灌溉效率低，约有62%的灌溉用水在农作物利用前被浪费（Kitamura et al.，2006）。此外，排水系统容量较低，灌溉期浪费的水导致地下水位上升至1.5 m，使地下水盐分带入土壤表层［图7.14（b）］（Stulina and Eshchanov，2013）。所以，在花拉子模州的农田中，次生土壤盐渍化较严重，次生土壤盐渍化的盐分主要来自灌溉用水和地下水（Ibrakhimov et al.，2007）。值得注意的是，阿姆河上游地区大部分灌溉排水流入卡拉卡尔帕克斯坦州北部（Severskiy，2004），农田盐排放量增加了82.28×10⁴ t［图7.14（a）］，对下游地区造成了严重的影响。因此，农田盐渍化程度大大提高（图7.8），卡拉卡尔帕克斯坦州北部出现部分农田撂荒而转变为草地和稀疏植被（图7.4）。

苏联解体后，土库曼斯坦和乌兹别克斯坦出现大规模城乡迁移以及经济模式由计划经济转变为自由市场（Gleason，2003）。随后，取消了农业补贴，农民盈利的下降和不稳定的土地使用权，导致了三角洲耕地的撂荒（Hostert et al.，2011）。同时，耕地弃

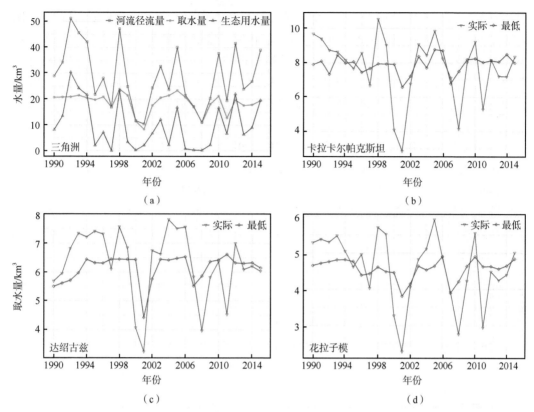

图7.15　1990～2015年阿姆河三角洲河流流量和用水量的年际变化（a）
和实际用水量和最低需水量的年际变化［(b)、(c) 和 (d)］

耕还造成了许多不利的社会经济影响，包括粮食不安全的加剧、家庭收入的减少以及失业率增加等（Bekchanov et al.，2016）。

大多数草地和稀疏植被分布在三角洲北部。BRT模型结果表明，2000～2015年盐分排入是造成土地退化的主要驱动力。虽然降水量增加将有利于植被生长（图7.13），但咸海附近草地的退化导致覆盖度降低，稀疏植被增加（图7.4和图7.5）。除了地下水盐分影响外，2000～2015年，根据萨曼湾计量站（咸海附近）的盐排放观测数据，在此期间内盐排放量增幅较大［图7.14(a)］。三角洲北部流入了大量的高矿化度河水，导致草地和稀疏植被土壤盐渍化程度增加，加剧了该地区的土地退化（图7.4）。所以，2000～2015年土壤盐渍化比1990～2000年的严重，尤其在三角洲北部区域（图7.4）。

2. 气候变化是土地退化的驱动力

BRT模型表明，降水量和温度是影响草地和稀疏植被退化的主要驱动因素（表7.4）。天然植被的生长主要依赖于降雨而非人工灌溉，1990～2000年期间，三角洲降水量总体呈下降趋势，且土地退化与降水量的边际效应之间存在较强的负相关关系（图7.13）。

上节表明，咸海流域的农业用水与水资源变化有关。如图7.16所示，由于山区气候变化的影响，河流年径流量也波动变化。径流和降水量与温度的相关系数分别为0.53和−0.47。因此，山区气候波动是河流径流变化的主要驱动力，并影响咸海流域的可用水资源量。此外，河流流量与生态用水呈显著的正相关性，相关系数高达 0.96 [图7.15(a)]，气候变化也影响到三角洲(特别是 1990～2000 年期间)下游的生态用水，生态用水的减少可导致咸海周边区域的自然植被退化。上节结果表明，三角洲北部部分草地已退化为稀疏植被(图7.4和图7.5)。因此，1990～2000 年期间河流径流量大幅度减少，也是该地区土地严重退化的驱动因素之一(Asarin et al.，2010)，且下游地区土地退化比上游地区严重。

1960 年后流域耕地面积大规模扩张，咸海面积持续萎缩(Micklin，2007)。1990 年后上游农业用水趋于稳定(Micklin，2016；Micklin et al.，2016)，而帕米尔和兴都库什山(Hindukush)冰雪融化的产流急剧减少，加速了咸海面积萎缩[图7.16(b)]。2006 年咸海萎缩成东西两个湖泊，2014 年咸海面积接近0，区域大陆性气候发生改变，夏季异常干燥以致植物蒸发量增加(Micklin et al.，2016)。所以，咸海周边更易出现高度土地退化(图7.8)，咸海周边区域荒漠化风险较大(Jiang et al.，2019a)。

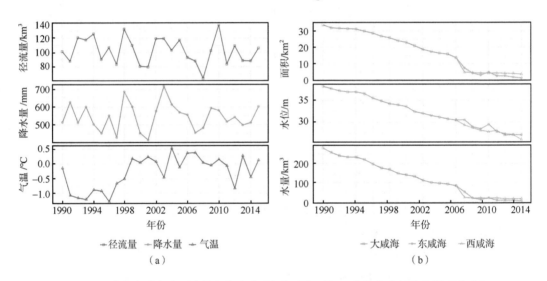

图7.16 咸海流域水文要素的年际变化(a)和咸海面积、水位和水量的年际变化(b)

土地退化零增长计划(LDN)倡议要求土地资源质量应保持稳定或提高，可持续发展目标 15 明确要求在 2030 年前实现 LDN 倡议(Wunder et al.，2018)。通过土地退化驱动因素的识别，提出以下几种措施以减少下游地区的土地退化：①推广农业滴灌的应用，以减少水分损失；②限制耕地的扩张，特别控制达绍古兹州西南部的耕地扩张；③减少上游地区的盐排放量；④确保适宜的地下水位。此外，土地稳定区应采取适当措施来维持现状。土地退化会破坏生态系统的服务和功能，并对生态和社会经济产生不利的影响(Prăvălie et al.，2017)。

7.2 阿姆河三角洲景观生态风险评估

一个稳定的生态系统是自然与社会和谐发展的基础。随着人类活动的加剧和区域环境的变化，生态系统受到的干扰越来越强，面临的生态风险逐渐加大(Salvati et al.，2014；Kazakova et al.，2016)。生态风险反映了生态系统在受到外界压力干扰时功能发生退化的可能性(Gong et al.，2015；Peng et al.，2015)。近年来，随着景观生态学的发展，一些学者基于景观格局与生态系统之间的相互作用，从景观生态学的角度，提出了景观生态风险评价的研究方法(Gong et al.，2015)。与传统生态风险评价方法不同，景观生态风险评价主要突出了景观格局变化对生态系统功能以及生态进程带来的影响，能够从不同的尺度对生态风险进行空间分析，综合反映生态风险在时空上的变化特征(Yu et al.，2019)。

最近几十年，由于受人类活动、全球气候变化以及"咸海危机"的影响，阿姆河三角洲出现了土壤盐渍化(Bezborodov et al.，2010)、植被退化(Jiang et al.，2017；Guo et al.，2018；Chen et al.，2019)、沙尘暴(Indoitu et al.，2015)等严重的生态环境问题，区域景观的结构和功能遭到破坏，生态系统稳定性逐渐降低，景观生态风险有升高的趋势。因此，从景观格局的角度出发，基于景观格局变化与生态系统功能和过程之间的相互关系对阿姆河三角洲景观生态风险进行评价，揭示景观生态风险在时空上的变化特征，并分析其与驱动力之间的关系，可以为阿姆河三角洲综合生态风险防范和开展可持续的景观生态规划提供决策依据，具有重要意义。

7.2.1　景观类型变化特征

2000年和2015年耕地分别占总面积的56%和58%左右，是研究区主要的景观类型。2000年草地占据阿姆河三角洲面积的15.82%，到了2015年则下降到10.65%。2000年与2015年建设用地面积占据阿姆河三角洲的比例分别为5.82%和6.80%。湿地和水域的面积较小，占据的比例均不足2%；2000年未利用地的面积在阿姆河三角洲的比例为17.07%，2015年则增加到了19.93%。图7.17反映了阿姆河三角洲景观类型面积的变化

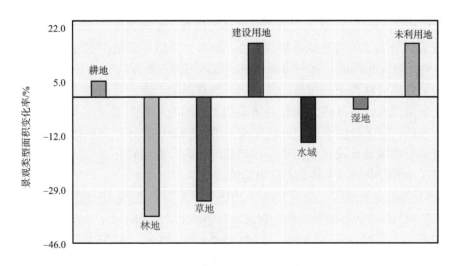

图7.17　景观类型面积变化率

情况。2000～2015年，耕地、建设用地和未利用地面积表现出增加趋势，其中建设用地和未利用地面积增加最为迅速，面积分别增加了16.83%和16.79%；其次是耕地，面积在原来基础上增加了5%左右；与此相反，湿地、水域、草地和林地的面积则出现了不同程度的下降，其中面积下降幅度最大的是林地和草地，分别减少了37.55%和32.70%；水域面积减少了大约13%左右，湿地面积减少了3.61%。

　　从图7.18可以看出，2000年与2015年，在空间分布上，阿姆河三角洲的主要景观类型为耕地，广泛地分布在研究区的大部分区域；林地则主要分布在阿姆河沿岸和三角洲下游，同时在三角洲的西南部林地也有少量分布；2000年与2015年草地主要分布在阿姆河三角洲的下游，而建设用地则主要分布在三角洲的中部及上游区域，水域及湿地主要分布在阿姆河三角洲的下游；研究时段内，未利用地主要分布在阿姆河三角洲的边缘及下游区域，同时与2000年相比，从空间上可以看出在下游区域，未利用地有明显增加的趋势。

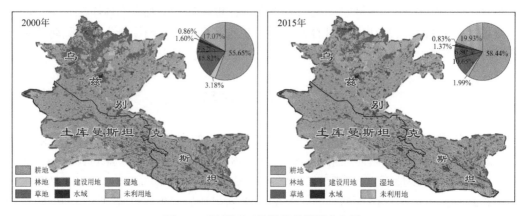

图7.18　阿姆河三角洲景观类型分布图

　　图7.19生成共计12种景观类型空间转移的组合。结果表明，在研究时段内大部分区域的景观类型未发生转移或者转移较小；2000～2015年景观类型变化较大的区域主要集中在阿姆河三角洲的北部与边缘区域。在阿姆河三角洲的北部（下游）草地退化明显，有大量草地转移为未利用地，同时由于垦荒活动，在三角洲的下游和上游有一部分草地转变成耕地；另外较为明显的景观类型之间的转移主要发生在阿姆河三角洲的边缘和西南部，有大量的未利用地转化成耕地。2000～2015年在阿姆河三角洲的上游和中部有部分耕地转化成建设用地。在研究时段内，耕地转化成未利用地则主要发生在阿姆河三角洲的中部，主要是弃耕引起的。

　　表7.5反映的是阿姆河三角洲2000～2015年景观类型之间面积的转移情况。可以发现，各类景观向耕地转移的情况较为普遍，其中湿地、未利用地、水域、草地向耕地转移的面积最多，分别为57.38 km²、685.81 km²、60.12 km²、52.35 km²和1 141.25 km²。林地和耕地在2000～2015年近15年间发生了明显的退化，主要向未利用地发生了转移，

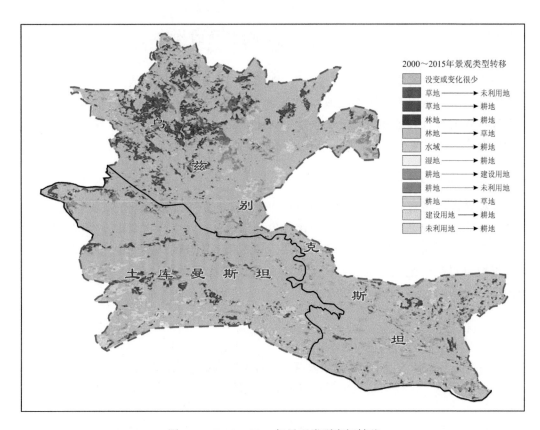

图7.19 2000～2015年景观类型空间转移

表7.5 2000年与2015年景观类型转移矩阵 （单位：km²）

2000年 / 2015年	湿地	未利用地	林地	水域	建设用地	耕地	草地	总计
湿地	219.46	14.39	4.17	42.33	0	2.75	16.01	299.1
未利用地	4.21	5 226.07	253.66	9.46	2.16	690.54	990.39	7 176.5
林地	0.67	25.08	659.34	8.09	0.45	1.14	20.05	714.82
水域	7.45	9.43	3.88	419.91	0.08	18.31	34.18	493.24
建设用地	2.16	26.37	0.8	2.4	2 041.16	308.07	68.04	2 449.01
耕地	57.38	685.81	133.92	60.12	52.35	18 907.6	1 141.25	21 038.42
草地	19.96	157.87	88.83	33.29	0	107.49	3 425.13	3 832.56
总计	311.27	6 145.02	1 144.61	575.6	2 096.22	20 035.91	5 695.03	36 003.65

其中林地向未利用地转移了253.66 km²，耕地向未利用地转移了690.54 km²，2015年的湿地大约有42.33 km²来源于2000年的水域。

7.2.2 景观生态风险指数的构建

基于景观指数的生态风险评价方法，能够揭示特定景观组合或空间格局对区域生态风险的影响，适用于区域、流域、城市等多个尺度的景观生态风险评价，能够实现对多源风险的综合表征和时空分异表达（Peng et al.，2015；Xue et al.，2019）。基于景观指数构建了阿姆河三角洲景观生态风险评估模型。

1. 景观指数的计算

景观破碎度指数（fragmentation index，F_i）表征的是景观被分割的破碎程度。它强调的是自然或人为干扰对景观格局变化产生的影响，这种影响主要体现在促使区域景观由单一、均质和连续的整体逐渐向复杂、异质和不连续的斑块变化的过程。景观破碎度指数可以在一定程度上反映出人类对景观的干扰程度（Li et al.，2015；Lin et al.，2019），公式如下（RV et al.，1988）：

$$F_i = \frac{n_i}{A_i} \tag{7.8}$$

式中，F_i 为景观破碎度指数；n_i 为景观类型 i 的斑块数；A_i 为景观类型 i 的总面积。景观破碎度指数值越大，表明景观单元内部稳定性越低，对应的景观生态系统稳定性也就越低。

景观分离度指数（splitting index，S_i）是指景观类型中不同元素或斑块个体分布的分离程度，可以在一定程度上反映出人类活动强度对景观结构的影响（Lin et al.，2019）。计算出的景观分离度指数越大，表明景观类型在地域上越分散，其稳定性就越差（Uuemaa et al.，2013）。公式如下：

$$S_i = \frac{A}{2A_i}\sqrt{\frac{n_i}{A}} \tag{7.9}$$

式中，S_i 为景观分离度指数；n_i 为景观 i 的斑块数；A_i 为景观 i 的总面积；A 为景观总面积。

景观优势度指数（dominant index，D_i）可以反映景观类型在景观整体中所占据的比例情况（Lin et al.，2019）。景观优势度指数越大，表示组成景观的各类型所占比例差异越大，表明某一种或少数景观类型占主导地位；优势度小，则反映了组成景观的各种景观类型所占例大致相当。其公式如下（Mo et al.，2017）：

$$D_i = \frac{(Q_i + M_i)}{4} + \frac{L_i}{2}, \ Q_i = \frac{n_i}{N}, \ M_i = \frac{B_i}{B}, \ L_i = \frac{A_i}{A} \tag{7.10}$$

式中，D_i 为景观优势度指数；n_i 为景观 i 的斑块数；A_i 为景观 i 的总面积；A 为景观总面积；N 和 B 分别为景观斑块总数及采样总数；B_i 是景观类型 i 的采样总数。

景观干扰度指数（landscape disturbance index，LDI）是指不同景观类型在维持生态系统稳定性时的作用区别 (Uuemaa et al.，2013)，同时也是对景观生态系统受到外界干扰 (主要为人类活动) 程度的反映。外界的干扰程度越小，越有利于动植物的生存，景观干扰度指数对生态风险受体的意义重大，也是反映景观格局的重要性指标 (Jin et al.，2019)。研究中选取了景观破碎度、景观分离度和景观优势度指数构建景观干扰度指数，公式及权重赋值情况如下：

$$\text{LDI}_i = aF_i + bS_i + cD_i \tag{7.11}$$

式中，F_i 为景观破碎度指数；S_i 为景观分离度指数；D_i 为景观优势度指数；a、b、c 为相应各景观指数的权重，且 $a+b+c=1$，依据前人的研究成果 (Peng et al.，2015；Mo et al.，2017)，$a=0.5$，$b=0.3$，$c=0.2$。

景观脆弱度指数 (landscape fragility index，LFI) 代表了生态系统内部结构的脆弱性 (Peng et al.，2015)。景观脆弱性程度与景观组分的自身属性及组分之间的相互作用密切相关。该指标主要衡量景观结构本身的稳定性或抗干扰能力 (Mo et al.，2017；Cui et al.，2018)。LFI 越高，表明生态系统的抵抗力越低，生态风险就越大。先前的研究提供了确定不同景观类型脆弱性的方法 (Cui et al.，2018；Lin et al.，2019)。7 种景观类型的脆弱性从低到高排序依次为：建设用地、林地、草地、耕地、水域、湿地和未利用地，为了便于计算将其脆弱性进行归一化处理 (Li and Huang，2015；Xue et al.，2019)，值域为 [0.1～0.9]。

基于上述的景观干扰度指数 LDI 和景观脆弱度指数 LFI，构建景观生态风险指数 (landscape ecological risk index，LERI)。该指数可以准确地描述特定样本中综合生态损失的相对大小，并且可以充分反映由于景观格局变化而引起的生态风险的可能变化。此外，该指标可通过采样将景观结构转换为空间生态风险变量。公式如下 (Mo et al.，2017；Lin et al.，2019)：

$$\text{LERI} = \sum_i^j \frac{A_{ki}}{A_k} \sqrt{\text{LDI}_i \cdot \text{LFI}_i} \tag{7.12}$$

式中，LERI 代表景观生态风险指数；A_{ki} 是样本 k 中景观 i 的面积；A_k 是样本 k 的面积；j 是样本 k 中景观类别的数量。

2. 景观生态风险评价单元划分

在进行区域景观生态风险评价时，评价单元的选取尤其重要。根据研究对象和研究区域的差异，在保证评价单元内自然要素相对完整的前提下，评价单元主要以流域、行政边界和栅格风险小区为主，通过栅格风险小区对评价单元进行划分可以在合理尺度突出景观生态风险的变化特征，目前使用较多 (Mo et al.，2017；Lin et al.，2019)。根据区域的范围及土地利用类型特点，利用等间距系统采样法，运用 ArcGIS10.2 中 Create Fishnet 工具，构建生态风险评价单元，对研究区进行网格划分。参考前人的相关研究 (Yu et al.，2019)，景观生态学研究认为，景观样本的面积应为斑块平均面积的 2～5 倍，才能较好地反映研究对象的空间分布信息。阿姆河三角洲平均斑块面积约为 5 km²，因此合理的空间采样单元应分布在 3 km×3 km～5 km×5 km 范围内。同时考虑到采样点数量对空间插值效果的影响以及景观生态风险空间自相关性的效果，将风险小区的大小设置为 5 km×5 km，从而得到 1 606 个网格，即风险小区。计算每个风险小区的景观生态风险指数，并将其大小赋给对应风险小区的中心点（图7.20），从而得到 1 606 个具有景观生态风险属性值的采样点，为下一步景观生态风险的空间插值和空间可视化做数据准备。

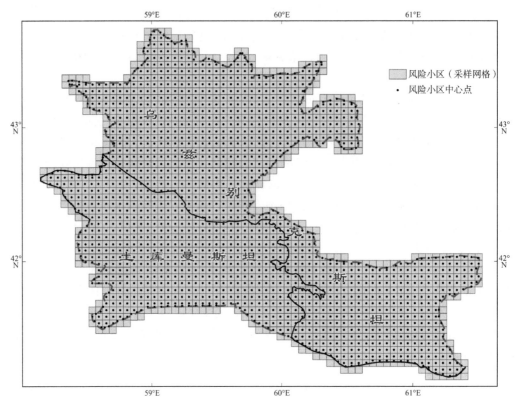

图7.20　景观生态风险评价单元

7.2.3　阿姆河三角洲景观指数变化特征

1. 景观破碎度指数

如图7.21所示，从2000～2015年阿姆河三角洲景观类型的景观破碎度指数发生了明显变化。总体来看，2015年所有景观类型的景观破碎度指数均高于2000年，这表明在研究期间阿姆河三角洲的景观破碎化程度有增加的趋势。其中与其他景观类型相比湿地与水域的景观破碎度指数最高，景观破碎化程度较高，这是因为研究区湿地与水域面积较小，大多为零星分布，景观形状较为复杂，因此破碎化程度较高，同时2015年与2000年相比，湿地景观破碎度指数增加较为明显，这说明湿地面积的减少（图7.17）有可能进一步加剧了其破碎化的程度；2000～2015年阿姆河三角洲林地景观破碎度指数增加也较为明显，景观破碎化程度增加较为迅速，与林地面积的减少有关。耕地、建设用地和未利用地景观的景观破碎度指数从总体上看较低，这是因为耕地、建设用地和未利用地占据了研究区大部分的面积（图7.18），景观大多呈现出较大面积的聚集或者规则的排列，因此斑块面积较为规则和均匀，景观破碎化程度较低。

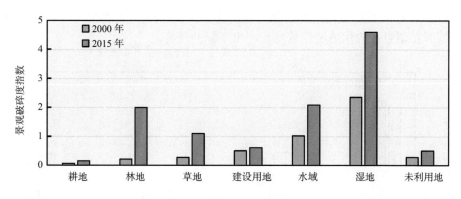

图7.21 景观破碎度指数变化

2. 景观分离度指数

从图7.22中可以看出，2000～2015年研究区水域和湿地的景观分离度指数较高，同时与2000年相比，2015年水域和湿地景观分离度指数有增加的趋势，这说明水域和湿地景观类型的分离程度较高，且随着景观面积的减少，景观形状趋于复杂，景观分离程度进一步变高，景观稳定性逐渐降低；与2000年相比，2015年林地的景观分离度指数增加较为迅速，景观分离程度显著加剧，林地景观稳定性逐渐降低；耕地、草地、建设用地和未利用地景观分离度指数在研究时段内较低，同时2015年与2000年相比变化不大，表明其景观内部的聚集度与稳定性和其他几种景观类型相比较高。

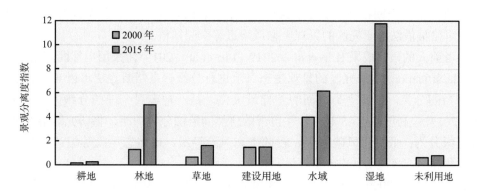

图7.22 景观分离度指数变化

3. 景观优势度指数

从图 7.23 可以看出，在研究时段内，阿姆河三角洲占据优势的景观类型是耕地，其次是未利用地和草地，其中 2015 年与 2000 年相比耕地、建设用地和未利用地景观的优势度指数有所增加，而草地的景观优势度指数却有所降低。这是由于耕地、建设用地和未利用地面积较 2000 年相比有所增加，草地面积有所下降造成的；研究区内景观优势度指数较低的景观类型有为林地、水域和湿地；而且与 2000 年相比，2015 年林地、水域和湿地景观的优势度指数均表现出下降的趋势。

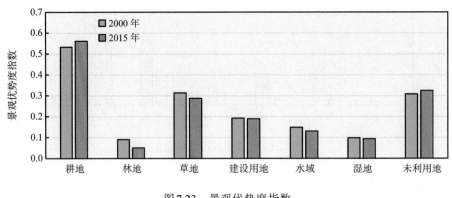

图 7.23　景观优势度指数

7.2.4　阿姆河三角洲景观生态风险时空特征

克里格插值法（Kriging）又称空间局部估计或空间局部插值法（Parajka et al.，2015）。它是一种利用输入数据和半方差函数在有限区域内对空间变量进行无偏最优估计的方法，是地统计学中的主要内容之一，也是地统计学中应用最广的方法之一（Gatti et al.，2003）。与一般的插值方法相比，在计算过程中，克里格插值法不仅考虑插值点自身的性状值，同时还参考了邻近点的影响，能够最大限度地利用空间采样所提供的信息。研究中基于网格化得到的 1 606 个景观生态风险指数格点在 ArcGIS 10.2 软件中利用克里格插值法对研究区的景观生态风险进行空间插值。

参考前人的研究成果（Lin et al.，2019；Xue et al.，2019），采用自然断点法（natural break classification）对研究区的景观生态风险进行分级。自然断点法可以对统计值进行较为恰当的分类，使各个类之间的差异最大化，是一种客观合理的分级方法（Naghibi et al.，2017）。利用 ArcGIS 10.2 软件自带的自然间断法分类功能，将研究区的景观生态风险等级分为：低生态风险等级、较低生态风险等级、中生态风险等级、较高生态风险等级和高生态风险等级共 5 个等级。

表 7.6 揭示了 2000～2015 年研究区景观生态风险各个等级的面积及变化情况。由表 7.6 可以看出，在研究段内，研究区主要的景观生态风险等级为"低"和"较低"，面积总共占据了阿姆河三角洲的 55% 左右；2000 年中生态风险等级的区域占据的面积为 18.59%，到了 2015 年面积有小幅减少，占据的面积为 6 186.15 km²，比例为 17.12%；

就较高生态风险等级而言，2000 年占据的面积为 6 152.08 km²，比例为 17.86%，2015 年则为 12.80%；2000 年研究区高生态风险等级区域占据的面积为 2 832.35 km²，2015 年则为 5 283 km²。就各生态风险等级面积的变化情况来看，2000～2015 年面积变化最大的为高生态风险等级，与 2000 年相比，2015 年高生态风险等级的面积增加了 2 451.3 km²，增加比例高达 86.55%；其次面积变化较大的为较高等级生态风险，与 2000 年相比 2015 年面积减少了 28.31%；生态风险等级为"低""较低"和"中"的面积变化较小，其中低生态风险等级的面积增加了 3.84%，较低和中生态风险等级的面积则分别减少了 5.00% 和 7.92%。

表 7.6 2000～2015 年阿姆河三角洲景观生态风险面积及比例

风险等级	2000 年		2015 年		2000～2015 年	
	面积/km²	比例/%	面积/km²	比例/%	面积/km²	比例/%
低	10 409.3	28.81	10 811.8	29.92	402.5	3.87
较低	9 717.7	26.90	9 231.98	25.55	−485.72	−5.00
中	6 718.05	18.59	6 186.15	17.12	−531.9	−7.92
较高	6 452.08	17.86	4 625.73	12.80	−1 826.35	−28.31
高	2 832.35	7.84	5 283.65	14.62	2 451.3	86.55

阿姆河三角洲覆盖了乌兹别克斯坦和土库曼斯坦的部分领土，属于跨境三角洲。乌兹别克斯坦与土库曼斯坦各等级景观生态风险的面积变化情况见表 7.7。由表 7.7 可以看出，这两个国家的景观生态风险等级变化情况差异明显，2000～2015 年乌兹别克斯坦高生态风险等级的面积增加较大，在原来的基础上增加了 157.57%，而其他等级则有不同程度的减少，其中较高生态风险等级减少最多，比例为 34.32%，"低""中"和"较低"生态风险等级的面积分别减少了 4.84%、6.46% 和 11.76%。与乌兹别克斯坦相比，2000～2015 年土库曼斯坦高生态风险等级的面积出现了减少，减少比例达到了 54.83%，而低风险等级则增加了 11.93%，同时"较低""中""较高"生态风险等级的面积都有小幅度减少。2000～2015 年阿姆河三角洲的乌兹别克斯坦部分，整体上景观生态风险有增加的趋势，生态环境恶化的可能性升高；而土库曼斯坦的景观生态风险则有逐步降低的趋势，生态环境状况趋向于好转。

表 7.7 阿姆河三角洲乌兹别克斯坦与土库曼斯坦景观生态风险等级变化　　（单位：%）

风险等级	低	较低	中	较高	高
乌兹别克斯坦	−4.84	−6.46	−11.76	−34.32	157.57
土库曼斯坦	11.93	−1.19	−2.99	−0.08	−54.83

由图7.24可以看出，在研究时段内生态风险等级较高的区域（较高与高）主要位于阿姆河三角洲的外围以及努库斯市附近。研究区2000年和2015年的景观生态风险等级均表现出从三角洲外部到内部逐渐降低的特征，表明在研究时段内，研究区外部的景观生态风险高于内部；景观生态风险等级为"低"和"较低"的区域，则主要集中阿姆河三角洲的上游和中部，中度生态风险等级的区域主要分布在阿姆河三角洲的下游和边缘区域。从2000年到2015年，研究区景观生态风险的空间分布特征呈现出显著变化，可以看出，在阿姆河三角洲的下游，高等级景观生态风险的区域有明显增加和扩张的现象。

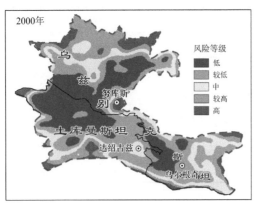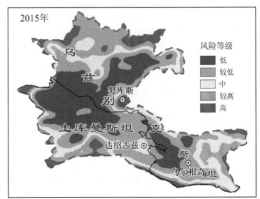

图7.24　2000年与2015年阿姆河三角洲景观生态风险等级空间分布

利用ArcGIS 10.2软件空间分析功能中的叠加分析工具，生成阿姆河三角洲景观生态风险等级的空间转化图，检测研究时段内阿姆河三角洲生态风险在各等级之间的空间转移情况。将没有风险等级变化或者变化较小的合并到"没有变化或变化很小"的组合，最终形成10种景观生态风险等级的转换组合，其中，有5种组合是从低等级风险转换为高等级风险，有4种组合从高等级风险转换为低等级风险。从图7.25中可以看出，研究期内大多数风险等级保持稳定或在空间上变化很小，生态风险等级升高的区域主要集中在阿姆河三角洲的下游和外围，而在三角洲的上游和中部生态风险等级则有降低的趋势；从转移类别上看，阿姆河三角洲的下游生态风险等级主要是从较高等级向高等级的转换以及中度生态风险等级向较高生态风险等级的转移；在研究区的西南部生态风险等级主要为较高生态风险等级向中度生态风险等级转移；同时，2000~2015年生态风险等级降低的区域主要集中在土库曼斯坦，而生态风险等级升高的区域则主要集中在乌兹别克斯坦。

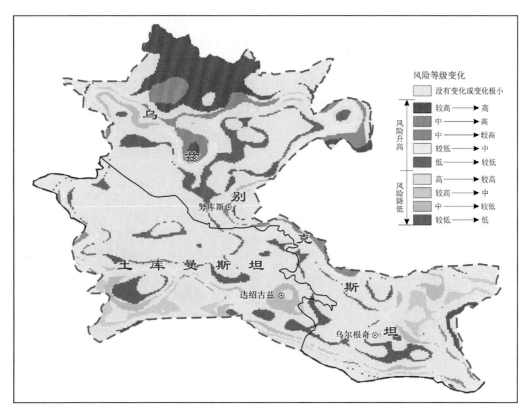

图 7.25　阿姆河三角洲景观生态风险等级空间转移情况

7.2.5　景观生态风险空间自相关分析

空间自相关分析是空间统计中一种常用的方法，可以定量描述统计变量的空间分布特征（Yavitt et al.，2018）。从全局空间自相关和局部空间自相关两个方面来揭示阿姆河三角洲景观生态风险的空间自相性。Moran's I 值＞0，表示空间变量有空间正自相关性；Moran's I 值越接近+1，表示空间自相关性越强。Moran's I = 0，表示没有空间自相关，空间变量呈现随机分布；Moran's I＜0，表示空间变量有空间负自相关的现象（Hu et al.，2019；Yu et al.，2019）。

局部空间自相关（local indicators of spatial association，LISA）代表空间上局部统计的方法，可以测量空间相邻区域中每个观察对象的空间自相关，以揭示研究对象的空间聚类模式（Anselin，1995），能够很好地反映空间观测变量的局部空间集聚情况。LISA 为正，表示该对象与相邻值相似，并显示"高-高"或"低-低"的空间聚类模式；LISA 为负值，表示目标值的潜在空间离群值，包括"高-低"离群值和"低-高"离群值（Hu et al.，2019；Yu et al.，2019）。

1. 景观生态风险全局空间自相关分析

使用 GeoDa 1.14 软件（http://geodacenter.github.io/download.html）对研究区 2000 年

和2015年的景观生态风险进行空间自相关分析，结果如图7.26所示。从图7.26中可以看出，2000年和2015年的莫兰指数（Moran's I）值分别为0.669和0.719，均为正值，这表明研究区景观生态风险在空间上的聚类现象明显，同时存在很强的正相关性。从2000年到2015年，研究区景观生态风险的莫兰指数显著增加，这表明阿姆河三角洲景观生态风险在空间分布上表现出的聚类特征在过去15年有所增强。

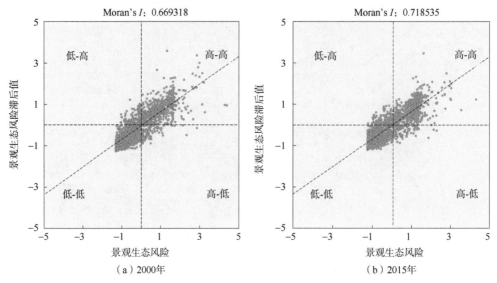

图7.26　阿姆河三角洲景观生态风险全局空间自相关分析

2. 景观生态风险局部空间自相关分析

如图7.27所示，2000年与2015年研究区景观生态风险指数主要有2类空间集聚模式，即"高-高""低-低"的空间集聚类型。"高-高"型指高景观生态风险指数单元与高景观生态风险指数单元邻近，主要分布在三角洲外围和下游，这些区域生态风险等

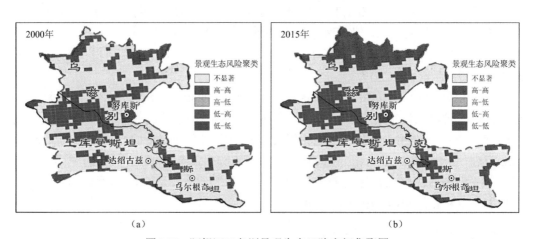

图7.27　阿姆河三角洲景观生态风险空间集聚图

级较高，属于景观生态风险的热点区域。同时从2000年到2015年，景观生态风险"高-高"型空间聚类模式在阿姆河三角洲的下游有扩张趋势；"低-低"型指低景观生态风险指数单元与低景观生态风险指数单元邻近，主要分布在研究区的中部和上游，属于景观生态风险的冷点区域。

7.2.6　阿姆河三角洲景观生态风险驱动力分析

基于景观指数构建景观生态风险评估模型，结合地理信息系统和遥感技术，对其2000年和2015年阿姆河三角洲景观生态风险时空变化特征进行分析；同时利用地理加权回归模型(geographical weighed regression，GWR)，对景观生态风险与自然和社会经济等驱动因素之间的关系进行研究，对比分析不同的驱动因子对区域景观生态风险的影响。

1. 地理加权回归模型驱动因素的选择

选择的潜在驱动因素有：植被指数(normalized difference vegetation index，NDVI)、地表温度(land surface temperature，LST)和数字高程模型(digital elevation model，DEM)。NDVI作为使用最为广泛的一种遥感指数能够很好地揭示区域植被生长状况，同时也被大量用于监测区域生态环境状况。植被的退化往往表明区域生态系统功能的退化，在先前的研究中，中亚阿姆河三角洲存在明显的植被退化现象(Jiang et al.，2019b；Jiang et al.，2019c)。植被的退化也会导致景观类型及格局发生相应变化。研究表明，阿姆河三角洲植被发生退化的主要景观类型为草地，大量的草地转化为未利用地和耕地，草地景观类型逐渐趋于破碎与分离，生态系统稳定性逐渐降低(Chen et al.，2019；Jiang et al.，2019c)，生态风险有增加的趋势。

地表温度(LST)是衡量区域生态环境的重要指标。有大量研究证明，LST的增加通常意味着区域生态环境的恶化，例如城市的热岛效应和区域干旱事件的发生(Peng et al.，2018)。LST的变化会扰乱地面和大气之间物质交换与能量平衡，导致区域的气候条件发生变化，进而导致区域景观格局发生相应的变化，从而影响区域的生态环境。

数字高程模型(DEM)是景观类型变化的主要驱动力之一(Xue et al.，2019)。不同的DEM往往会导致局部气候和地表径流的差异，这种差异最终会形成不同的植被类型以及景观类型，造就不同的景观格局特征。同时已有研究证明，地形可以通过影响区域景观格局的空间分布，进而影响景观生态风险的分布特征，在不同地形条件下，景观生态风险特征往往差异明显(Xue et al.，2019)。

在分析社会经济因素对中亚阿姆河三角洲的驱动作用时，选取的驱动指标有道路网络密度、作物产量和人口密度。作为公共基础设施的重要组成部分，道路网络的发展增强了城镇的辐射力和吸引力，提高了社会生产和服务的效率，并有利于区域经济联系和协调(Liu et al.，2008；Ying et al.，2014)。但与此同时，道路网络也已经成为影响区域生态环境变化的主要社会经济因素之一。Alahmadi 等(2019)指出，新的交通基础设施，特别是道路作为社会经济发展的标志之一，已经改变了许多区域，尤其是乡村的景观。同时道路网在以往的研究中也被当作社会经济参数来分析土地利用变化的驱动力（Najmuddin et al.，2018）。道路网络作为社会经济发展的主要表现形式，正在加速区域景观格局的转变，同时影响着阿姆河三角洲景观生态风险的变化。

农业活动一直以来都被视为是区域景观格局发生变化的主要因素之一，荒地的开垦、耕地的频繁耕作都是其改变景观类型的方式（Jiang et al.，2019c）。农业生产是中亚阿姆河三角洲最主要的经济活动，农业产值是其主要的经济来源。同时考虑到难以获取其他经济指标，因此，将作物产量作为驱动阿姆河三角洲景观生态风险变化的经济指标之一。人口是社会经济发展中最主要的因素，区域人口的增长会导致居住地的增加、耕地增加以及天然植被的减少，也是人类活动作用景观格局，加剧区域景观生态风险的最直接表现。

2. 地理加权回归模型结果

比较 GWR 与普通最小二乘法（ordinary least squares，OLS）模型的统计指标（Akaike information criterion，AICc）和调整后的 R^2。AICc 值越低，表示模型的性能越好（Gao et al.，2011）；同时调整后的 R^2 值越大，说明该模型对因变量方差的解释越充分，拟合效果越好（Jamei et al.，2019）。从表 7.8 可以看出，2000 年和 2015 年，GWR 模型调整后的 R^2 值（0.30～0.85）高于 OLS 模型调整后的 R^2 值（0.01～0.36），GWR 模型的 AICc 值也小于 OLS 模型。在模型评价中，6 个指标在 GWR 模型中 5% 水平下均有统计学意义，说明 GWR 模型具有较高的拟合度。

表 7.8　GWR 与 OLS 模型统计参数的比较

年份	参数		LST	NDVI	DEM	人口密度	作物产量	道路密度
2000	AICc	GWR	−4 694	−5 152	−4 145	−5 149	−4 332	−3 817
		OLS	−4 142	−4 107	−3 605	−4 119	−3 668	−2 110
	调整后的 R^2 值	GWR	0.51	0.76	0.30	0.72	0.38	0.72
		OLS	0.28	0.27	0.01	0.04	0.04	0.13
	p 值	GWR	**	**	**	***	**	**
		OLS	**	*	**	***	*	
2015	AICc	GWR	−4 141	−4 803	−3 264	−4 181	−3 338	−4 306
		OLS	−2 647	−3 290	−2 568	−2 603	−2 756	−2 800
	调整后的 R^2 值	GWR	0.64	0.84	0.36	0.69	0.39	0.76
		OLS	0.04	0.36	0.01	0.02	0.11	0.13
	p 值	GWR	**	**	**	***	**	**
		OLS	**	*	***	**		

注：$*p < 0.1$；$**p < 0.05$；$***p < 0.001$。

以阿姆河三角洲景观生态风险指数作为因变量，并将选取的自然因素NDVI、LST、DEM和社会经济因素人口密度、道路密度和粮食产量作为解释变量，通过GWR模型（图7.28和图7.29）在生态风险评价单元的网格级别上，绘制了各种变量与阿姆河三角洲景观生态风险指数之间的回归系数。在GWR模型中，回归系数为正，表示自变量与阿姆河三角洲景观生态风险指数呈正相关关系；而回归系数为负，表示阿姆河三角洲景观生态风险指数与自变量呈负相关关系。

图7.28（a）和（d）分别显示了2000年和2015年LST和阿姆河三角洲景观生态风险指数回归系数的空间分布。从GWR模型分析的结果可以看出，在阿姆河三角洲的大部分地区，景观生态风险指数和LST呈正相关关系［图7.28（a）和（d）］，LST的增加会导致阿姆河三角洲景观生态风险的增加。但是在阿姆河三角洲的北部，有一小部分区域LST与景观生态风险指数之间却存在负相关关系，这可能是因为在这些区域土壤湿度足够高（Conrad et al.，2013），因此导致地表温度的升高不再是该区域景观生态风险的主要影响因素。

NDVI能够很好地表征植被的生长状况，可以反映区域生态环境质量的变化情况（Hu et al.，2019），植被的退化往往表明生态系统功能的退化。可以发现在研究时段内，阿姆河三角洲的大多数地区NDVI与景观生态风险指数之间存在明显的负相关关系［图7.28（b）和（e）］，表明植被的增加对景观生态风险具有抑制作用。三角洲的下游也存在一些零星分布的区域，景观生态风险与NDVI呈正相关关系，这可能是由于这些区域的景观类型主要是林地、草地和湿地，其景观的破碎度与分离度较高，植被生态系统的整体稳定性较低，分散植被的增加不仅不能促进这些区域生态系统功能的完善，反而会加剧系统的破碎化程度，导致景观生态风险的增加。

图7.28（c）和（f）反映的是2000年与2015年研究区DEM与阿姆河三角洲景观生态风险指数在GWR模型中回归系数的空间分布图。由图可以看出，2000年和2015年在阿姆河三角洲的中上游，DEM与景观生态风险指数具有正相关关系，在下游则呈现负相关关系［图7.28（c）和（f）］，这与先前的研究结果一致（Xue et al.，2019）。同时从2000年到2015年，具有正相关关系的区域显著增加，这些区域主要位于阿姆河三角洲的南部（红色区域）。从以上分析可以看出，DEM是景观类型变化的驱动力之一，与景观生态风险的动态密切相关（Wilson et al.，2013），在对三角洲土地进行开发和使用时，应该充分考虑三角洲的上部和下部区域海拔高度对景观生态风险的影响。

图7.29（a）和（d）显示了在GWR模型中人口密度和阿姆河三角洲景观生态风险指数之间的回归系数：2000年和2015年正相关区域主要分布在阿姆河三角洲的中部，这些地区主要是人口稠密的城市及其周边地区，同时与2000年相比，2015年在阿姆河三角洲下游人口密度与景观生态风险指数具有正相关关系的区域有所扩张，这一结果表明，与2000年相比，2015年人类活动对阿姆河三角洲的影响有所扩展，人口密度的增加对人口稀少的三角洲下游造成了一定的生态风险。同时在研究时段内，人口密度与景观生态风险指数呈负相关关系的区域主要位于阿姆河三角洲的边缘，这表明研究期间人口的增长还不足以造成这些地区景观生态风险的增加。

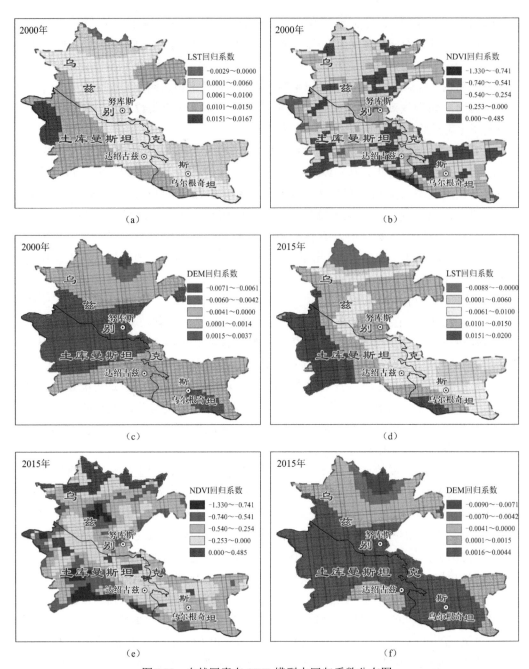

图7.28　自然因素在GWR模型中回归系数分布图

　　图7.29(b)和(e)表明，2000年和2015年作物产量与景观生态风险指数具有正相关关系的区域，主要位于阿姆河三角洲的中部；呈负相关关系的区域，则位于阿姆河三角洲的北部和南部；同时与2000年相比，2015年具有负相关关系的区域在阿姆河三角洲的上游和下游有所增加。阿姆河三角洲是咸海流域主要的粮食生产基地，但是由于过度耕作和灌溉等不合理的农业生产活动，引发了一系列生态和环境问题(Löw et al.,2015)。如图7.29(b)和(e)所示，在主要的粮食生产地区，例如乌兹别克斯坦的努库斯

灌区，农作物的产量与阿姆河三角洲指数呈正相关关系，说明这些区域粮食产量越高，阿姆河三角洲的景观生态风险等级就越高。较高的农作物产量意味着农田的耕作强度较高 (Khamzina et al.，2008)，同时也表明开垦的土地和农业灌溉用水量的增加，这在一定程度上会导致耕地碎片化程度的升高，从而导致较高的景观生态风险。

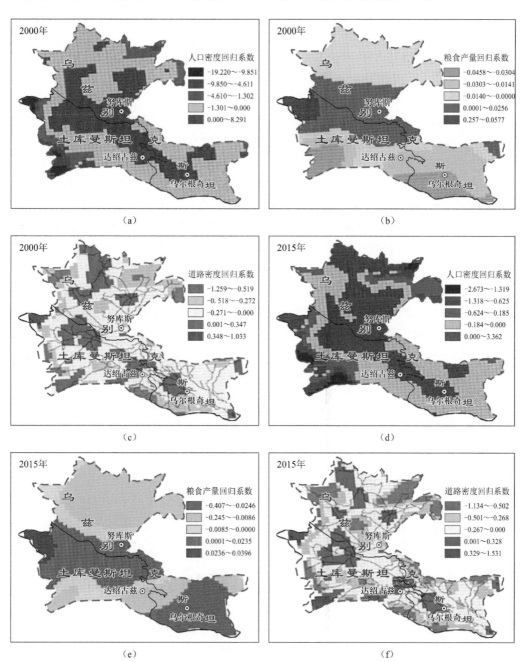

图7.29　社会经济因素在GWR模型中回归系数分布图

图7.29 (c) 和 (f) 分别是2000年和2015年阿姆河三角洲景观生态风险指数与道路密度回归系数的分布图。由图可以看出，在2000年和2015年，道路密度与景观生态

风险指数在大多数区域呈现出负相关关系，尤其是在阿姆河三角洲的边缘，这说明在道路密度较小的区域，道路网络的扩张，给景观结构带来的压力较小，不是阿姆河三角洲景观生态风险增加的主要因素（Lin et al.，2019）。而道路密度与景观生态风险指数呈现正相关关系的区域，则主要集中在道路网络的节点和城市附近，这表明在交通较为发达的区域，道路网络的增加可能会导致较高的生态风险（Mo et al.，2017；Lin et al.，2019）。

7.2.7　对策与建议

通过对阿姆河三角洲景观生态风险的时空分布格局以及驱动力进行分析，发现其面临的生态问题仍然十分突出。首先，三角洲的外部与内部相比，表现出了较高的生态风险，其脆弱的生态系统需要引起格外的注意；其次，人类活动对三角洲下游生态的干预在加强，大量的草地与湿地消失，生态风险与以往相比有所加强。此外，基础设施的建设（道路修建）以及大面积农用地的撂荒和盲目追求农业产出而忽视生态效应的农业活动，也加剧了三角洲部分区域生态风险发生的概率；同时在干旱半干旱地区，水资源的分配与供给是制约其生态环境状况最主要的因素之一。阿姆河是三角洲地表水资源最主要的来源，然而自20世纪50年代起，阿姆河年流量呈现出逐年下降趋势（图7.30），河流的取水量在2000～2015年则有增加的趋势。更为重要的是，阿姆河三角洲覆盖乌兹别克斯坦与土库曼斯坦的部分领土，两国人口的增加和持续扩张的农业生产，加剧了三角洲水资源的过度利用，一定程度上也造成了生态风险的发生；同时国家之间水资源的博弈也给三角洲水资源的合理开发与利用带来了相应的挑战。可见水资源的减少与用水需求的增多，正在加剧三角洲水资源匮乏带来的一系列生态环境与社会问题。

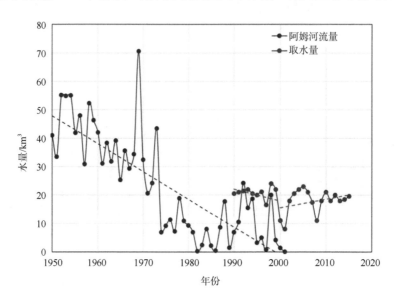

图7.30　阿姆河年流量及取水量

数据来源：ICWC：www.cawater-info.net。

综合以上结果，为更好地保护阿姆河三角洲的生态环境和促进生态和经济的可持续发展，提出以下对策和建议。

(1) 在阿姆河三角洲的外围生态风险较高，属于生态环境脆弱与敏感区。在这些区域，景观类型多为未利用地和斑块破碎的草地及林地，水土的涵养功能较差，因此应该限制对三角洲外围土地的开发与利用；同时，为加强三角洲外围生态系统的物种多样性，提高生态系统的稳定性，可以考虑实施相应的生态修复措施，例如人工种植本地适宜的植被以增强土壤保持水土的能力，以此减少因水土流失造成的沙尘暴和降低其对生态环境的影响。

(2) 阿姆河三角洲的下游属于生态风险等级最高的区域。为降低未来生态环境问题发生的概率，应该在阿姆河三角洲的下游建立一定范围的生态缓冲区，以隔绝人类活动对其生态环境的破坏；此外，乌兹别克斯坦政府应该广泛宣传畜草平衡的理念，适当建设人工草场以减轻放牧活动对三角洲下游天然草地的破坏。

(3) 三角洲的内部虽然景观生态风险较低，但是随着经济的快速发展，基础设施的建设（例如道路的修建）则会加剧三角洲内部的景观生态风险，因此相关政府部门应该从区域经济与生态效应可持续发展的角度出发，合理规划基础设施的建设，通过增加基础设施的空间可利用性与地理可达性来控制基础设施的密度；同时增加三角洲内部植被的种植，尤其是在人口与基础设施集中的城市，通过植被来缓解人口与基础设施对生态系统的压力与干扰，降低生态风险。

(4) 在三角洲主要的灌区与粮食生产区，应该发展现代而高效的农业生产方式，例如可以实行套作以减轻高频率的耕作强度对耕地景观破碎化带来的影响；针对普遍的弃耕现象造成耕地景观生物多样性降低的问题，政府部门应该加强对农业的补贴，同时为刺激农业生产者的积极性，可以采取为农民购买农业保险等相应的农业生产保障措施来应对干旱、洪涝和虫害等自然灾害对农业生产的影响。

(5) 乌兹别克斯坦和土库曼斯坦政府应该加强跨境水资源联合利用与保护，对阿姆河三角洲的水资源进行合理开发与利用。为减轻水资源短缺带来的影响，可以发展高效的灌溉技术，例如滴灌技术等。同时从更大的空间尺度看，阿姆河三角洲水资源问题涉及咸海乃至整个流域的生态与环境问题，单靠地方以及区域的力量很难解决阿姆河三角洲水资源开发与利用过程中更深层次的问题，为此两国政府可以寻求国际组织及周边国家技术力量的帮助，通过加强周边合作来借鉴相关国家水资源利用的经验与先进技术，为解决三角洲水资源问题寻求新的出路。

参 考 文 献

AKRAMKHANOV A, et al. 2012. Soils and Soil Ecology in Khorezm. Cotton Water Salts & Soums: 37-58.

ALAHMADI S, et al. 2019. Spatial variation in the association between NO_2 concentrations and shipping emissions in the Red Sea. Science of The Total Environment, 676: 131-143.

ANSELIN L. 1995. Local indicators of spatial association—LISA. Geographical Analysis, 27(2): 93-115.

ASARIN A E, et al. 2010. Amudarya and Syrdarya Rivers and Their Deltas. Springer Berlin Heidelberg. 101-121.

BECERRIL-PIñA R et al. 2016. Integration of remote sensing techniques for monitoring desertification in

Mexico. Human and Ecological Risk Assessment: An International Journal, 22(6): 1323-1340.

BEKCHANOV M, LAMERS J P A. 2016. Economic costs of reduced irrigation water availability in Uzbekistan(Central Asia). Regional Environmental Change, 16(8): 2369-2387.

BEZBORODOV G A, et al. 2010. Mulching and water quality effects on soil salinity and sodicity dynamics and cotton productivity in Central Asia. Agriculture, Ecosystems & Environment, 138(1-2): 95-102.

BOUAZIZ M, et al. 2011. Improved remote sensing detection of soil salinity from a semi-arid climate in Northeast Brazil. Comptes Rendus Geoscience, 343(11-12): 795-803.

CHEN T, et al. 2019. Disentangling the relative impacts of climate change and human activities on arid and semiarid grasslands in Central Asia during 1982–2015. Science of The Total Environment, 653: 1311-1325.

COAKLEY J. 2003. Reflectance and albedo, surface. Academic, 1914-1923.

CONRAD C, et al. 2013. Remote sensing and hydrological measurement based irrigation performance assessments in the upper Amu Darya Delta, Central Asia. Physics and Chemistry of the Earth, Parts A/B/C, 61-62: 52-62.

CUI L, et al. 2018. Landscape ecological risk assessment in Qinling Mountain. Geological Journal, 53: 342-351.

D'ODORICO P, et al. 2013. Global desertification: Drivers and feedbacks. Advances in Water Resources, 51: 326-344.

DAWELBAIT M, MORARI F. 2012. Monitoring desertification in a Savannah region in Sudan using Landsat images and spectral mixture analysis. Journal of Arid Environments, 80: 45-55.

DUBOVYK O, et al. 2013. Spatio-temporal analyses of cropland degradation in the irrigated lowlands of Uzbekistan using remote-sensing and logistic regression modeling. Environ Monit Assess, 185(6): 4775-4790.

DUBOVYK O, et al. 2016. Land suitability assessment for afforestation with *Elaeagnus Angustifolia* L. in degraded agricultural areas of the Lower Amudarya River Basin. Land Degradation & Development, 27(8): 1831-1839.

ELITH J, et al. 2008. A working guide to boosted regression trees. Journal of Animal Ecology, 77(4): 802-813.

FRIEDMAN J H. 2001. Greedy function approximation: a gradient boosting machine. Annals of Statistics: 1189-1232.

FRIEDMAN J H. 2002. Stochastic gradient boosting. Computational Statistics & Data Analysis, 38(4): 367-378.

GAO J, LI S. 2011. Detecting spatially non-stationary and scale-dependent relationships between urban landscape fragmentation and related factors using geographically weighted regression. Applied Geography, 31(1): 292-302.

GATTI M N, et al. 2003. Modeling the bacterial oxidation of ferrous iron with *Acidithiobacillus ferrooxidans* using kriging interpolation. Hydrometallurgy, 71(1-2): 89-96.

GLEASON G. 2003. Markets and Politics in Central Asia. Routledge. 224.

GONG J, et al. 2015. Spatially explicit landscape-level ecological risks induced by land use and land cover change in a national ecologically representative region in China. International Journal of Environmental Research and Public Health, 12(11): 14192-14215.

GORJI T, et al. 2017. Monitoring soil salinity via remote sensing technology under data scarce conditions: A case study from Turkey. Ecological Indicators, 74: 384-391.

GUO H, et al. 2018. Space-time characterization of drought events and their impacts on vegetation in Central Asia. Journal of Hydrology, 564: 1165-1178.

HASTIE T, et al. 2015. The Elements of Statistical Learning. Springer. 520.

HIJMANS R J, ELITH J. 2013. Species distribution modeling with *R. Encyclopedia* of biodiversity, 6: 692-705.

HOSTERT P, et al. 2011. Rapid land use change after socio-economic disturbances: the collapse of the Soviet Union versus Chernobyl. Environmental Research Letters, 6(4): 045201.

HU M, et al. 2019. Spatial differentiation of ecological security and differentiated management of ecological conservation in the Pearl River Delta, China. Ecological Indicators, 104: 439-448.

IBRAKHIMOV M, et al. 2007. Groundwater table and salinity: Spatial and temporal distribution and influence on soil salinization in Khorezm region(Uzbekistan, Aral Sea Basin). Irrigation & Drainage Systems, 21(3-4): 219-236.

INDOITU R, et al. 2015. Dust emission and environmental changes in the dried bottom of the Aral Sea. Aeolian Research, 17: 101-115.

JAMEI Y, et al. 2019. Spatial structure of surface urban heat island and its relationship with vegetation and built-up areas in Melbourne, Australia. Science of The Total Environment, 659: 1335-1351.

JIANG L, et al. 2017. Vegetation dynamics and responses to climate change and human activities in Central Asia. Science of the Total Environment, 599-600: 967-980.

JIANG L, et al. 2019a. Monitoring land sensitivity to desertification in Central Asia: Convergence or divergence? Science of The Total Environment, 658: 669-683.

JIANG L, et al. 2019b. Monitoring the long-term desertification process and assessing the relative roles of its drivers in Central Asia. Ecological Indicators, 104: 195-208.

JIANG L, et al. 2019c. Assessing land degradation and quantifying its drivers in the Amudarya River delta. Ecological Indicators, 107: 105595.

JIN X, et al. 2019. Ecological risk assessment of cities on the Tibetan Plateau based on land use/land cover changes—Case study of Delingha City. Ecological Indicators, 101: 185-191.

KAZAKOVA E, et al. 2016. Large-scale assessment of avalanche and debris flow hazards in the Sakhalin region, Russian Federation. Natural Hazards, 88(S1): 237-251.

KHAMZINA A, et al. 2008. Tree establishment under deficit irrigation on degraded agricultural land in the lower Amu Darya River region, Aral Sea Basin. Forest Ecology and Management, 255(1): 168-178.

KITAMURA Y, et al. 2006. Causes of farmland salinization and remedial measures in the Aral Sea Basin—Research on water management to prevent secondary salinization in rice-based cropping system in arid land. Agricultural Water Management, 85(1-2): 1-14.

KULMATOV R. 2014. Problems of sustainable use and management of water and land resources in Uzbekistan. Journal of Water Resource and Protection, 6(1): 35-42.

KUNDU A, DUTTA D. 2011. Monitoring desertification risk through climate change and human interference using remote sensing and GIS techniques. International Journal of Geomatics & Geosciences, 2(1): 21-33.

LAMBIN E F, STRAHLERS A H. 1994. Change-vector analysis in multitemporal space: A tool to detect and categorize land-cover change processes using high temporal-resolution satellite data. Remote Sensing of Environment, 48(2): 231-244.

LI S G, et al. 2000. Grassland desertification by grazing and the resulting micrometeorological changes in Inner Mongolia. Agricultural and Forest Meteorology, 102(2): 125-137.

LI Y, HUANG S. 2015. Landscape ecological risk responses to land use change in the Luanhe River Basin, China. Sustainability, 7(12): 16631-16652.

LIANG S. 2001. Narrowband to broadband conversions of land surface albedo I: Algorithms. Remote Sensing of Environment, 76(2): 213-238.

LIN Y, et al. 2019. Spatial variations in the relationships between road network and landscape ecological risks in the highest forest coverage region of China. Ecological Indicators, 96: 392-403.

LIU Q, et al. 2018. Spatiotemporal patterns of desertification dynamics and desertification effects on ecosystem services in the Mu Us Desert in China. Sustainability, 10(3): 589.

LIU S L, et al. 2008. Evaluating the influence of road networks on landscape and regional ecological risk—A case study in the Lancang River Valley of Southwest China. Ecological Engineering, 34(2): 91-99.

LöW F, et al. 2015. Analysis of uncertainty in multi-temporal object-based classification. ISPRS Journal of Photogrammetry and Remote Sensing, 105: 91-106.

MA Z, et al. 2011. The construction and application of an Aledo-NDVI based desertification monitoring model. Procedia Environmental Sciences, 10: 2029-2035.

MICKLIN P, et al. 2016. The Aral Sea: Springer, 1-445.

MICKLIN P. 2007. The Aral sea disaster. Annual Review of Earth and Planetary Sciences, 35: 47-72.

MICKLIN P. 2016. The future Aral Sea: hope and despair. Environmental Earth Sciences, 75(9): 1-15.

MO W, et al. 2017. Impacts of road network expansion on landscape ecological risk in a megacity, China: A case study of Beijing. Science of The Total Environment, 574: 1000-1011.

MüLLER D, et al. 2013. Comparing the determinants of cropland abandonment in Albania and Romania using boosted regression trees. Agricultural Systems, 117: 66-77.

NAGHIBI S A, et al. 2016. GIS-based groundwater potential mapping using boosted regression tree, classification and regression tree, and random forest machine learning models in Iran. Environ Monit Assess, 188(1): 44.

NAGHIBI S A, et al. 2017. A comparative assessment of GIS-based data mining models and a novel ensemble model in groundwater well potential mapping. Journal of Hydrology, 548: 471-483.

NAJMUDDIN O, et al. 2018. The dynamics of land use/cover and the statistical assessment of cropland change drivers in the Kabul River Basin, Afghanistan. Sustainability, 10(2): 423.

PAN J, LI T. 2013. Extracting desertification from Landsat TM imagery based on spectral mixture analysis and albedo-vegetation feature space. Natural Hazards, 68(2): 915-927.

PARAJKA J, et al. 2015. The role of station density for predicting daily runoff by top-kriging interpolation in Austria. Journal of Hydrology and Hydromechanics, 63(3): 228-234.

PENG J, et al. 2015. Assessing landscape ecological risk in a mining city: A case study in Liaoyuan City, China. Sustainability, 7(7): 8312-8334.

PENG J, et al. 2018. Spatial-temporal change of land surface temperature across 285 cities in China: An urban-rural contrast perspective. Science of The Total Environment, 635: 487-497.

PRĂVĂLIE R, et al. 2017. Quantification of land degradation sensitivity areas in Southern and Central Southeastern Europe. New results based on improving DISMED methodology with new climate data. Catena, 158: 309-320.

ROBINOVE C J, et al. 1981. Arid land monitoring using Landsat albedo difference images. Remote Sensing of Environment, 11: 133-156.

RöDER A, HILL J. 2009. Recent Advances in Remote Sensing and Geoinformation Processing for Land Degradation Assessment. CRC Press, 400.

ROUSE JR J W, et al. 1974. Monitoring vegetation systems in the Great Plains with ERTS. American Journal of Plant Sciences, 6: 309-317.

RV O N, et al. 1988. Indices of landscape pattern. Landscape Ecology, 1(3): 153-162.

SAIKO T A, ZONN I S. 2000. Irrigation expansion and dynamics of desertification in the Circum-Aral region of Central Asia. Applied Geography, 20(4): 349-367.

SALIH A A M, et al. 2017. Spectral mixture analysis(SMA) and change vector analysis(CVA) methods for monitoring and mapping land degradation/desertification in arid and semiarid areas(Sudan), using Landsat imagery. Egyptian Journal of Remote Sensing & Space Science, 20: 21-29.

SALVATI L, CARLUCCI M. 2014. Zero net land degradation in Italy: The role of socioeconomic and agro-forest factors. Journal of Environmental Management, 145: 299-306.

SCHAPIRE R E. 2003. The Boosting Approach to Machine Learning: An Overview. 149-171.

SEVERSKIY I V. 2004. Water-related problems of Central Asia: Some results of the(GIWA) international water assessment program. Ambio: 52-62.

SICA Y V, et al. 2016. Wetland loss due to land use change in the Lower Parana River Delta, Argentina. Science of The Total Environment, 568: 967-978.

STULINA G, ESHCHANOV O. 2013. Climate change impacts on hydrology and environment in the Pre-Aral region. Quaternary International, 311: 87-96.

UUEMAA E, et al. 2013. Trends in the use of landscape spatial metrics as landscape indicators: A review. Ecological Indicators, 28: 100-106.

VOROVENCII I. 2017. Applying the change vector analysis technique to assess the desertification risk in the south-west of Romania in the period 1984-2011. Cambridge, UK, 189(10): 524.

WILSON J W, et al. 2013. The relative contribution of terrain, land cover, and vegetation structure indices to species distribution models. Biological Conservation, 164: 170-176.

WUNDER S, et al. 2018. Implementing land degradation neutrality(SDG 15. 3)at national level: general approach, indicator selection and experiences from Germany, International Yearbook of Soil Law and Policy 2017: Springer. 191-219.

XUE L, et al. 2019. Dynamic projection of ecological risk in the Manas River Basin based on terrain gradients. Science of The Total Environment, 653: 283-293.

YAVITT J B, et al. 2018. Plot-scale spatial variability of methane, respiration, and net nitrogen mineralization in muck-soil wetlands across a land use gradient. Geoderma, 315: 11-19.

YING L, et al. 2014. Spatio-temporal patterns of road network and road development priority in three parallel rivers region in Yunnan, China: An evaluation based on modified kernel distance estimate. Chinese Geographical Science, 24(1): 39-49.

YU T, et al. 2019. Exploring variability in landscape ecological risk and quantifying its driving factors in the Amu Darya Delta. International Journal of Environmental Research and Public Health, 17(1): 79.

ZAADY E, KARNIELI A, SHACHAK M, 2007. Applying a field spectroscopy technique for assessing successional trends of biological soil crusts in a semi-arid environment. Journal of Arid Environments, 70(3): 463-477.

ZHANG C, et al. 2016. The spatio-temporal patterns of vegetation coverage and biomass of the temperate deserts in Central Asia and their relationships with climate controls. Remote Sensing of Environment, 175: 271-281.

ZHANG L, et al. 2017. Studying drought phenomena in the Continental United States in 2011 and 2012 using various drought indices. Remote Sensing of Environment, 190: 96-106.

ZONN I S, KOSTIANOY A G. 2013. The Turkmen Lake Altyn Asyr and Water Resources in Turkmenistan: Springer. 159-175.

第8章 亚洲中部干旱区土地退化防治对策与措施

干旱区生态系统是陆地生态系统的重要组成部分。约占全球陆地面积41%的干旱区，不仅为20多亿的人口提供生态系统服务，而且其在保持生物多样性、缓解气候变化等方面同样发挥着不可替代的作用。尽管干旱区植被稀疏，生产力低下，但其在全球CO_2浓度的变化趋势中扮演着重要角色。中亚地区是北半球最大的干旱区之一，也是"一带一路"经济建设与发展的重要区域之一。随着当地人口的不断增长及全球气候变化带来的影响，该地区土地退化的趋势非常严峻。干旱及半干旱区由气候变化及人类活动等因素带来的土地退化问题被称为荒漠化（desertification），通常表现为土壤肥力下降或者土壤生产能力丧失、生物群落退化、水文状况恶化等（An et al., 2019）。加强荒漠化防治，开展土地退化恢复等措施，对社会经济和生态环境的可持续发展具有长期的积极影响。自《联合国防治荒漠化公约》（UNCCD）生效以来，在各方共同努力下，全球荒漠化防治取得了显著成效，但形势依然严峻。实现《2030年可持续发展议程》提出的"土地退化零增长"目标，需要相对完善的土地退化防治对策与措施的支撑。

对于荒漠化治理，学者们主要围绕土地退化中的土壤、水资源、地表、植被和作物等要素展开。如荒漠化治理中的植物选择与验证（柳平增等，2020）、沙化发展动态（胡静霞等，2017）、生态修复技术（吴祥云，2000）、效益评价等。这种从荒漠化的物理、化学、生物特性及经济特性退化出发研究荒漠化治理的文献贡献了大量的基础性知识。尽管这些研究能够提供自然推动和人为干预两个方面的防治经验，但荒漠化防治本质上也是一个政策问题（包庆丰等，2004），政府主导模式仍然是荒漠化防治的主要模式。因此，中亚地区防治土地退化，需要重点关注以下几个方面的工作。

1. 荒漠化防治长远规划

除受人为活动影响外，荒漠化还与气候变化密切相关。在全球气候变化的背景下，荒漠化防治必然是一个长久过程，完善的政策体系、协调机制和长远的战略规划必不可少。

目前，各地区和国家对荒漠化的防治都出台了相关政策和法规，但仍存在一些问题。如中国虽然对荒漠化防治有一些具体的法律规定，但这些规定没有体系地散见于各个环境与资源保护的单行法中，同时这些法律之间的规定有重叠、相互冲突的情况，因此实践中可操作性比较差（田广庆等，2012）。现有法规、政策的可行性评估需随环境的变化有序进行，以确保其在新背景下仍具有可行性、实用性和权威性。荒漠化的防治是一个漫长的过程，相关的法律、政策需在实践过程中逐步完善。

　　针对易退化的草地、农业用地以及矿区土地，应制定全面有效的管理和保护政策，以实现长远的可持续发展。相关的土地资源规划、利用和保护的计划和政策，必然会涉及政府内的多个部门。在中亚干旱区，策略的实施可能需要得到各国政府的支持。因此，相应协调机构的组建有利于各政府及部门间的沟通协作，更好地落实相关政策和计划。

2. 土地利用的可持续发展

　　合理的土壤管理方式，可以保护土壤以避免更多的土地退化，使得土壤资源保持长期生产力。过度耕作是土壤侵蚀的主要原因之一，保护性土壤耕作制度（如休耕）能有效保持或提高土壤质量和生产力、保持土壤水分、改善小气候环境、降低土壤受到风和水侵蚀的风险（布莱恩等，2006）。对于土壤受到严重侵蚀的土地，可退耕用于发展畜牧牧场。综合考虑畜牧数量、生态系统状况和土地承载力等因素，采用人工牧场和天然牧场相结合轮流放牧的方式，保证牧场的可持续利用。政府可出台相关政策以实现土地的合理及可持续利用。如出资鼓励农民在可选择利用土地上种植适宜的农作物，推广有关保护性耕作的知识、原则、工具、技术和方法等。同时，政府应定期组织专家就土地利用对土壤潜力、农业活动、环境、畜牧造成的影响进行严格评估，以确保土地的合理利用开发，避免过度放牧等带来的不利影响。

3. 水资源合理利用开发

　　在干旱区一个流域通常形成一个完整的生态系统，水是该生态系统构成、发展和稳定的基础，也是生态系统中各生物生存发展的基本条件，流域内水资源与生态环境各种要素之间的有机联系、相互作用主要通过水循环进行，从而控制着干旱区生态环境的动态变化与状况（马金珠等，1997）。为了保护人畜、野生动物及灌溉水源，政府应出台适宜的水土保持和河岸管理方案，鼓励相关企业优先考虑未来水土保持项目，支持他们优先开展河岸改造项目，恢复营建河岸植被、建立灌溉系统和植被缓冲区。为减轻水资源短缺带来的影响，应加强水利基础设施建设。在农耕方面，政府应鼓励农民引进先进的节水灌溉技术（如滴灌）以减少水资源浪费，同时根据水资源量进行农业结构和规模的调整。

4. 荒漠化区域植被修复

　　植物作为生态系统结构中的枢纽，是维持区域生态平衡和环境良性运转的主要因素，同时其在防风固沙、改善荒漠环境等方面发挥着十分重要的作用。对已经形成荒漠化区域进行植被恢复，有利于其生态功能的恢复及水土状况改善，能有效地防止荒漠化的进一步扩张。

　　由于荒漠化地区生态环境的特殊性与严酷性，许多植物跨区域的种植会出现环境适应性差等问题；同时，植物的综合效益、种植效率等也难以得到充分保障，荒漠化治理效果也将大打折扣。因此，明确荒漠化治理中不同植物的环境适应性差异，因地制宜地优选最佳植物物种，最大限度地发挥植被的生态、社会及经济效益，对荒漠化的科学治理具有重要指导意义。植被恢复远远不止植被的选种种植，植被后期的养护也至关重要。同时，在植被恢复中也应戒急戒躁，不能盲目追求还林、还草面积。对不适宜植被生长的原始荒漠区，不应浪费人力物力。

5. 矿区土地复垦治理

在哈萨克斯坦的乌斯秋尔特高原、土库曼斯坦的大部分地区以及咸海盆地周边地区建立了许多采矿、石油和化学工业。矿区已成为土地退化和荒漠化的主要区域（Jiang et al.，2017）。对矿产资源及能源的开发，政府应采取积极谨慎的态度，在开发的同时也要加强环境保护监管工作，通过制定相关的法律、法规和政策，对矿业活动进行约束和限制，对已废弃的矿业用地进行恢复，以防土地退化。具体可借鉴加拿大矿山治理的经验（张涛等，2009）：①制定有关"矿山土地恢复"的法律条款，以确保矿区经过恢复治理后的安全和无污染状态；②严格执行矿山开采准入制度，建立矿山复垦制度，明确政府和企业在矿地复垦中的职责和权限；③建立矿山复垦标准规范，使矿山恢复治理有据可依；④采用政府和公众共同监督、环境评估和经济补偿相结合等手段，来促使矿山企业严格自律，认真履行环境保护和矿地复垦义务。

6. 土地退化防治国际标准化

在土地退化和荒漠化防治过程中，标准化和规范化是最基本要求，也是防治工程质量和水平的重要标志（崔向慧等，2012）。土地退化和荒漠化问题相对复杂，中亚干旱区涉及包括中国在内的6个国家和地区，国家和区域间状况差异很大，研究制订相关标准并在中亚干旱区所有国家和地区加以推广应用，有助于国家和区域层面实现土地退化和荒漠化防治工作的高效开展实施。近年来，有关国家和地区针对本国实际情况，制定了一系列的标准，逐步完善了土地退化和荒漠化防治的法律、法规，规范了土地利用管理、水资源利用的办法和措施，成效显著。中国出台的《中华人民共和国防沙治沙法》是世界上第一个致力于荒漠化防治的综合性法规（崔向慧等，2012），在此基础上，国家、行业或地方部门相继出台了许多与全国防沙治沙工程相应的政策和法规，为林业工程的建设以及荒漠化防治标准化工作的开展奠定了基础。

防治荒漠化是人类面临的共同挑战，需要国际社会的携手应对（新华社，2017）。尽管一些国家和区域性标准在不断推进实施，但是不能够在世界范围内通行，国际标准化组织（ISO）在土地退化及荒漠化防治这一领域的相关标准数仅有1项，这与国际土地退化和荒漠化防治的快速实施不相适应。土地退化和荒漠化防治国际标准化能够确保相关国家、社会利益相关方为了获取生态建设、环境保护和可持续发展的效益而积极参与、将有力促进土地退化和荒漠化的治理效率，对提升土地可持续管理能力、减少气候变化的负面影响有重要意义（崔向慧等，2020）。

参 考 文 献

包庆丰, 陈建. 2004. 内蒙古荒漠化防治政策历史回溯及新思考. 绿色中国: 理论版, (12M): 35-37.

布莱恩, 等. 2006. 为什么加拿大西部平原和中国西部需要实施保护性耕作制度. 农村牧区机械化, (1): 41-43.

崔向慧, 等. 2020. 土地退化和荒漠化防治领域国际标准化现状与思考. 中国水土保持科学, 18(6): 147-152.

崔向慧, 卢琦. 2012. 中国荒漠化防治标准化发展现状与展望. 干旱区研究, 29(5): 913-919.

胡静霞, 杨新兵. 2017. 我国土地荒漠化和沙化发展动态及其成因分析. 中国水土保持, 7.

柳平增, 等. 2020. 基于大数据的西藏荒漠化治理植物优选与验证. Transactions of the Chinese Society of Agricultural Engineering, 36(10).

马金珠, 高前兆. 1997. 西北干旱区内陆河流域水资源系统与生态环境问题. 干旱区资源与环境, 11(4): 15-21.

田广庆, 赵鹏祥. 2012. 青海柴达木地区荒漠化现状及防治对策. 黑龙江畜牧兽医, (2): 89-92.

吴祥云. 2000. 荒漠化防治中的恢复生态学研究热点. 沈阳农业大学学报, 31(3): 290-294.

新华社. 2017. 习近平致信祝贺《联合国防治荒漠化公约》第十三次缔约方大会高级别会议召开. 国土绿化, (9): 6.

张涛, 王永生. 2009. 加拿大矿山土地复垦管理制度及其对我国的启示. 西部资源, (1): 47-50.

AN H, et al. 2019. Impact of desertification on soil and plant nutrient stoichiometry in a desert grassland. Scientific Reports, 9(1): 1-8.

DESERTIFICATION U N C T C. 1999. United Nations Convention to Combat Desertification in Those Countries Experiencing Serious Drought And/or Desertification, Particulary in Africa. Secretariat of the United Nations Convention to Combat Desertification.

JIANG L, et al. 2017. Vegetation dynamics and responses to climate change and human activities in Central Asia. Science of The Total Environment, 599: 967-980.